权威·前沿·原创

皮书系列为
"十二五""十三五"国家重点图书出版规划项目

BLUE BOOK

智库成果出版与传播平台

广州蓝皮书
BLUE BOOK OF GUANGZHOU

广州市社会科学院/研创

广州文化产业发展报告（2021）

ANNUAL REPORT ON CULTURAL INDUSTRY OF GUANGZHOU (2021)

主　编／徐咏虹

副主编／张跃国　朱小燚　尹　涛　柯显东

执行主编／吴　辉　杨代友　梁　迅　王　丰

社会科学文献出版社
SOCIAL SCIENCES ACADEMIC PRESS (CHINA)

图书在版编目（CIP）数据

广州文化产业发展报告. 2021 / 徐咏虹主编. -- 北
京：社会科学文献出版社，2021.8
　（广州蓝皮书）
　ISBN 978 - 7 - 5201 - 8863 - 0

　Ⅰ. ①广…　Ⅱ. ①徐…　Ⅲ. ①文化产业 - 产业发展 -
研究报告 - 广州 - 2021　Ⅳ. ①G127. 651

　中国版本图书馆 CIP 数据核字（2021）第 167042 号

广州蓝皮书
广州文化产业发展报告（2021）

主　　编 / 徐咏虹
副 主 编 / 张跃国　朱小燚　尹　涛　柯显东
执行主编 / 吴　辉　杨代友　梁　迅　王　丰

出 版 人 / 王利民
责任编辑 / 丁　凡
责任印制 / 王京美

出　　版 / 社会科学文献出版社·城市和绿色发展分社（010）59367143
　　　　　地址：北京市北三环中路甲 29 号院华龙大厦　邮编：100029
　　　　　网址：www. ssap. com. cn
发　　行 / 市场营销中心（010）59367081　59367083
印　　装 / 天津千鹤文化传播有限公司

规　　格 / 开　本：787mm × 1092mm　1/16
　　　　　印　张：23.5　字　数：351 千字
版　　次 / 2021 年 8 月第 1 版　2021 年 8 月第 1 次印刷
书　　号 / ISBN 978 - 7 - 5201 - 8863 - 0
定　　价 / 138.00 元

本书如有印装质量问题，请与读者服务中心（010 - 59367028）联系

主要编撰者简介

徐咏虹　历任广州市荔湾区团委书记，共青团广州市委副书记、书记，广州市青联主席，广东省青联副主席，广州经济技术开发区、高新区、保税区党委副书记兼政法委书记，萝岗区委副书记、政法委书记，广州市文化局党委书记，广州市文化广电新闻出版局党委书记，广州市海珠区委副书记、区长，现任中共广州市委常委、宣传部部长。

张跃国　现任广州市社会科学院党组书记、院长，广州大学客座教授。研究方向为城市发展战略，创新发展，传统文化。主持或参与中共广州市委第九届四次会议以来历届全会和党代会报告起草、广州市"十三五"规划研究编制、广州经济形势分析与预测研究、广州城市发展战略研究、广州南沙区发展战略研究和规划编制，以及市委、市政府多项重大政策文件制定起草。

朱小燚　历任广州市政府外事办科员、副主任科员、主任科员，广州市政府外事办国际交流处副处长，广州市政府办公厅秘书，共青团广州市委书记助理，广州市政府外事办领事处处长，广州市政府外事办礼宾处处长，广州市政府外事办（港澳办）副主任、党组成员，现任中共广州市委宣传部副部长，分管全市文化和文化产业发展工作。

尹　涛　现任广州市社会科学院党组成员、副院长。美国印第安纳大学环境事务与公共政策学院访问学者（2004年1月至2005年3月）。广东省第十二、十三届人大代表和财经委委员，广州市人民政府第三、四届决策咨询专家，广州市人民政府重大行政论证专家，广州市人文社会科学超大城市现代产业体系与广州实践重点研究基地主任。曾获"第四届广州市宣传思想战线人才第一层次培养对象""2011~2012年广州市优秀中青年哲学社会科学工作者"等荣誉称号。研究方向为产业经济、城市经济、经济规划与管理。近年来完成广州市哲学社会科学规划立项课题、重点委托课题10项；科研成果获省部级二等奖2项、三等奖2项，广州市级二等奖5项、入围奖1项，地厅级一等奖1项、二等奖2项。

柯显东　历任广州市旅游局行业培训指导处处长、国际市场开发处处长、资源开发与市场推广处处长，广州市文化广电旅游局资源开发处处长，现任广州市文化广电旅游局党组成员、副局长。分管资源开发处、产业发展处、广州城市旅游问询救援服务中心（广州文化旅游产业促进中心）、广州市演出电影有限公司、广州市美术有限公司、广州文化发展总公司。

摘　要

习近平总书记视察广东时，对广州提出了实现老城市新活力、推动城市文化综合实力出新出彩的任务要求。文化产业高质量发展是广州增强城市文化综合实力、坚定文化自信的重要支撑。《广州文化产业发展报告》围绕"总结成绩、分析问题、展望未来、提出建议"研究广州文化产业的发展状况，致力于为政府决策服务、供学者研究参考、助力企业把握行业动态，聚合政产学研之力，促进广州文化产业高质量发展。

《广州文化产业发展报告（2021）》由总报告、综合篇、广佛同城篇、行业专题篇、区域专题篇、企业案例篇、交流互鉴篇等七个部分组成。总报告指出，"十三五"期间，广州文化产业快速增长，发展质量不断提升，对文化产业的投入加大，文化产业园区数量不断增多，市场主体进一步壮大，文化上市企业数量增长加快，文化新业态发展强劲，文化"走出去"取得突破，推动文化名城建设取得新成效。2020年，广州采取有力措施克服新冠肺炎疫情影响，全力推进文化旅游企业复工复产，进一步提升文化产业资源集聚力，推动重大文旅产业项目落地，加快文化产业数字化转型，促进文旅产业高质量发展。2020年广州文化产业在疫情背景下总体表现稳定，全市规模以上文化及相关产业实现营业收入4026.42亿元，发展态势逐步回稳向好。总报告指出，随着全球经济复苏，"十四五"良好开局，政策支持力度加大，以及广州城市更新给文化产业带来的机遇，广州文化产业在进一步加快数字化转型、竞争全球市场等方面将保持快速发展势头。"综合篇"从文化产业的创新发展、转型发展、合作发展以及文化消费等方面反映了广州

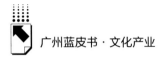

发展文化产业的不同侧重。"广佛同城篇"分析了广佛同城背景下文化产业融合发展、现代文化产业体系构建和公共文化服务同城化问题。"行业专题篇"聚焦广州珠宝产业,分别从全市、产业园区和企业三个层面反映珠宝产业作为广州文化产业的一个细分行业的发展状况和前景。"区域专题篇"选择广州市天河区进行分析,从文化产业融合发展、数字化转型和老城区改造中的文化资本作用三个方面反映了天河区推动文化产业发展的情况。"企业案例篇"介绍了广州代表性文化企业的转型升级和创新发展的探索。"交流互鉴篇"汇集了澳门、南京发展文化产业的经验启示以及标杆文化企业打造产业生态的经验总结。

关键词: 文化产业 创新发展 数字化转型

Abstract

When General Secretary Xi Jinping inspected Guangdong, he put forward the task of realizing the new vitality of the old city and making new achievements in the comprehensive strength of urban culture. The high-quality development of the cultural industry is an important support for Guangzhou to enhance the comprehensive strength of urban culture and firm cultural self-confidence. "Annual Report on Cultural Industry of Guangzhou" focuses on "summarizing achievements, analyzing problems, looking forward to the future, making suggestions" to study the development of Guangzhou's cultural industry. It is committed to service for government decision-making, reference for scholars to study and helping enterprises grasp the industry dynamics. Promote the high-quality development of Guangzhou cultural industry with strength of the government, industry and research.

Annual Report on Cultural Industry of Guangzhou (*2021*) is composed of 7 parts, including General Report, Comprehensive Chapter, Guangzhou-Foshan City Chapter, Industry Chapter, The Regional Chapter, Mutual Exchange, and Cases Chapter. The general report pointed out that during the "13th Five-Year Plan" period, Guangzhou's cultural industry has grown rapidly, the quality of development has been continuously improved, investment in cultural industries has increased, the number of cultural industry parks has continued to increase, market entities have further grown, and the increase of cultural listed companies has accelerated. The development of new business forms is strong, the cultural "going out" has made breakthroughs, and the promotion of the construction of cultural cities has achieved new results. In 2020, Guangzhou took effective measures to overcome the impact of the epidemic, making every effort to promote the resumption of work and production of cultural tourism enterprises, further

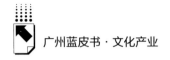

enhancing the concentration of cultural industry resources, promoting the implementation of major cultural tourism industry projects, accelerating the digital transformation of the cultural industry, and promoting the high-quality development of the cultural tourism industry. In 2020, the overall performance of Guangzhou's cultural industry was stable against the background of the epidemic. The city's cultural and related industries above designated size achieved an operating income of 402. 642 billion yuan, and the development trend gradually returning to stability and improving. The report pointed out that with the recovery of the global economy, a good start to the "14th Five-Year Plan", increased policy support, and the opportunities brought by Guangzhou's urban renewal to the cultural industry, Guangzhou's cultural industry will further accelerate its digital transformation and compete in the global market.

In addition to General Report, "Comprehensive Chapter" reflects the different focuses of Guangzhou's cultural industry development from the aspects of cultural industry innovation and development, transformational development, cooperative development, cultural consumption. "Guangzhou-Foshan City Chapter" analyzes the integration and development of cultural industries, the construction of modern cultural industry systems, and the urbanization of public cultural services under the background of Guangfo city; "Industry Chapter" focuses on the Guangzhou jewelry industry, reflecting the development status and prospects of a subdivision of cultural industry in Guangzhou from the perspectives of the city, industrial parks and enterprises; "Regional Chapter" chooses Tianhe District, Guangzhou, reflecting the promotion of cultural industry development in Tianhe District from the three aspects : cultural industry integration development, digital transformation and the role of cultural capital in the transformation of the old city; "Cases Chapter" introduces the exploration of transformation, upgrading and innovation development of representative cultural enterprises in Guangzhou. "Mutual Exchange Chapter" introduces the experience and inspiration of Macao and Nanjing in developing cultural industry and the summary of experience in benchmarking cultural enterprises to build industrial ecology.

Keywords: Cultural Industry; Innovative Development; Digital Transformation

目　录 ⟋⟍⬛⬛⬛

Ⅰ　总报告

Ⅱ　综合篇

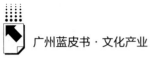

VI　企业案例篇

VII　交流互鉴篇

皮书数据库阅读**使用指南**

CONTENTS

I General Report

II Comprehensive Chapter

Ⅲ   Guangzhou–Foshan City Chapter

Ⅳ   Industry Chapter

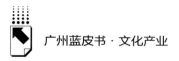

CONTENTS

总报告

General Report

B.1

2020年广州文化产业发展
分析及2021年展望

尹涛 杨代友 李明充*

摘　要：　2020年，广州市坚持以习近平新时代中国特色社会主义思想
为指导，深入学习贯彻习近平总书记对广东、广州重要讲话
和重要指示批示精神，自觉践行举旗帜、聚民心、育新人、
兴文化、展形象的使命任务，立足新发展阶段，坚持新发展
理念，坚持把社会效益放在首位、实现社会效益和经济效益
相统一，大力弘扬文化产业正能量，努力创作优秀文艺作
品、提供优秀文化产品和优质旅游产品，大力发挥文化在战
"疫"中的重要作用，推动文化产业发展取得较好的经济效

* 尹涛，广州市社会科学院副院长，研究员、博士，研究方向为区域经济、产业经济；杨代
友，广州市社会科学院现代产业研究所所长，研究员、博士，研究方向为产业经济、城市经
济；李明充，广州市社会科学院广州市文化产业研究中心执行主任、广州文化上市公司产业
联盟秘书长，研究方向为文化产业经济。

益和社会效益，产业规模不断扩大，支柱性地位进一步提升，与城市发展各方面融合度不断增强，有力地推动了城市文化综合实力出新出彩。同时，也要看到，广州文化产业发展中还存在若干问题，因此，广州市要在顶层设计、产业资金扶持、税收政策落实、切实减轻文化企业负担等方面采取扎实的措施，推动文化产业向高质量发展转型，助力构建以国内大循环为主体、国内国际双循环相互促进的新发展格局，为"十四五"开好局、起好步。

关键词：　文化产业　多措并举　文化引领

一　广州文化产业发展"十三五"回顾

"十三五"期间，广州市积极打造政策"组合拳"，出台了纲领性文件《广州市人民政府办公厅关于加快文化产业创新发展的实施意见》，以及《关于加快动漫游戏产业发展的意见》《广州市推进文化与金融融合发展的实施意见》《关于促进我市文化与科技融合的实施意见》《广州市推进文化创意和设计服务与相关产业融合发展行动方案》等文化产业配套政策，初步形成"1＋N"文化产业政策体系，加快推进广州市文化产业高质量发展。

（一）文化产业稳步发展，占 GDP 比重提升

近年来，广州文化产业发展迅猛，2016～2019 年文化产业增加值年均增速达到 15%，远高于同时期全市 GDP 的年均增速；2019 年，广州市文化产业实现增加值 1497.66 亿元，是 2016 年的 1.53 倍。文化产业增加值占全市 GDP 比重达 6.34%，比 2016 年提高 1.41 个百分点。2020 年，广州文化产业在新冠肺炎疫情背景下总体表现稳定，全市规模以上文化及相关产业实现营业收入 4026.42 亿元，同比下降 2.1%，文化产业总体发展态势逐步回稳向好。

图1 2014～2019年广州市文化产业增加值及占全市GDP比重

资料来源：广州市统计局。

2020年广州旅游接待总人次达1.64亿，同比恢复67.01%；旅游业总收入2679.07亿元，同比恢复60.18%；旅游业实现增加值1139.14亿元。

广州市主要大数据运营商监测数据显示，2021年春节七天假期全市接待游客1086.73万人次，约占全省接待游客总人数的三成，恢复到2019年同期的65.2%。市民积极响应就地过年的号召，选择阶段性出游，假日期间同比恢复情况呈现前高后低的特点，假日前四日恢复至2019年同期的7成以上，后三日恢复程度为5成左右。假日期间针对游客和市民的消费抽样调查结果显示，春节期间全市旅游业实现总收入73.68亿元，占全省总收入的35.98%，恢复到2019年同期的60.35%。2021年春节假期，广州旅游接待总人数及旅游业总收入仅次于成都，均居全国第二位。

表1 2021年春节假期全国主要城市旅游接待总人数及总收入

单位：万人次，亿元

排名	接待总人数		旅游总收入	
1	成都	1447.6	成都	127.6
2	广州	1086.73	广州	73.68
3	杭州	798.22	上海	56.65

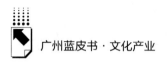

续表

排名	接待总人数		旅游总收入	
4	重庆	791	南京	47.1
5	北京	663	郑州	45.12
6	郑州	659	北京	42.5
7	深圳	496.88	深圳	38.63
8	上海	492.16	武汉	34.72
9	南京	458.5	青岛	33.2
10	南昌	396.99	苏州	30.3

说明：数据未对外公布的城市未列入排名。

资料来源：全国各文旅局公布的数据。

（二）文化产业市场主体不断壮大，品牌效应日益凸显

"十三五"期间，广州市文化产业市场主体快速增长。据统计，2018 年广州市文化产业法人单位数达到 74414 家，与 2013 年对比，单位数增长了 1.5 倍。在全市文化产业法人单位中，中小微文化企业占比高达 96.78%。"十三五"期间，广州市规模以上文化产业法人单位数从 2016 年的 1954 家增长到 2020 年的 2822 家，增长幅度达到 44.42%。2018 年，广州市平均每家规上文化产业法人单位的营业收入达到 1.69 亿元，比 2014 年增加了 0.21 亿元。规模以上文化产业法人单位数不断增多，推动了广州市文化产业转型升级。与此同时，龙头企业的品牌示范效应也日益凸显。2019 年，广州有 8 家文化企业入选 2019 中国互联网企业百强榜。酷旅（要出发）凭借高速增长的在线旅游业务，于 2016～2019 年连续四年入选"中国独角兽企业"榜单。

近年来，广州市文化上市企业数量快速增长。截止到 2020 年，广州市的国内外文化上市企业达到 45 家。"十三五"期间，广州市文化上市企业新增数量达到 20 家。仅 2020 年就新增了荔枝、九尊数字互娱、浩洋股份、地铁设计、驴迹科技 5 家文化上市企业。从行业来看，广州文化上市企业主要分布在游戏、文化装备、传媒、服装等行业。其中广州市游戏领域的上市企业最多，共有 14 家，占广州市文化上市企业的比重约为 1/3。

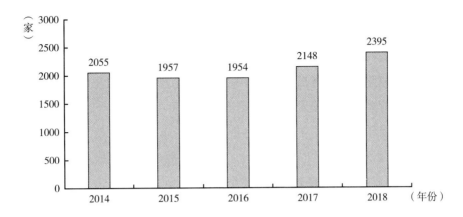

图2　2014～2018年广州市规模以上文化产业法人单位数

资料来源：广州市统计局。

近年来，广州市文化上市企业的竞争力不断增强，创造了多项全球领先、全国领先。其中，网易的游戏自主研发实力在全国名列前茅，其收入稳居全球游戏公司收入榜Top10。欢聚集团是目前全球领先的视频社交媒体平台。2018年5月，虎牙在美国纽交所上市，成为中国第一家上市的游戏直播公司。荔枝是在线音频行业龙头企业，于2020年1月登陆美国纳斯达克，成为"在线音频第一股"。广州日报荣获"2019～2020中国传媒经营价值百强榜"全国都市报二十强第一名。在电梯媒体领域，分众传媒在国内居龙头地位。驴迹科技立足景区导览和全域导览，已发展成为国内电子导游龙头企业。汇量科技是国内领先的第三方移动广告平台。珠江钢琴是全球最大的钢琴制造商。中国乐器协会数据显示，珠江钢琴的钢琴产品中国市场占有率达42.20％，全球市场占有率达30.15％，产销规模稳居全球前列。金逸影视的院线实力位居行业前列。浩洋股份是国内主要的演艺灯光设备制造商之一。

2020年1月，荔枝正式登陆纳斯达克，成为中国在线音频第一股。其财报显示，2019年荔枝营收12亿元，同比增长48％。荔枝借助UGC音频社区的强大生态、社交娱乐业务的增长势头，积极开拓市场，布局音频娱乐业务生态，积极探索多样化的商业模式，如直播社交虚拟礼物、付费内容、粉丝会员、游戏联运等其他收入、IoT 场景拓展等，尝试在良性的社区生态里拓展更多的商业化空间。荔枝在网络音频行业已经打造出属于自身较为成熟和稳定的商业模式，在核心业务不断稳固深化发展的同时也在积极拓展其他多元化的业务模式，不断提升行业价值。2020 年 1 月，驴迹科技控股有限公司在香港联合交易所主板成功上市。驴迹科技是中国最大的在线电子导览提供商，以 2018 年的交易总额计，公司占在线电子导览服务的市场份额为 86.2%、占整体导览服务的市场份额为 0.4%，并占在线旅游市场的份额为 0.02%。2020 年 3 月九尊数字互娱集团控股有限公司在港交所挂牌上市，成为中国 2020 年第一家登陆资本市场的手游公司，致力于提供多元化的数字娱乐内容，包括手机游戏、电子杂志及其他数字媒体内容，如漫画及音乐。2020 年 5 月广州市浩洋电子股份有限公司于深交所创业板挂牌上市。浩洋股份是一家集舞台娱乐灯光设备、建筑照明设备和桁架等产品的研发、生产与销售为一体的高新技术企业。其上市为企业募集资金总额超过 10 亿元，主要用于演艺灯光设备生产基地升级扩建项目、研发中心升级项目、国内营销及产品展示平台升级项目、演艺灯光设备生产基地二期扩建项目、补充营运资金项目。2020 年 10 月，广州地铁设计研究院股份有限公司在深圳证券交易所上市。

（三）文化产业园区数量不断增多，发展质量不断提升

据不完全统计，广州市目前有各类文化产业园区（基地）约 900 个，比 2015 年增加近 600 个，其中，经过正式认定的园区中，广州市有国家级文化产业园区（基地）21 个，省级文化产业园区（基地）20 个，市级文化产业示范园区 33 个。从国家级园区来看，"十三五"期间，广州市新增国家级文化产业园区（基地）8 个，包括广州北京路文化核心区、天河区国家文化出口基地、中国（广州）超高清视频创新产业示范园区等。2020 年，广州北京路文化核心区被命名为"国家级文化产业示范园区"。从省级园区看，"十三五"期间，广州市获得省级文化产业示范园区创建资格的园区共

有 7 个,其中,广州星力动漫游戏产业园、盛达电子信息创意园、广东文投创工场、宏信 922 创意园已被认定为"广东省文化和旅游厅省级文化产业示范园区"。从市级园区看,2017 年以来,广州市各级文化主管部门积极推动文化产业园区提质增效,新增认定永庆坊、励弘文创旗舰园、广州大湾区数字娱乐产业园等 20 个市级文化产业示范园区,进一步提升了广州文化产业集聚发展水平。

同时,各级各类文化产业园区通过强化对入驻企业的孵化服务,延伸产业链条,推动全市文化产业进一步呈现出聚集发展态势。以羊城创意产业园为例,该园区引入羊城晚报报业中心、酷狗音乐、创新谷移动互联网孵化器、天闻角川动漫、滚石中央车站、瀚华建筑设计、华阳工程设计等 150 多家企业,涵盖了出版传媒、科技创新、影视动漫、艺术设计等多个方面,构筑了较为完善的产业链条。2019 年该园区产值达 200 亿元。广州 TIT 纺织服装创意园的入驻企业和相关机构达 100 家,园中入驻企业年产值从改造前的1130 万元激增到 2019 年的 150 亿元,增幅达 1300 多倍。

(四)文化产业带动大量就业,社会效益较为突出

文化产业门类众多、覆盖范围广、产业链条长、关联效应好,创造了大量的就业机会,是"稳就业"的重要力量。比如,2019 年,微信带动就业机会 2963 万个,其中直接带动就业机会达 2601 万个,同比增长 16%,2014年以来年均增长 22%。[1] 与此同时,文化产业还可带动间接就业。仅以文化旅游产业为例,文化旅游产业的发展,带动了诸如交通、建筑、餐饮、住宿、零售等一系列相关产业的繁荣,吸纳了大批劳动力就业。国际旅游组织的有关研究表明,每创造 1 个旅游业直接就业岗位,将相应产生 5 个间接就业岗位。网络直播、数字音乐产业更是如此,例如广州虎牙公司旗下的月活跃主播数达到了 66 万[2],而一般专职主播背后都有团队支持,间接带动就

---

[1] 数据来源:中国信息通信研究院政策与经济研究所、腾讯微信团队共同发布的《2019 ~ 2020 微信就业影响力报告》。

[2] 数据来源:新浪科技,https://tech.sina.com.cn/i/2018 - 06 - 06/doc - ihcqccip1286399.shtml。

业高达几百万人。此外，文化产业进入门槛相对较低，收益较高，就业形式灵活多样，从传统手艺者到互联网创业者，从非遗传承人到文艺自由职业者，都有就业机会。尤其是作为知识经济和服务行业，文化产业除传统坐班制就业形式外，还为社会增加了灵活就业的机会，特别适合大学生、研究生、创意人群等知识阶层就业创业。比如广州的本土企业荔枝FM培养了一大批优秀语音主播和相关从业者，给很多具有声音条件和表演才华的残障人士、下岗工人、低技能劳动者开辟了实现自我价值的路径，使其拥有了属于自己的事业。

2020年，新冠肺炎疫情之下，广州市文化企业、机构积极服务战"疫"，彰显文化"正能量"。一是三七互娱、趣丸、库洛游戏、四九游戏、网易游戏等游戏企业向湖北疫情防控一线直接捐款累计近1.25亿元，并捐助了大量药品、设备、防疫物资、生活用品，开设免费儿童学习资源平台。二是网易公司另外增加捐赠1亿元，设立新冠肺炎疫情专项防控基金，向疫情较严重地区提供防疫抗疫支援。三是虎牙向湖北省慈善总会捐赠700万元，向广州市慈善总会捐赠300万元，合计1000万元专项防疫资金。广州趣丸网络（TT语音）除了捐赠300万元的款项及物资，支援武汉新冠肺炎疫情救治工作，还携手微脉在平台上线网络免费义诊服务。

（五）文化新业态发展强劲，占文化产业比重不断提升

文化产品和服务的生产、传播与消费的数字化、网络化进程不断加快，进一步助推广州文化产业新业态强劲增长。2018年，在规上文化产业法人单位中，凸显文化新业态特征的法人单位达1477个，占全部规上文化产业法人单位数的61.67%。2015～2018年，文化产业新业态营业收入快速增长，年均增速达38.6%，高于文化产业整体营收年均增速。2018年，广州文化产业新业态实现营业收入2541.59亿元，占全市文化产业法人单位营业收入比重从2015年的29.6%快速上升至2018年的60.1%。目前，数字内容、动漫游戏、视频直播、互联网文化、数字出版、社交媒体、工业设计等新兴文化业态发展强劲，已成为文化产业发展的新动能和新增长点。

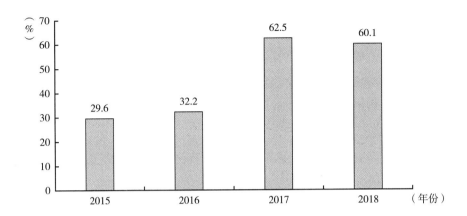

图3 2015～2018年文化产业新业态营业收入占全部文化产业营业收入比重

说明：新业态主要包括游戏产业、网络文化、虚拟现实、智慧文旅、数字内容、网络直播、工业设计、动漫产业、超高清内容（4K/8K）等。

资料来源：广州市统计局。

1. 游戏产业

近年来，广州游戏产业实现快速发展。据初步统计，2019年广州游戏产业规模以上（以下简称"规上"）法人单位数达到260家①，规上游戏产业增加值为261.28亿元，名义增长30.2%，占广州地区生产总值的1.1%。2016～2019年，广州市规上游戏产业增加值的年均名义增长率达到38.0%，远高于同期全市GDP的年均名义增长率（8.0%）。2019年广州市游戏产业规模以下法人单位数达到2282家，规下游戏产业增加值达到8.91亿元。广州市的游戏上市公司达到14家，占广州市文化产业上市公司的比重约为1/3。由此可见，游戏产业已成为广州文化产业的重要组成部分，其在文化产业中的战略性地位日益凸显。目前，广州市游戏产业规模排名全省第二，仅低于深圳，位居全国前列。

2020年上半年，受新冠肺炎疫情影响，人们娱乐需求逐月增加，游戏用户规模有所扩大，游戏市场营收增长明显。据调查统计，2020年上半年，

---

① 文中规模以上企业包括规模以上工业企业、限额以上批零住餐企业、规模以上服务业企业等。

受访广州游戏企业总销售收入比 2019 年上半年增长了 616.50%，利润总额增长 29.41%，增幅远超过此前半年收入的平均增幅。2020 年，广州游戏产业营业收入为 1066.44 亿元，同比增长 23%。四成企业销售收入减少，但总销售收入却增长了 5 倍，这也从一个侧面说明，疫情冲击下，两极分化较为明显，即销售增长的企业贡献的增长额远远超过减少的部分，从而拉动了全市的总销售收入增长。

2020 年全年一共有 1413 款游戏过审，其中进口游戏 97 款，国产游戏 1316 款。2020 年，广州市游戏版号获批数量达到 78 个，排名全国第四。

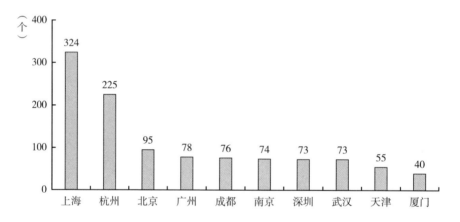

图 4　2020 年全国主要城市游戏版号获批数量 TOP10

资料来源：国家新闻出版署。

2. 动漫产业

由广州小疯文化传播有限公司出品的中国原创动画《伍六七》第一、二季连续入围白玉兰奖，第二季《伍六七之最强发型师》成功摘得动画单元大奖，荣获最佳动画剧本奖，再创国漫新成就。2020 年"原动力"中国原创动漫出版扶持计划评选出 120 部拟入选作品，漫友文化旗下《不忘初心，牢记使命：共产党人的故事》《漫画人类抗疫简史》《"1927 广州起义"英雄系列之高恬波篇》《漫画中医药简史》《古人比你更会玩 2》五部作品入选，数量居全国第一。由中国 IP 产业年会组委会主办的第五届"玉猴奖"在深圳会展中心隆重举行,咏声动漫捧得三项四个大奖,奥飞娱乐领取了六个类别的七个奖项。咏声动漫旗下铁风扇工作室打造的动画短片《狮子学狮》荣获第八届美国都市国际动作电影节"最佳3D奇幻短片"奖项。此片还斩获第十九届五大湖国际电影节"最佳动画短片"奖项。

3. 互联网文化

《中国互联网企业综合实力研究报告(2020)》发布会暨百家企业高峰论坛在北京隆重举行,广州共有7家企业进入互联网综合实力百强,占广东省比例超50%。其中,网易集团、三七文娱(广州)网络科技有限公司连续八年名列中国互联网综合实力企业百强。广州趣丸网络科技有限公司第三年入选中国互联网综合实力前百家企业,广州百田荣获2020年中国互联网成长型企业第3名,火烈鸟网络入选中国互联网成长型企业。

4. 超高清视频产业

为全面贯彻国家和广东省《超高清视频产业发展行动计划》,紧紧抓住粤港澳大湾区建设重大机遇,落实中央决策部署和省、市有关要求,在广东省广播电视局的指导下,2020年10月,广州市举办"精品超高清(4K/8K)视频征评活动",158家单位参与、569部作品参投,经两次专家评审及超高清专业标准检测,设立75个扶持奖项、投入500万扶持资金,诞生出一批优秀的超高清视频作品。此次征评活动促成了超高清视频版权交易,交易额高达2000万元。2020年11月2日,2020世界超高清视频(4K/8K)产业发展大会上,中国(广州)超高清视频创新产业示范园区正式揭牌。2020年6月8日,广州市广播电视台南国都市4K超高清频道正式开播,这是继央视总台、广东省广播电视台之后开播的第三条免费4K超高清频道。

5. 网络直播

近年来,广州网络直播行业发展迅猛,涌现了YY、虎牙、酷狗直播、网易CC直播、荔枝等骨干企业。广州直播产业已经形成包含平台、公会、主播、人才培训、产业基地等多个链条和环节的相对成熟、完善的直播生态体系,创造了多个全国首创和行业第一,带来了良好的经济效益和社会效益,表现在大力培育经济发展新引擎、推动中国文化"走出去"、带动大量的就业机会等多个方面。同时，广州 MCN 机构众多，拥有娱加娱乐、茉莉传媒、创星公社、广州大麦等一批知名 MCN 机构。出现了以华南网红直播基地、广州大湾区数字娱乐产业园、广州华灏社交电商直播基地等为代表的直播产业园区、基地。

2020 年，广州市出台了《直播电商发展行动方案（2020～2022 年）》，明确提出将广州打造成为全国著名的直播电商之都。成功举办主题为"广货带天下，广带天下货"首届直播节，这是全国第一个以城市为平台的直播带货节。广州市通过出台扶持政策、举办直播节等举措，有力地促进了直播电商经济的发展。

2020 年，中国市场学会、阿里研究院联合淘宝直播共同发布的《直播电商区域发展指数研究报告》显示，广州市白云区、天河区等 9 个区入选直播电商区域发展指数百强地区，入选数量与杭州市并列全国第一。具体排名为白云区（第 2）、天河区（第 9）、番禺区（第 13）、荔湾区（第 14）、海珠区（第 24）、越秀区（第 40）、花都区（第 65）、黄埔区（第 66）、南沙区（第 67）。

（六）聚焦数字化转型，智慧旅游蓬勃发展

近年来，广州市加快 VR、5G、大数据、云计算等数字化新兴技术在旅游领域的推广应用，广州智慧旅游呈现出蓬勃发展的态势，涌现出一批优质的智慧旅游企业和项目。

1. 智慧旅游企业竞争力增强

广州市集聚了酷旅（要出发）、驴迹科技、漫游国际、励丰文化、康云科技、三川田、广州欧科等智慧文旅上下游企业。酷旅（要出发）是一家专注周边游细分领域的旅游互联网公司，2016～2019 年连续四年入选"中国独角兽企业"榜单。驴迹科技是国内电子导游龙头企业，公司立足景区导览和全域导览两大核心战略，专注于电子导游软件、全域导览系统的研发以及相关配套业务。据权威咨询公司统计，以 2018 年的交易总额计，驴迹科技在同行业的市场占有率为 86.2%，已发展成为中国最大的在线智能电

子导览提供商。凭借着高速增长的发展态势，驴迹科技被评为2019年广州未来"独角兽"创新企业。2020年1月，驴迹科技成功挂牌香港联合交易所。漫游国旅是飞猪度假业务头部商家，覆盖了国内所有度假目的地和境外十余条产品线，单品超过1.7万件。作为传统旅行社成功转型的典范，广东漫游国旅也是直播电商领域中的先行者、佼佼者，曾创下单场直播20万+观看量的飞猪直播纪录。

励丰文化、康云科技、三川田、广州欧科、昱安技术、玖的等企业还推动VR、3D、大数据等技术与旅游融合发展。励丰文化凭借数字创意技术为支撑的文旅作品创新，实施打造众多文化主题展厅展馆、文旅综合体、文旅特色小镇、建筑空间秀、水舞声光秀、各类主题情景演艺秀等文旅消费业态，已在全国布局落地众多代表性项目，尤其是其打造的各城市艺术殿堂——展览馆、大剧院、音乐厅、博物馆等公共文化服务设施。康云科技提供互联网三维数字化建模展示平台，能实现全自动化、智能化的三维数字化，跨平台虚拟展示，其产品广泛应用于文博、影视娱乐等领域。广州市三川田文化科技股份有限公司是国内知名的可视化展示与智慧应用解决方案供应商，公司以3D展览展示技术为核心，业务涵盖智慧城市、智慧文博、智慧旅游、数字展馆、数字体验馆等领域。广州欧科通过三维扫描、增强现实、虚拟展示、大数据等高新技术，为博物馆、考古所、文物局、文物保护单位等机构提供专业的数字化服务，着力打造文化遗产数字图像、数字媒体、数字展示的公共服务平台。昱安技术是国家高新技术企业、广州市科技小巨人企业。公司业务主要涉及测绘地理信息系统、智慧文博、数字展陈设计与研发等领域。作为融合5G和VR技术推动数字文旅创新发展的先行者，玖的在2020年广州文交会上创新发布"5G智旅未来"智旅之翼—翼装飞行。整个智能化设备通过镀金材质打造，用户可切身感受5G VR未来城市之旅。

2. 智慧旅游项目不断增多

白云山、陈家祠、北京路、沙湾古镇、广州城市规划展览中心等景点纷纷推出智慧旅游项目。白云山景区打造"数字白云山"信息化建设工程，全国首创风景区电子巡查系统。白云山景区还推出"智慧景区导览"功能，让游客在线上就能了解到景区路线和景点位置。2018 年 12 月，广东民间工艺博物馆（陈家祠）数字体验馆正式对公众开放。该数字体验馆位于陈家祠前东斋，可容纳 20 人同时体验，综合运用了三维数字投影、虚拟现实（VR）和增强现实（AR）技术，解读陈家祠百余年历史和岭南建筑艺术。该数字体验馆以"历史还原和保留建筑融合交融"为核心，以"游客服务"为导向，着眼于为参观者打造身临其境的陈氏书院主题数字化体验。北京路运用移动互联、云计算、大数据、人工智能等"黑科技"，逐步在北京路开通无感停车、刷脸支付、智慧餐厅等智能化服务，促进北京路商业数字化、智能化发展升级，构建线上线下融合发展的智慧商圈体系，为游客和市民提供舒适、便利、智能的旅游消费体验。推出"北京路全域旅游智慧导览系统"，囊括吃、住、行、游、购、娱等全方位旅游要素，提供中、英双语语音讲解。北京路还建成全国最大的户外 8K 裸眼 3D 曲面 LED 屏幕，成为广州新的城市"名片"。2020 年，沙湾古镇推出智慧导览系统，该系统自带自动导航、景点语音和文字介绍等功能，涵盖旅游吃、住、行、游、购、娱六大要素，对沙湾古镇旅游要素进行全方面定位引导，方便游客及时获得沙湾古镇旅游第一手信息。广州城市规划展览中心在展馆内推出高清三维数字影片《千年羊城》，将广州城建史上的各个重大事件串联起来，让观影者透过虚幻的影像跨越千年，寻找羊城印迹，感受广州的前世今生。2020 年，海珠区推出潮墟·CPARTY 的电波艺术创意营直播室等潮玩特色民俗活动，受到年轻游客追捧。

在声光表演秀方面，广州也不断取得新的突破，加快推进了文化旅游的发展。2018 年，黄埔区、广州开发区全面推进新羊城八景"科城锦绣"核心景区升级改造项目，继打造"魅力黄埔·科城锦绣"多媒体水舞声光秀之后，又策划实施了绿轴广场及创新创意大厦情景空间秀项目。

（七）集聚效应不断提升，电影产业取得新突破

2020 年，广州正在积极打造电影产业集群，通过政策、资金等支持，推动广州从票房重镇转变为产业重镇，发力打造中国电影发展"第三极"，

提升电影产业集聚效应，助力粤港澳大湾区电影产业发展。2020年5月，博纳影业集团宣布落户广州且发布抗疫主题电影《中国医生》的拍摄计划；7月，广州大湾区影视后期制作中心在黄埔区挂牌成立；9月，广州市电影家协会正式成立，集聚全国240位电影行业相关领域优秀人才；京穗两城多个机构联合发起"中国新人文电影计划"，在国内首次倡导以新人文精神打造电影艺术精品。"2020粤港澳大湾区电影之夜"在广州举行。五大国内国际知名电影平台——中国（广州）国际纪录片节、中国国际儿童电影展、广州大学生电影展、新时代戏曲电影高峰论坛、粤港澳大湾区电影之夜，首度联合倡议成立"粤港澳大湾区电影推介联盟"。截至2020年底，广州市影视企业突破600家，其中电影院255家，拥有超过20万观众席。2020年新冠肺炎疫情影响下，广州票房收入6.84亿元，位居全国第四。

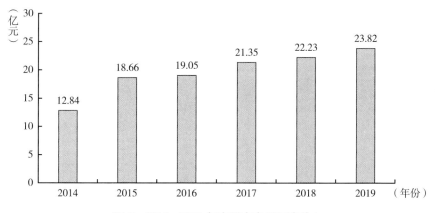

图5　2014～2019年广州市电影票房收入

资料来源：思若主编《中国影视产业发展报告（2020）》，社会科学文献出版社。

2020中国（广州）国际纪录片节有来自全球五大洲126个国家和地区的3227部作品参评参展。其中境外作品2644部，占作品总数的81.93%，全球纪录片再度汇聚广州。在厦门举行的第33届金鸡奖颁奖盛典上，广州广播电视台独立制作并出品的儿童励志电影《点点星光》荣获"最佳儿童片"大奖；由广州市委宣传部指导、广东方所文化投资发展有限公司和广州行人文化传播有限公司联合出品的电影《掬水月在手》荣获最佳纪录/科教片奖项。截至目前,正在广州拍摄的电影已超过 10 部,建党百年献礼重点影片《中国医生》已进入后期制作阶段,戏剧电影《南越宫词》、纪录电影《无音之乐》《画布上的起跑线》正抓紧制作,岭南三部曲之《雨打芭蕉》(剧本孵化期已斩获多项国家奖项)在广州杀青。

(八)文化消费日趋活跃,消费潜力不断激发

"十三五"期间,广州市不断出台各种鼓励文化消费的措施,不断完善文化消费设施,大力促进文化消费市场发展,城乡居民文化消费水平得到较大提升。2020 年广州市城市居民家庭人均消费支出达到 44283 元,其中文化娱乐支出 4716.19 元,占城市居民家庭人均消费支出的比重达到 10.65%,比 2015 年提高 1.45 个百分点。

表 2　2015~2020 年广州市城市居民家庭人均文化娱乐消费支出

单位:元,%

年份	城市居民家庭人均消费支出	人均文化娱乐支出	文化娱乐支出占比
2015	35752	3281.41	9.2
2016	38398	3566.89	9.3
2017	40637	3777.34	9.3
2018	42181	3973.76	9.4
2019	45049	5856.37	13.6
2020	44283	4716.19	10.65

资料来源:广州市统计局。

(九)文化产业投入不断加大,文化资产增速快

从文化产业施工、投产项目来看,2018 年广州市文化产业施工项目达到 186 个,其中新开工数目为 60 个;全部建成投产项目达到 43 个,项目建成投产率为 23.1%。2019 年,广州市文化旅游体育与传媒支出达到 52.67 亿元,同比增长 11.73%。2018 年,广州市规上文化产业法人单位总资产实现 4854.48 亿元,同比增长 39.24%。

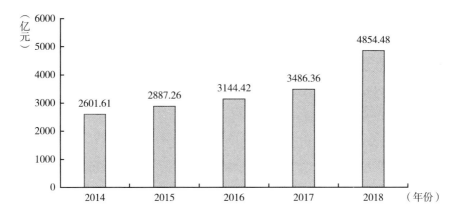

图6　2014～2018年广州市规上文化产业法人单位总资产

资料来源：广州市统计局。

从文化产业固定资产投资来看，2018年广州市完成投资额达到146.16亿元，新增固定资产达到27.49亿元。

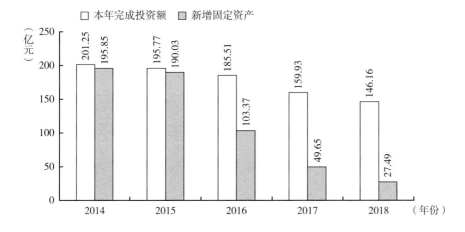

图7　2014～2018年广州市文化产业固定资产投资情况

资料来源：广州市统计局。

（十）文化"走出去"取得新突破，全球竞争力增强

"十三五"期间，在市委市政府领导下，广州市整合现有文化领域交易

资源，以创新之举搭建国际文化产业发展平台，重点打造"广州文交会"。截止到2020年，广州市已连续举办四届"广州文交会"，推动广州优质文化产品和服务加快"走出去"。2018年，广州天河区入选国家文化出口基地，成为广东省唯一一个入选地区。

从文化产业主要商品进出口来看，2018年广州市文化产业进出口额达到239.49亿美元，其中出口额达到140.27亿美元，进口额达到99.22亿美元，贸易差额达到41.05亿美元。近年来，网易、三七互娱等游戏企业积极布局海外，广州的游戏产业出口发展迅猛。网易、三七互娱、易幻网络、4399入选App Annie 2019年度中国厂商出海收入30强榜单，分别排在第2位、第17位、第22位、第29位。

表3　2014～2018年广州市文化产业主要商品进出口情况

单位：亿美元

年　份	进出口额合计	出口额	进口额	贸易差额
2014	135.49	65.96	69.53	－3.57
2015	136.14	69.74	66.40	3.34
2016	130.48	68.55	61.93	6.62
2017	211.97	121.08	90.89	30.19
2018	239.49	140.27	99.22	41.05

资料来源：广州市统计局。

（十一）广州文化名城建设成效明显，显示度不断增强

随着当前文化、经济的紧密融合，文化成为城市的核心竞争力，文化竞争力决定城市竞争力。世界主要城市因而竞相构建以文化政策为重要内容的城市发展战略，打造"文化名城"。"文化名城"也因此成为国内外许多重要城市的发展目标。然而，迄今，在理论界和实务界，关于"文化名城"的定义，并没有形成统一的共识。在我国，历史文化名城是指"保存文物特别丰富，具有重大历史文化价值和革命意义的城市"。我国现有国家级历史文化名城110座。但是，总体来看，大多数国家级历史文化名城的文化影

响力、辐射力有限，文化经济发展缓慢。

从全球来看，巴黎、伦敦、纽约、北京、雅典、维也纳、柏林、罗马、威尼斯、布鲁塞尔、洛杉矶等城市是公认的世界文化名城。文化名城的普遍特点是文化底蕴深厚，文化设施、文物古迹众多，文化氛围浓郁、文化风格鲜明、文化人才云集、文化旅游业发达，在全球城市的文化竞争中处于明显的优势地位。

为了评价近年来广州推进文化名城建设的情况，我们主要从产业视角，包括文化产业、文化投资、文化消费、文化外贸、公共文化服务、文化市场、旅游产业等七个方面建立由文化产业增加值、规模以上文化产业法人单位数、城市居民家庭人均文化娱乐消费支出、群众艺术馆与文化馆机构数等44个指标构成的文化名城发展指数评价指标体系（见表4），来评价2014～2018年广州文化名城指数发展整体情况。

表4　广州文化名城发展指数评价指标体系

类别	二级指标	基本指标
文化产业	文化产业基本情况	文化产业增加值；文化产业增加值占全市GDP比重；规模以上文化产业法人单位数；规模以上文化产业法人单位从业人员数；规模以上文化产业法人单位营业收入；规模以上文化产业法人单位总资产
文化投资	文化产业施工、投产项目	文化产业施工项目；文化产业投产项目；文化产业项目建成投产率
	文化产业固定资产投资情况	文化产业固定资产投资－本年完成投资额；文化产业固定资产投资－新增固定资产
文化消费	城市居民家庭人均文化娱乐消费支出	城市居民家庭人均文化娱乐消费支出；城市居民家庭人均消费支出－文化娱乐支出
	居民文化教育和娱乐消费价格指数	居民消费价格指数；居民文化教育和娱乐消费价格指数
文化外贸	文化产业主要商品进出口情况	文化产业主要商品进出口额；文化产业主要商品出口额；文化产业主要商品进口额；文化产业主要商品贸易差额

续表

类别	二级指标	基本指标
公共文化服务	艺术表演场馆	机构数；演（映）出场次
	群众艺术馆、文化馆（站）	群众艺术馆、文化馆机构数；文化站机构数
	公共图书馆	公共图书馆机构数；公共图书馆总藏量；公共图书馆总流通人次
	博物馆（纪念馆）	博物馆（纪念馆）机构数
	美术馆	美术馆机构数；美术馆藏品
文化市场	文化市场经营机构	文化市场经营机构总数；文艺表演团体（非国有）机构数；演出场所经营单位机构数；演出经纪机构数；娱乐场所机构数；互联网上网服务营业场所（网吧）机构数
旅游产业	国家 A 级景区基本情况	A 级景区数量；景区总收入；接待人数
	旅游接待基本情况	国际旅游收入；国内旅游收入；过夜国内客；过夜入境游客；国内旅行社组团出境人数；旅行社数

资料来源：根据相关文献整理。

1.0～1标准化——预处理

对于与评价结果呈正相关关系的指标，对其数据按公式1进行处理；对于与评价结果呈负相关关系的指标，对其数据按公式2进行处理。

公式1：

$$I_i = \frac{V_i^{'} - V_{\min}}{V_{\max} - V_{\min}}$$

公式2：

$$I_i = \frac{V_{\max} - V_i}{V_{\max} - V_{\min}}$$

2. 主成分分析——降维

计算标准化后的数据矩阵，得出因子负荷矩阵 $Matr_{im}$。

主成分系数矩阵计算公式：

$$A_{im} = \frac{Matr_{im}}{\sqrt{\lambda_i}}$$

其中，$i = 1, 2, \cdots, k$；k 为各级指标所提取的主成分的个数。

f_i 为各主成分的得分，计算公式如下：

$$f_i = \sum_{i=1}^{k} A_{im} I_{mn}$$

表5 主成分指标得分结果

指标	主成分	贡献率	2014年	2015年	2016年	2017年	2018年
文化产业	文化产业 f_1	0.9136	−0.4916	−0.7379	−0.5113	0.1714	1.57E+00
文化投资	文化投资 f_1	0.9316	−0.7766	−0.8080	−0.3502	0.6613	1.2734
文化消费	文化消费 f_1	0.6372	0.9492	0.2120	−0.0235	−0.5103	−0.6275
	文化消费 f_2	0.3428	−0.2382	0.7482	−0.4413	0.1195	−0.1881
文化外贸	文化外贸 f_1	0.9851	−0.6650	−0.6034	−0.6625	0.7210	1.2100
公共文化服务	公共文化服务 f_1	0.8136	−1.4313	−0.8502	0.0128	0.7301	1.5388
	公共文化服务 f_2	0.1514	0.6780	−0.5960	−0.3510	−0.0671	0.3361
文化市场	文化市场 f_1	0.8381	0.0302	−0.9613	−0.9414	0.5975	1.2751
	文化市场 f_2	0.1345	0.6599	0.0211	−0.3368	−0.1800	−0.1641
旅游产业	旅游产业 f_1	0.8554	−1.4585	−0.6989	−0.0404	0.6809	1.5169
	旅游产业 f_2	0.0899	0.0450	−0.4749	0.5298	0.1119	−0.2117

资料来源：《广州统计年鉴2020》、广州市统计局提供的《广州文化及相关产业统计概览2020》。

F_j 为七项一级指标的得分：

$$F_j = \sum_{i=1}^{k} p(\lambda_i) f_i$$

其中，$p(\lambda_i)$ 为各主成分的贡献率。

文化名城综合指数通过综合44个基础指标计算得出，其功能在于量化城市的文化名城建设水平随年份变化的情况并给出总结性的度量值，因此该综合指数可以视作某种坐标值，其意义在于给予每个年份一个定位并由此观测指数的变化情况，其绝对的数值并没有实际意义，这里的正负值仅作位置的参考值，并不具备价值判断的作用。

表6　一级指标得分

一级指标得分	2014 年	2015 年	2016 年	2017 年	2018 年
文化产业 F_1	− 0.4491	− 0.6742	− 0.4671	0.1566	1.4338
文化投资 F_2	− 0.7235	− 0.7527	− 0.3262	0.6160	1.1863
文化消费 F_3	0.5232	0.3916	− 0.1662	− 0.2841	− 0.4643
文化外贸 F_4	− 0.6551	− 0.5944	− 0.6526	0.7102	1.1919
公共文化服务 F_5	− 1.0619	− 0.7820	− 0.0427	0.5838	1.3028
文化市场 F_6	0.1140	− 0.8029	− 0.8343	0.4766	1.0466
旅游产业 F_7	− 1.2435	− 0.6406	0.0131	0.5925	1.2785

资料来源：《广州统计年鉴2020》、广州市统计局提供的《广州文化及相关产业统计概览2020》。

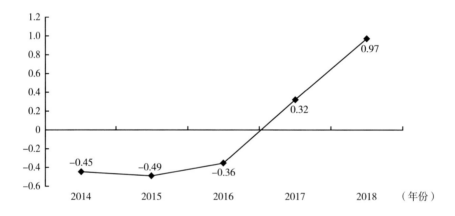

图8　2014～2018 年广州市文化名城综合发展指数

资料来源：《广州统计年鉴2020》、广州市统计局提供的《广州文化及相关产业统计概览2020》。

由图8可以看出，2014～2018年广州文化名城综合发展指数整体上呈现"√"形增长，在度过平台期后出现快速上升的趋势。从直观上看，2016年是一个拐点，可以把2016年作为一个时间节点划分为两个阶段。2014～2016年，综合发展指数处于平台期，年份间变化幅度超过0.1，2015年指数值达到最小，在经历该年份小幅下降后出现反弹，在2016年重新超过2014年的数值。2016～2018年，综合指数处于快速上升阶段，每年增长数值达到0.65及以上。

实际上，2014~2016年可以视作广州文化名城建设的蓄势期，由于文化名城的建设和文化经济的转型等需要一定的时间，所以在此期间主要体现的是布局与蓄势待发的状态，而在2016~2018年，布局与转型完成后，文化名城的建设开始真正扩张，并反映在文化名城综合指数的快速增长上。

二　2020年广州文化产业发展举措

（一）多措并举，全力推进文化旅游企业复工复产

2020年3月24日，广州市出台《关于积极应对疫情影响促进文化旅游产业健康发展的若干措施》（简称"文旅12条"），发放疫后文化旅游产业专项扶持资金1.34亿元，暂退旅行社服务质量保证金2.16亿元，发放接待游客来穗奖励967万元，通过资金扶持、租金补贴等方式，积极为企业纾困解难，支持文旅企业应对疫情、缓解经营困难、振兴消费、促进产业复苏。

广州市文化广电旅游局印发《关于组织申报广州市文化旅游新业态项目扶持经费的通知》，组织开展申报和评审，安排1530万元扶持30个文化旅游新业态项目；印发《关于开展市级以上文化产业示范园区减免租金补助申报通知》，开展市级以上文化产业示范园区减免租金补助申报工作，安排扶持补助重点文化产业园区和企业683.4万元，惠及1348家企业。为进一步激活市场，促进消费，分批次发放3000万元文旅消费券，带动文旅市场消费比例超过1∶5。

广州市相关部门协调引导国开行广东分行、广州银行、建设银行及农业银行等金融机构为受疫情影响的企业提供金融服务以及优惠措施，出台《支持文化旅游企业复工复产专项金融服务措施》，鼓励有贷款需求的企业主动申请，帮助企业切实降低融资成本。协调广州地区银行为文化旅游企业提供贷款154.2亿元。开展文旅企业贷款贴息资金申报，共38家企业获得349.8万元扶持。

按照市复工复产领导小组的统一部署，根据企业规模及行业影响力，梳理出文化旅游业50强企业，建立市、区、企业三级对口联系机制，通过上

门走访和电话问询的方式详细了解情况，积极协调相关区政府和市直部门解决企业困难。从文化旅游产业疫后发展专项经费中拨付 2000 万元支持广州长隆集团复工复产。根据《关于开展重点旅游景区扶持补助发放工作方案》《广州市旅游发展奖励扶持资金实施办法的通知》等相关政策文件，为重点民营旅游景区发放疫后扶持补助 384 万元。

（二）壮大平台，进一步提升文化产业资源集聚力

2020 广州文交会以"文旅融合、业态创新、湾区共建"为主题，聚焦文旅新经济，围绕推动城市文化综合实力出新出彩，打造文旅新业态、产业峰会、影视演艺、艺术品交易、动漫游戏、文化创意、文旅装备、综合交易、文旅论坛等 10 大板块活动、34 项子项目活动。在文交会开幕式上，共有 11 项重点文化产业项目签约，合同金额达 182 亿元。采取"展览 + 主旨论坛 + 企业发布 + 产业集群"联动的办会模式，内容丰富、形式多样、亮点纷呈。2020 广州文旅新业态成果展示会作为本届文交会的重点项目之一，组织了包括腾讯集团、网易集团、长隆集团等 24 家文旅新业态代表性企业，将广州市近年来在数字文化、文化创意、文化旅游云服务、文旅消费、非遗文创等方面的创新成果以体验式、沉浸式的方式向市民和媒体呈现。本次展示会契合中央提出的发展新经济、文化产业守正创新的要求，是新冠肺炎疫情得到一定控制后在全国率先举办的文旅新业态的成果展示会，受到了国家文旅部、省文旅厅等领导的高度重视。展示会上企业的展示内容也体现出文旅跨界融合的趋势明显，众多文旅融合、科技元素加持，让文化旅游企业推出更多的文旅项目和产品。

第十三届中国国际漫画节，通过各种方式参与线下各项活动的人数近 35 万人次，整体规模约为上届的 85%，直接交易额达 31.6 亿元，促成交易及潜在交易估计约为 65 亿元。受疫情影响，本届国际漫画节规模虽然有所下降，但与同期在北京、上海、杭州、重庆、成都等城市举办的动漫节展相比仍有较大的优势，广州国际漫画节牢牢坚守国内规模最大、规格最高、影响力最强的地位。

（三）多维度招商引资，推动重大文旅产业项目落地

一是引入中旅集团重大文旅项目。与中国旅游集团签署战略合作协议，促进九龙湖生态度假区、广州北站免税综合体等项目成功落地，总投资约245亿元，这是疫情在全国得到控制后广州市文旅项目第一大单，极大地鼓舞了广州文化旅游产业重振的信心。二是谋划推进长隆打造世界级"粤文化"地标项目，市文化广电旅游局、市发展改革委、市规划和自然资源局、番禺区政府等单位，认真梳理项目进展情况，研究提出需国家、省协调解决的事项，并积极争取国家、省的支持。三是推进长隆三期、华侨城白水寨文旅项目、华侨城番禺项目、南沙凤凰卫视梅塘项目、伟光汇通花都文旅小镇项目、维塔数字创意小镇等项目洽谈落地。四是高质量引进香港企业——凌速展览集团在广州设立大中华区总部，以广州为基地举办国际潮玩展，广州动漫会展企业可在北京、上海、成都举办漫展，每个漫展均有"广州馆"，在全国推广广州动漫行业。

（四）完善中长期政策，形成文化产业发展合力

一是起草《广州市促进文化旅游产业高质量发展的若干措施》《广州市文化旅游产业发展专项资金管理办法》等政策文件。组织研究制订《广州市加快推进文旅融合三年行动计划》《广州构建世界旅游目的地三年行动计划》，对标国际先进案例，明确广州文化旅游业发展定位，提出推动文旅融合发展、构建世界级旅游目的地务实举措，为广州未来3年文旅行业发展提供重要指引。

二是推动设立广州市文化旅游产业发展专项资金，主要用于支持文化旅游新业态发展、动漫游戏产业发展、重大文旅产业项目建设、传统文化产业化发展、文化旅游产业集聚发展、鼓励文化旅游消费、重大文化旅游平台和推介活动、超高清内容制作产业发展、文艺精品创作、艺术大师工作室、电影电视剧扶持、精品民宿和旅游线路建设、文化科技融合企业和项目、贷款贴息等。

三是各区积极出台政策扶持文化产业发展。2020年3月，广州市花都

区人民政府办公室印发《花都区加快数字文化产业发展扶持办法（试行）》（花府办规〔2020〕2号）。2020年5月，广州市黄埔区文化广电旅游局印发《广州市黄埔区 广州开发区促进文化创意产业发展办法实施细则》（穗埔文广旅规字〔2020〕1号）。2020年9月，广州市白云区文化广电旅游体育局印发《广州市白云区促进文化产业发展专项资金管理办法》（云文规字〔2020〕1号）。2020年12月，广州市增城区人民政府办公室印发《增城区促进文化旅游体育产业高质量发展扶持办法》（增府办规〔2020〕11号）。

四是不断加强文化金融支持。2020年7月，由中国文化产业投资基金二期和广州城投集团、广州文化投资有限公司在广州南沙共同发起设立粤港澳大湾区文化产业投资基金，基金总规模拟为100亿元，吸引各方资本投入，进行市场化运作和专业化管理。目前粤港澳大湾区文化产业投资基金已经获批，进入工商注册阶段。粤港澳大湾区文化产业投资基金100亿募资工作已经基本完成。

（五）加快推动转型升级，促进文旅产业高品质发展

一是稳步提升全域旅游发展品质。积极谋划部署广州全域旅游发展格局，统筹推进广州市申报创建国家级全域旅游示范区工作。支持番禺区高质量建设国家全域旅游示范区标杆，从化、增城、越秀、海珠4区成功创建省级全域旅游示范区。支持各区对照国家全域旅游示范区标准，对标对表创建提升，推荐从化区申报创建国家级全域旅游示范区，优化全域旅游服务品质。二是全力推动旅游景区升级。积极推进旅游景区标准化、规范化、系统化建设，以景区创A为抓手，持续推动提升旅游服务质量。支持推动旅游景区创A升级，2020年新增西关永庆坊旅游区、从化石门国家森林公园2个4A级旅游景区，10个3A级旅游景区，A级旅游景区数量达到74个。大力推进莲花山旅游区5A级景区创建工作，支持以5A级景区标准打造广州市红色文化传承弘扬示范区（越秀片区）。三是推广应用红色资源普查成果。根据文旅部工作要求，在广州红色旅游资源普查技术标准基础上，研究起草《国家红色旅游资源普查技术标准》，推广广州红色旅游资源普查经验

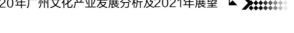

做法。推出100个网红打卡点、100条精品旅游线路，迅速提升城市文化旅游市场热度。

（六）扎实推进新时代非遗活化利用工作，助力文化传承

出台《广州市非物质文化遗产保护办法》，制定实施《广州市发展振兴非物质文化遗产三年行动方案（2020～2022年)》，推出全市第一批文物保护利用典型案例和优秀文创产品，使非遗保护传承亮点纷呈。积极推进全国重点文物保护单位六榕寺塔，广东省文物保护单位万寿寺大殿、平和大押旧址、沙路炮台旧址，广州市文物保护单位近代洋行仓库和码头旧址——太古仓旧址、鳌山古建筑，以及海丝史迹点南越文王墓和怀圣寺光塔保护规划。全市首条非遗街区在永庆坊开市，进驻非遗街区的10家非遗大师工作室开门迎客，广彩、广绣、珐琅、骨雕、榄雕、醒狮、饼印、箫笛、古琴等项目汇聚永庆坊。建成7个非遗工作站，9人入选第六批省级代表性传承人名单，"广绣进校园""中医药文化进校园"项目入选全国非遗进校园十大优秀案例，"广州老城新活力文化遗产深度游"成功入选"全国非遗主题旅游"12条代表线路。

（七）发挥文化引领作用，加强粤港澳大湾区文旅交流

一是会同市大湾区办、花都、清远及市相关部门，制定了《粤港澳大湾区北部生态文化旅游合作区建设方案》。该《方案》已经市政府常务会议审议通过，并报市推进粤港澳大湾区建设领导小组会议审议。二是加强粤港澳大湾区文化旅游交流，与深圳签订文化旅游战略合作框架协议，联合珠海兴办"粤港澳大湾区雕塑作品展"。一系列活动对重振广州市文化旅游市场产生了积极作用、取得了明显成效。

三 文化产业发展中存在的短板与成因

（一）产业规模相对较小，整体竞争力有待提升

调研发现，广州文化产业在快速发展的同时，同国内先进城市相比在一

些方面还有较大差距。从文化产业增加值来看，2018 年，广州市文化产业增加值 1369.69 亿元，低于北京、上海、杭州和深圳，位居全国第五。从文化产业在国民经济中的地位看，北京、上海和深圳不仅文化产业增加值居前列，其占 GDP 比重也较高，均在 8% 以上，已经成为国民经济发展的重要支柱性产业，而广州市仅为 6.52%，文化产业对经济发展的带动和推动作用还有很大的提升空间。

表7　2014～2018 年国内主要城市文化产业增加值比较

单位：亿元

年份	北京	上海	深圳	杭州	广州	南京	重庆
2014	2794.3	1397.47	965.91	1607.27	849.34	515.00	490.00
2015	3072.3	1666.93	1010.11	2232.14	913.28	590.00	540.48
2016	3570.5	1861.67	1490.18	2541.68	976.73	630.00	615.00
2017	3908.8	2081.42	1783.45	3041.00	1161.07	703.10	662.94
2018	—	2193.08	1996.11	1862.00	1369.69	815.42	—

说明：①数据根据网络公开资料整理；②北京市的数据均为北京市根据地方口径统计得出的文化创意产业增加值数据；③杭州市 2018 年的数据为文化及相关产业增加值数据，其他年份的数据为杭州市根据地方口径得出的文化创意产业增加值数据；④其他城市的数据均为文化及相关产业增加值数据。

再如营业收入方面，2018 年，广州市规模以上文化产业营业收入为 4054.92 亿元，低于北京的 10962.96 亿元、上海的 8861.92 亿元、深圳的 7984.16 亿元和杭州的 5675.16 亿元，位居全国主要城市第五，营收规模不及北京、上海的一半，产业竞争力有待加强。

表8　2018 年直辖市、副省级城市规模以上文化产业主要指标对比

城市	法人单位数(个)	营业收入(亿元)	营业利润(亿元)
北　京	3887	10962.96	867.75
天　津	775	1890.59	176.52
上　海	2284	8861.92	766.57
重　庆	1052	1971.87	109.83
沈　阳	259	272.90	4.25
大　连	228	396.84	9.99

续表

城市	法人单位数（个）	营业收入（亿元）	营业利润（亿元）
长　春	218	112.99	10.62
哈尔滨	141	106.13	−4.53
南　京	1706	3209.10	193.49
杭　州	1181	5675.16	1141.95
宁　波	915	1296.82	56.66
厦　门	451	754.20	53.13
济　南	356	547.74	48.47
青　岛	666	2119.15	72.82
武　汉	935	1905.74	180.94
广　州	2395	4054.92	322.89
深　圳	2775	7984.16	749.30
成　都	534	1385.56	207.30
西　安	564	708.00	45.62

资料来源：广州市统计局提供。

（二）原创能力有待提升，文化产业品牌偏少

推动文化大发展大繁荣的根本，就是要推进文化内容建设和内容创新，生产出一大批原创的、在国内外有影响力的文化作品。近年来，广州市文化原创力不足，缺乏传播广泛、影响深远的文化精品力作。在2014年之后，中宣部"五个一"工程奖连续两届评选中，广州市仅有1部作品获奖，远低于北京（18部）、上海（11部）、深圳（7部）。

广州市文化产业单位规模偏小，文化产业整体呈现"星星多，月亮少"的"小散弱"局面，缺乏像腾讯、华侨城这类龙头文化企业。广州市小微型文化企业占据绝对主体地位，在全市74414个文化企业中，小微型企业占比高达96.78%。从图9来看，"营业利润率高、人均营业收入低""营业利润率低、人均营业收入高"区域的企业较少，处于"营业利润率高、人均营业收入高"区域的企业只有3家，大量的企业集中

在"营业利润率低、人均营业收入低"区域，这说明广州市的文化企业核心竞争力亟须提升。

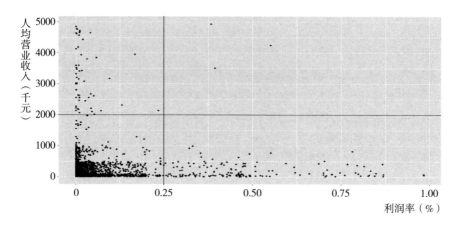

图9　2018年广州规上文化企业人均营业额与营业利润率分布情况

说明：图中每一个黑点代表一个企业所处的位置，横轴为营业利润率，纵轴代表企业人均营业收入。

资料来源：广州市统计局提供。

每年由光明日报社和经济日报社联合评选的中国"文化企业30强"，从2008年开始，至今已评选十一届，是中国文化行业最为重要的活动之一。从历届名单来看，广州市共有8家次（含重复入选）企业入选，数量上与成都相同，并列排名第十一，与北京的99家差距巨大，也少于西安市和济南市。2013~2016年、2018~2019年共六届，广州市文化企业无一入选中国"文化企业30强"，反映了广州市文化企业的竞争力不足。

（三）新冠肺炎疫情冲击较大，部分文化行业受损严重

2020年突如其来的新冠肺炎疫情，对文化产业的稳定健康发展造成较大影响，特别是对电影、旅游、会展、文艺演出、文化装备制造等依靠消费、社交或劳动密集型生产的文化行业冲击巨大。从文化产业投资看，受疫情影响，文化企业"走不出去，请不进来"，大量已达成投资意向的项目推迟考察、签约，使一些原准备扩大生产规模的企业改变了投

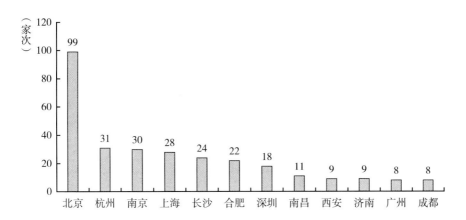

图10 2008～2019年国内部分城市的企业入选"全国文化企业30强"总数
（含重复入选）

资意向。从文化消费看，2020年作为广州优势产业的旅游业、电影业失去了春节红利，文化旅游消费、电影消费、线下文化消费等领域在上半年基本停滞。从文化出口看，受全球疫情影响，文化用品、游艺器材和娱乐用品、广播电影电视设备等文化产品和服务对外贸易也受到极大影响。从微观层面来看，民营文化企业受冲击程度大于国有文化企业，中小微文化企业受冲击程度大于大型文化企业，规模越小的文化企业遭受负面影响越严重。

（四）文化产业发展体制机制创新相对滞后

文化产业是一个综合性很强的产业，推动文化产业发展需要文化广电旅游、科技、工信、发改、体育、规划等多个职能部门共同努力。为大力推动文化产业发展，国内很多城市成立了文化产业发展领导小组等统筹协调机构，建立了由地方主要领导担任组长、宣传部门统筹协调、相关职能部门共同参与的体制机制。比如，北京市2006年成立了由市委书记担任组长、市长任常务副组长、市委宣传部部长及分管副市长任副组长，市委宣传部、市发改委等27个委办局为成员单位的文化创意产业领导小组，全面负责北京市文化创意产业发展规划①及若干政策意见的制定，同时下设北京市文化创意产业促进中心，承担对全市文化创意产业集聚区、文化创意产业人才培训基地的认定及相关考核、统计和日常工作。杭州市由市委书记任文化创意产业发展领导小组组长，下设杭州市文化创意产业发展中心，为正局级事业单位，编制25人，内设4个处室（综合处、产业处、合作交流处、创意策展处），全市及十三个区、县（市）、钱塘新区均建立文创委和文创办（因机构改革，"文创办"更名为"文创发展中心"），形成全市协调力量大力推进文化创意产业发展的良好局面。成都市把文化产业作为"一把手"工程，专门成立推进"三城三都"（世界文创名城、世界旅游名城、世界赛事名城，国际美食之都、国际音乐之都、国际会展之都）建设工作领导小组及办公室（设在市委宣传部），由市人大常委会主任担任领导小组组长。同时，全市建立15个文旅运动产业生态圈，由各区主要领导挂帅推动。

广州市虽然成立了文化体制改革和文化产业发展领导小组及办公室，但与北京、杭州、成都等城市相比，层级不够高，赋予该机构的文化产业协调发展职能不足、不清晰，管理体制仍然不顺，各部门未能形成合力。比如，动漫产业目前归市文化广电旅游局管理，创意产业归市发改委管理，设计产业归市工信局管理，电竞产业由市体育局、市委宣传部、市文化广电旅游局等部门管理，这导致政策资源分散，不利于产业资源集中与整合。另外，除黄埔区、花都区等少数区外，其他区仍然没有建立文化产业领导和协调机构，文化产业管理和服务分散，使得市有关的文化产业政策在区层面落实较为困难，很多问题不能有效协调解决，造成文化生产经营活力不足、文化产品流通不畅。比如，广州拥有庞大的年轻消费群体和丰富的演出举办经验，以往一直是各大明星巡演的重镇之一。但从2018年起，有关部门

---

① 我国31个省（区、市）的官方统计中，北京、上海、杭州、深圳等城市采用过文化创意产业这一提法。北京市是全国较早开展文化创意产业统计的地区，在2010年发布了《北京文化创意产业分类》，于2015年进行修订并发布了《文化创意及相关产业分类（DB11/T 763－2015）》。自2018年1～7月数据发布起，北京市按照国家统计局《文化及相关产业分类（2018）》开展文化产业统计监测和数据发布工作，发布内容由原"规模以上文化创意产业情况"调整为"规模以上文化产业情况"。

针对演艺市场发布了新规，不允许演唱会等演艺活动设置内场，有观众反映即使买了最贵的票，离舞台也很远，该项规定对观众的消费意愿产生较大负面影响，不利于吸引大型演出，导致近两年市场化的大型演出纷纷退出广州市场。

（五）文化产业政策体系有待完善

在国家出台若干扶持文化产业的文件后，北京、上海、深圳、重庆、成都、杭州、武汉、南京、西安等地也陆续出台各个细分领域的扶持政策。例如，从2006年开始，北京市连续多年出台若干政策，包括文化产业规划纲领性文件和文化产业投资、文化金融支持、扶持文化产业园区和集聚区发展、文化产业统计及文化人才队伍建设等政策，政策体系日趋完备。2006年以来，上海市高度重视对文化产业的政策扶持，特别是在2017年出台了《关于加快本市文化创意产业创新发展的若干意见》（简称"上海文创50条"），明确提出建设全球影视创制中心、艺术品交易中心、亚洲演艺之都、全球电竞之都，提出许多颇有力度的扶持政策，全面打响"上海文化"品牌、加快建设国际文化大都市。

近年来，广州为了推进文化产业快速发展，在财政、税收、金融等方面加大对文化产业的政策支持，并制定了重要的纲领性文件《广州市关于加快文化产业创新发展的实施意见》，以及电影、动漫游戏、文化产业园区、实体书店、博物馆等一系列配套政策文件，初步形成"1+N"的文化产业政策体系。但同先进城市相比，广州的政策体系还不够健全。特别是在产业融合、扶持、投融资、人才培养等方面的政策亟待完善，专项政策和专项规划配套不足，现有政策与文化产业高质量发展要求还有一定的差距。例如，目前国内主要城市均设立了文化产业发展资金，且规模比较大。其中，北京市在2006年设立5亿元文化创意产业专项资金、2007年设立文化创意产业集聚区基础设施专项资金、2012年增设100亿元的文化创新发展专项资金。上海市宣传文化专项资金、促进文化创意产业发展财政扶持资金、市级非物质文化遗产保护专项资金三项合计达15亿元。深圳市的文化创意产业发展专项资金规模达5亿元①，纳入年度预算安排。成都市文化产业发展专项资金2亿元（不含旅游产业发展专项资金8000万元）。2018年、2019年杭州市安排文化产业扶持资金分别达到2.6亿元、2.08亿元。目前，广州市还没有设立文化产业发展专项资金，只有时尚创意（含动漫）产业发展专项资金，每年3000万元，额度相对较小。

广州其他文化产业细分领域的政策也较少。比如，游戏产业方面，北京、上海、海南、深圳、成都、杭州、西安等省市发展游戏产业决心大、重视度高，专门针对游戏产业制定发展政策和重点企业专项帮扶政策。特别是近年来，海南凭借税收优惠政策、出口优势等，吸引了众多广州游戏企业在海南投资设立新公司。在政策实施方面，广州实施效率和政策时效性有待进一步提升。2019年8月，广州发布《促进电竞产业发展三年行动方案（2019~2021年）》，提出打造"全国电竞产业中心"，但缺乏相关配套政策落实。由于没有实质性的优惠政策，文化企业无法享受到有力支持，个别文化企业转移到有优惠政策的发达地区和周边城市，出现企业外流现象。

（六）文化产业投融资体系还不够健全

近年来，广州文化金融体系加快建设，取得了一定的成绩，但依然存在文化企业融资难、融资贵的问题。主要原因：一是广州市金融体系相对保守。截至2020年3月末，广州市本外币各项存款余额61773.96亿元，本外币各项贷款余额49791.55亿元，存贷差高达11982.41亿元；银行业不良贷款率0.96%，分别比广东省（不含深圳）和全国同期不良贷款率低0.22个和1.08个百分点。二是相比北京、上海、南京等城市，广州市在文化金融产品供给方面存在不足。比如，北京近年来先后设立文化创意产业统贷平台风险补偿专项资金、文化产业"投贷奖"风险补偿资金，积极鼓励银行、

---

① 《深圳市人民政府关于印发深圳文化创意产业振兴发展政策的通知》（深府〔2011〕175号）规定2011~2015年，每年市高新技术重大项目专项资金安排1亿元、市宣传文化事业发展基金安排0.8亿元、原市文化产业发展专项资金安排1.2亿元，共安排3亿元，市财政新增2亿元，集中5亿元设立文化创意产业发展专项资金，用于支持文化创意产业发展。

担保、融资租赁等机构面向本市小微文化企业提供融资服务。2020年3月，上海推出首期规模10亿元的"文创保"专项贷款，专门解决中小微文创企业的融资需求。三是面向文化产业的风投机构较少。此外，相对于民营文化企业，商业银行等金融机构更愿意贷款给国有文化企业，使得民营文化企业融资难度、贷款利率都远高于国有文化企业。

（七）文化产业发展环境有待优化

近年来，广州文化产业营商环境不断优化，但依然有许多地方需要提升：一是现行法律法规对文化产业侵权行为的处罚较轻，而且执法力度不够。数字作品易复制、侵权较隐蔽，取证难、维权成本高。企业迫于维权代价高不敢诉诸法律，因此遭受侵权的事例屡见不鲜。二是部分行业由于设计作品同质性强，对剽窃、抄袭较难定义，如何界定侵权缺乏明确的法规依据和操作指引。三是企业缺少知识产权保护的战略规划，文化企业内部没有建立起有效的知识产权管理制度，缺乏专业的知识产权工作者，知识产权保护意识和相关知识还需进一步提高。四是文化企业行业资质申请受限，申请办理相关证照资质效率不高，影响企业生产经营。尤其是动漫游戏产业、互联

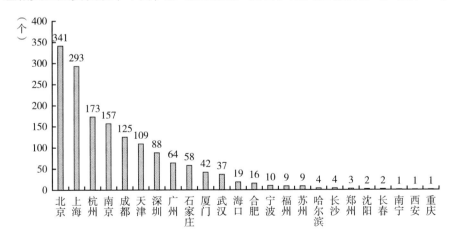

图11　2019年国内各主要城市游戏版号数情况

资料来源：国家新闻出版署。

网文化产业等快速迭代的行业，因为资质申请受限或批准滞后，相关企业的生产经营受到较大的影响。不少动漫游戏企业反映，在申请《网络文化经营许可证》、互联网信息服务增值电信业务经营许可证（简称ICP证）等资质方面，存在较大困难。目前，游戏版号是游戏产业的核心资源，由于缺乏与国家游戏版号审批等部门的沟通协调，广州游戏版号获取数量远低于北京、上海等城市。

四 发展环境与行业趋势

（一）发展环境

1. 全球经济缓慢复苏

2020年新冠肺炎疫情的暴发对全球经济产生了深远的影响，其发展的速度以及对经济的冲击超出预期。疫情带来的封锁和经济停滞大幅削弱了全球消费和投资，外部需求的疲弱及大宗商品价格的走低也冲击了贸易及进出口。发达经济体在此次疫情中遭受重创，其中欧美是重灾区，经济陷入严重衰退。新兴经济体经济普遍下滑严重，各新兴经济体受疫情冲击的程度由于经济结构和财政基础实力的差异而出现明显分化。展望2021年，随着新冠肺炎疫苗的逐步接种以及政策的持续性支持，预计全球经济将实现复苏，但由于经济结构的差异、疫情前发展趋势、政策空间及改革进程的不同，疫情后各经济体的复苏进程将呈现分化态势。

2. "十四五"规划利好文化产业

"十四五"规划强调要繁荣发展文化事业和文化产业，提高国家文化软实力。全面繁荣新闻出版、广播影视、文学艺术、哲学社会科学事业。实施文艺作品质量提升工程，加强现实题材创作生产，不断推出反映时代新气象、讴歌人民新创造的文艺精品。实施文化产业数字化战略，加快发展新型文化企业、文化业态、文化消费模式。规范发展文化产业园区，推动区域文化产业带建设。

在"十四五"规划的政策扶持下，新闻出版、广播电视、影视内容等领域都有望迎来更大的发展空间和更多的扶持政策。在内容创作领域将出现更多符合当代价值观和具有新气象的文艺作品，提升文艺作品品质。数字化战略下，文化内容有望与5G、AR/VR、超高清视频等技术手段实现更好的结合，推动新型文化产业消费增长。

3. 文化产业政策密集出台

2021年广州即将出台《促进文化和旅游产业高质量发展的若干措施》《文化旅游产业发展专项资金管理办法》，同时也在编制《文化体制改革创新试验区建设发展规划（2021～2025年)》。

《广州市促进文化和旅游产业高质量发展的若干措施》（以下简称《若干措施》）抓住粤港澳大湾区建设机遇，立足广州文化和旅游资源优势、产业优势，提出打造文化和旅游特色品牌、推进文化和旅游新业态发展、促进"大文旅"融合发展、加大文化和旅游基础设施建设、做强文化和旅游装备制造业、壮大文化和旅游市场主体、扩大文化和旅游消费、推动粤港澳大湾区文化和旅游共建共享、加强文化和旅游国际交流合作、优化文化和旅游发展环境等十大领域的措施，共三十六条。《若干措施》提出的政策措施覆盖面广，落地性强，具有前瞻性，为全面推进广州市文化和旅游产业高质量发展提供了重要指引，有利于进一步发挥广州文旅产业在粤港澳大湾区的示范引领作用，推动广州实现城市文化综合实力出新出彩。

作为广州市首个文化旅游产业发展专项资金，广州市文化旅游产业发展专项资金的设立具有突破性意义，充分体现了广州市政府对文化旅游产业发展的高度重视。为落实《广州市人民政府办公厅关于加快文化产业创新发展的实施意见》等文件精神，广州市制定《文化旅游产业发展专项资金管理办法》（以下简称《办法》），将规范专项资金的管理和使用，提高专项资金的使用效益。《办法》提出专项资金是指由市级财政安排，专项用于促进广州市文化旅游产业发展的资金；结合广州产业特色，提出扶持奖励范围，包括数字文化产业、文旅新业态、超高清视频内容创作生产、动漫游戏、世界级主题公园、重要景区、优秀传统文化传承、文化旅游消费、文化产业交易会、精品电视剧和纪录片创作、文化艺术名家工作室、原创剧目前期创作、电影产业、全域旅游发展、广州文旅特色品牌等领域的项目。一方面，专项资金既扶持数字文化产业等新兴业态，又扶持优秀传统文化传承；另一方面，专项资金既鼓励文化内容创作生产，又支持文旅特色品牌建设。显然，专项资金对广州文化旅游产业进行了全链条的扶持，将加快文化旅游产业高端要素集聚，全面推动广州市文化旅游产业转型升级。

《广州文化体制改革创新试验区建设发展规划（2021～2025年)》提出，把广州建设成为在全国具有较大影响力的文化体制改革探索区、文化经济政策先行区、文化新业态策源地、粤港澳大湾区文化融合发展示范区。在主要任务方面，该《规划》抓住粤港澳大湾区、广深双城联动、广佛同城、广清一体化建设等机遇，聚焦文化创作生产机制、文化经济政策环境、数字文化发展机制、文化多元合作机制、文化融合发展模式、人才培养激励机制创新等主要方面，激发文化创新创造活力，全力打响红色文化、岭南文化、海丝文化、创新文化品牌，充分发挥广州在"人文湾区"建设中的核心引领作用，为全国文化体制改革创新发展提供可推广、可复制的经验。

4. 城市更新为文化产业腾出大量空间

城市更新已经成为广州市推动高质量发展的重要动力。市委市政府制定了《关于深化城市更新工作推进高质量发展的实施意见》《广州市深化城市更新工作推进高质量发展的工作方案》及相关配套指引（合称城市更新"1+1+N"政策文件）加快推动城市更新。

按照要求，广州市城市更新坚持保护并传承历史文化，坚持用"绣花"功夫管理城市，传承历史文脉。广州高度重视历史文化保护，始终把保护放在第一位，不急功近利，不大拆大建，突出地方特点和岭南特色，注重文明传承与文化延续，让城市留下记忆，让人们记住乡愁。城市更新还应注重产城融合，分区施策。城市更新应与国民经济和社会发展规划、产业专项规划结合，加强产业导入，降低企业成本，释放科创空间，引入科技创新产业、文化产业和现代服务业，推动村级工业园、物流园、传统批发市场转型升级。

坚守历史文化保护底线，落实历史文化名城保护规划，对历史城区、26片历史文化街区、7个历史文化名镇名村、19片历史风貌区、91个传统村落、3425处不可移动文物、817处历史建筑等历史文化遗产进行优先保护、原址保护、整体保护，培育既有国际视野又有民族文化自信的工匠队伍，强化修缮工程监管，提升改造工程品质，注重文明传承与文化延续，多措并举促进历史文化遗产保护利用。鼓励城市更新改造项目延续传统格局和历史风貌，设立博物馆、图书馆、陈列展览馆、艺术馆等文化设施，在历史文化街区、历史文化名镇名村、旅游文化特色村设立旅游服务设施，规范完善旅游标识系统，支持开发文化旅游市场功能。

（二）行业趋势与展望

1. 网生一代引领文创消费新潮流

相关统计数据显示，中国文化消费客群已经完成迭代更新，95后（Z世代）网生一代、二次元用户开始引领文创消费新潮流。2019年，中国泛二次元用户群体达到3.9亿人，其中95后用户群体占到60%左右。95后已经成为观演市场的中坚力量，2019年，电影票房消费者年龄结构中，20～24岁消费者占比达到29%。95后的观演消费意向与85后也有较大不同，大麦数据显示，85后偏爱传统观演项目，而95后更集中于演唱会、曲艺以及展览。近年来兴起的短视频用户群体中，90后、95后用户群体占据近一半市场份额。

2. 国货潮兴起带动本土文化产品加快发展

近年来国产品牌得到越来越多消费者的认可。2020年是中国国货新潮流的高光之年。阿里研究院发布的《2020中国消费品牌发展报告》显示，中国本土品牌线上市场占有率已经达到72%。当下中国年轻一代对国货的接受度、喜爱度可以说是过去几十年来最高的，从文化自信到品牌自信。国货潮兴起有三个原因，一是随着国家综合实力不断增强，国人的民族自信也在飞跃式增长,不断加深对本土文化的认同感;二是我国产业供应链日趋完善,国内企业品牌不断做大做强,获得消费者认可;三是电商加大对国货品牌的扶持。内外因共同作用下,"国潮"开始兴起。根据第一财经商业数据中心(CBNData)联合天猫发布的《城市商业创新力——2020新国货之城报告》,2019年线上中国品牌市场占有率达到72%,主要集中在服装、食品等行业,其中美妆行业增速最快。

3. 探索式消费逐渐取代清单式消费

电子商务、移动互联网、社交网络、消费大数据的快速发展,使得消费场景被重新定义。过去消费者习惯按照生活计划来消费,"清单式消费""功能式消费"是其主要特征,满足基本需求成为核心驱动力;但在今天,消费者的消费特征已经发生变化,体验式消费、猎奇式消费成为消费的新模式,审美式消费、探索式消费成为年轻一代消费主旋律。

2019年引爆市场的盲盒经济,正是当下探索式消费、猎奇式消费兴起的缩影。盲盒经济衍生于日本的动漫产业,目前已向多元化产业渗透,诞生多种品类盲盒。

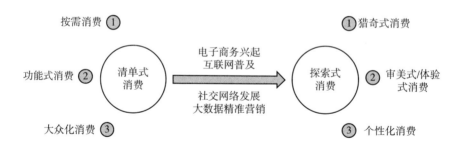

图12 探索式消费逐渐取代清单式消费

资料来源:根据相关资料和文献整理。

4. 新技术赋能文化产业加快发展

近年来新兴技术产业主要包括大数据、AI、5G、AR/VR、无人机、物联网、高清视频、虚拟主播、全息投影、区块链等。新兴技术的发展为文化产业数字化转型提供了技术支持。新冠肺炎疫情期间,以线上消费为主的数字化产业爆发式增长，云旅游、云展览、云演艺、云课堂等新型文化体验方式大放异彩。其中，云旅游的底层技术支撑为5G、AR/VR、AI、无人机，通过图文、全景、短视频、直播等多种形式为"云游者"提供沉浸式观赏体验。

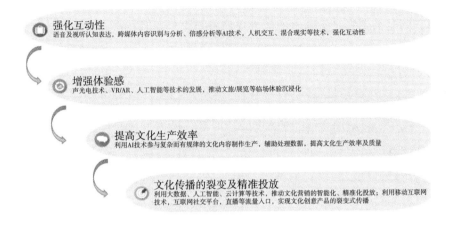

图13 新技术赋能文化产业

资料来源：根据相关资料和文献整理。

5. 新冠肺炎疫情下文创企业业绩承压，倒逼业务线上转型

2020年初受新冠肺炎疫情影响，线下文创产业遭受巨大冲击。其中，电影院、会展、博物馆、旅游景点等文化场所被迫关闭，相关企业陷入关门停业甚至颗粒无收的困境。为摆脱困境企业纷纷开展自救，部分企业开启数字化生产方式，五花八门的"云"上生活开始进入大众的视野："云健身""云课堂""云旅游""云综艺"，以"云"为名、以直播为主要载体的线上交互场景，似乎成为疫情下各行各业的一个新出路。

"云旅游"——疫情倒逼下旅游业的一次全新尝试。2020年初，受疫情影响，旅游业按下暂停键，旅游人数大幅下滑。为破解困局，不少旅游景点开启"云旅游"模式。"云旅游"体验方式主要有旅游直播、旅游短视频、三维全景旅游、语音导览等。"云旅游"满足了人们足不出户就能浏览风景的需求，同时也成为旅游景点营销种草的一种重要方式。

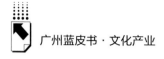

6. 文化旅游产业数字化发展提速

疫情缓解后，用户的消费行为正在加速转变，更方便的社区电商和直播电商代替过去传统的购买模式。"新常态"下年龄较大的用户也开始接触网购去满足日常所需。在线消费、远程办公、线上学习与娱乐被越来越多的消费者接受，各个行业需要应对"新常态"下的消费变化，继续推进数字化工具，满足消费者日益高涨的数字化消费需求。同时在产业政策推动下，科技与文化加速融合，持续推动文创产业的数字化发展。

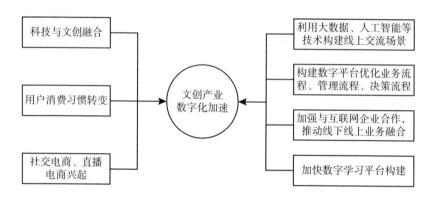

图 14　文化旅游产业数字化

资料来源：根据相关资料和文献整理。

新冠肺炎疫情对文创产业影响较大的行业包括影视业、演艺业、展览业和旅游业。一方面疫情导致这些行业业务收入锐减；另一方面，疫情对文创产业也起到促进作用。比如，电影从院线播放发展到网络播放，电竞赛事从会场举办到云直播。随着疫情的逐渐消退，对数字文创产业的关注持续增强，文创企业纷纷拥抱数字创意产业，数字文创迎来爆发期。

7. 智慧旅游加速到来

智慧旅游出现较早，但是受限于技术、用户消费习惯等因素，发展缓慢。疫情的出现使智慧旅游加速到来，"云旅游"的出现为文化旅游行业线上线下融合打下坚实的基础。"云旅游"促进用户网上预定消费习惯养成，同时"云旅游"成为"种草"的一种重要方式，线下则达到"拔草"的目的。"云旅游"与线下旅游业是互补互促的关系，推动二者融合发展，是大势所趋。国家发展改革委在2020年7月15日发布的《关于支持新业态新模式健康发展激活消费市场带动扩大就业的意见》明确指出，鼓励文化旅游等领域产品智能化升级和商业模式创新。2020年9月国务院总理李克强在国务院常务会议上肯定了发展网络数字技术的新业态、新模式，鼓励旅游业线上线下融合发展。旅游智能化升级和商业模式创新是一种重要趋势，应予以鼓励。

智慧旅游已从概念进入实际应用层面。随着物联网、移动互联网技术的普及发展，物联网、大数据、云计算等技术的兴起，智慧旅游已经从概念进入实际应用层面。智慧旅游大数据平台通过全面整合各类旅游资源，利用数据挖掘、AI等技术，对旅游景区、交通、酒店等数据进行全方位、多维度的分析，向政府、旅游景区、企业、游客提供旅游应用服务，将B/C/G端紧密连接在一起，打造了全域旅游生态圈。

8. IP授权赋能文化旅游产业融合发展

在文旅行业，IP承担着重要角色，文旅IP代表着个性和稀缺，以其价值观、特色内容和持续创新为支撑点，为文旅项目带来持续生命力和鲜明特色。通过IP为旅游景区注入文化价值、带来流量，通过主题乐园IP化提升游客体验，通过互联网、虚拟现实、3D全息投影等技术为游戏爱好者提供沉浸式体验，通过IP促进文化旅游业的融合发展，成为后疫情时代IP、文化和旅游企业共同推进的方向。后疫情时代，文旅业突围需要依靠"IP"这一理念，打造属于项目本身的文化标签，借此吸引客群。当前数字文化成为社会关注的焦点，推动文旅IP数字化转型，成为行业主要发展趋势。传统文旅产业的IP化、数字化升级，需要实现资源IP化、IP场景化、场景数字化。

9. 游戏产业市场国际化加快

20世纪世界经济的迅速发展导致包括文化和娱乐在内的全球化进程加快。在全球畅销榜单中，头部App展现了惊人的变现能力。在娱乐类App国际化发展中，我国游戏产业"出海"表现突出。广州游戏产业"出海"

越来越普遍，部分国产游戏成功"出海"案例的激励、海外发行无须等待版号审批以及文创行业天然地向外输出倾向等原因，使海外业务发展态势迅猛，涌现了易幻网络等专业的海外发行公司。目前，广州游戏企业主要向东南亚和日韩市场扩张，欧美市场仍待开发。中东、北非等新兴市场更是需要广州企业去"拓荒"。游戏产品"出海"，既符合加强文化建设、鼓励文化输出的时代要求，又符合广州游戏企业自身扩张发展的需要。此外，对国内游戏行业来说，不少海外国家仍是蓝海市场，早期开拓者占有巨大优势。由于积极拓展海外市场，持续加大海外布局，中国自主研发的游戏在海外表现良好。2020年上半年，中国自主研发的游戏海外市场销售收入为75.89亿美元（约合533.62亿元人民币），同比增长36.32%，继续保持快速增长势头。据调查统计，2020年上半年，受访的广州游戏企业中有65.38%开展了海外业务，海外销售收入同比增长158.30%。其中，约35%的受访游戏厂商表示公司"出海"销售呈现积极增长趋势，约17%的受访企业海外销售收入翻倍，甚至出现企业"出海"销售收入增长幅度超过1000%。

五　对策建议

（一）完善顶层设计，突出广州文化产业的显示度

一是提高认识。各级各部门要深刻认识到推进文化产业高质量发展是全面贯彻习近平新时代中国特色社会主义思想，习近平总书记对广东重要讲话、重要指示批示精神的重要体现，积极适应新时代、新产业与新业态发展的要求，把发展文化产业提升到打造全市战略性支柱产业的高度加以重视，以当年发展汽车产业的力度来推动文化产业实现高质量发展。

二是加强顶层设计。发展文化产业是一个系统工程，要高站位、大视野、全局谋划，从全市层面制定文化产业政策，完善顶层设计，挖掘历史文化名城的文化基因，进一步提升广州文化产业的显示度，并从区级层面来抓推动落实，打造文化产业特色园区，市、区联动，形成各区之间错位竞争、

相得益彰、百花齐放的局面。

三是形成工作合力。构建主要领导亲自抓、各级各部门主动抓、社会各界广泛参与的文化产业发展大格局，完善部门之间、市区两级政府之间的沟通机制，定期召开联席会议，协调文化产业高质量发展的重大事项。要深入推进文化事业单位分类改革，促进公益性文化事业单位创新机制，建立法人治理结构，完善理事会制度，强化公共服务功能。深化国有经营性文化单位转企改制，发挥市场在资源配置中的决定性作用，促进改制单位面向市场、面向群众，出精品、出效益、出人才，增强自身发展能力。

四是完善政策体系。充分借鉴北京、上海等城市的先进做法，从加大财政资金投入、鼓励社会投资、促进产业集聚、扶优扶强企业、激励技术创新、加快人才培养和引进、优化市场环境等各个方面着手，进一步完善广州市文化产业及相关细分领域的扶持政策。对此次受疫情影响较为严重的行业，加大资金扶持力度，用好用足相关税收优惠政策，有效降低文化企业的生产经营成本，全面推动广州市文化产业恢复发展和转型升级。

（二）明确财政资金定位，加大产业资金扶持力度

明确财政扶持政策在文化产业发展中的职能定位。财政扶持政策的基础和前提就是明确政府在文化产业发展过程中的地位和作用。积极发挥财政扶持政策资金引导和杠杆作用，保护和促进文化产业发展。要制定合理的财政激励政策体系，加大文化产业的培育与政策引导，加快文化体制的改革与创新，加强对文化产业和文化创意产品进行宣传，让全社会更多地了解文化产业的重要性，更好地促进文化产业的发展，实现社会效益和经济效益的统一。

设立广州市文化和旅游产业发展专项资金。建立财政投入文化和旅游产业稳定增长的运行机制。专项资金重点支持文旅新业态、重大文旅产业项目、文旅产业集聚区、文旅消费、重大文旅平台、文艺精品创作、电影产业等方面。

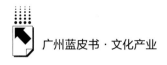

（三）落实税收政策，切实减轻文化企业负担

目前，国家层面已明确文化产业发展的目标和发展重点，但与之相适应的有针对性、可操作的财政、税收、金融、土地、人才等配套政策措施还不够完善。文化产业税收制度体系还不够健全，税收激励政策还不够全面。相比之下，一些发达国家在这方面有着成熟经验，比如，法国构建了目前世界上相对完整的文化产业税收扶持体系，制定了鼓励研发、市场推广、吸引人才、促进高端文化产业发展等一系列税收政策，形成了文化人、文化区、文化产业三位一体的税收政策体系。对于发达国家的一些成熟经验和做法，我们可以结合国情加以学习借鉴，按照文化产业发展的内在逻辑，探索制定系统、规范、有效、明晰、可操作的税收政策体系。特别是结合供给侧结构性改革、新旧动能转换和"一带一路"、粤港澳大湾区建设等契机，扶持、培育有鲜明地域特色的文化产业项目和品牌。

提供针对性强的税收政策服务。税收是助力经济社会发展的一个重要杠杆，为支持文化事业繁荣发展，方便广大文化企业和从业者更好地知晓、理解和运用税收优惠政策，税务机关要进一步加强政策宣讲和纳税辅导。

加大相关税收政策的宣传力度。近年来，财政部、税务总局等部门出台了一系列支持文化产业体制改革、扶持文化创意企业发展等的税收政策，在文化创意服务、广播影视服务、印刷出版服务、动漫软件销售等方面都有很多税收优惠政策，但总体上来看还比较零散，有的文化产业从业者不清楚自身受惠范围，有的因提交资料多、审批流程长等"望而却步"。我们可借当前国税地税征管体制改革的契机，对相关政策文件进行全面清理，对税收征管流程进行进一步优化。

（四）实施创新驱动，注入文化产业高质量发展新动能

一是加强技术攻关。支持企业加强与高等院校、科研院所的合作，加强文化产业共性关键技术研发。将文化和科技融合技术研发列入广州市重点领域研发计划，争取广东省重点领域研发计划"文化和科技融合"重点专项，

建设一批重大文化和科技融合项目和工程。

二是打造重点平台、载体。充分发挥国家文化和科技融合示范基地、广州人工智能和数字经济试验区等核心载体在文化领域的关键核心技术或瓶颈技术研发、技术转移、集成应用、技术联盟等方面的示范引领作用,推动面向文化与科技融合发展的专业孵化器、众创空间建设发展。鼓励企业积极申报国家级、省级工业设计中心以及文旅部重点实验室等。

三是加强与"大院大所"的合作。围绕文化科技创新,推进广州与"大院大所"深度合作对接,深入连接"大院大所"的"最强大脑"和高端资源。在扶持和引进"大院大所"及其分支机构、培养和引进高层次文化科技人才、加快文化科技成果转移转化等方面加强合作,不断培育发展新动能。

(五)加强合作,开启文化产业跨区域合作新篇章

一是完善人文湾区合作机制。充分发挥推进粤港澳大湾区建设文化旅游一体化发展专项小组作用,建立完善常态化的穗港澳文化旅游部门高层互访机制,有效发挥粤港澳大湾区城市旅游联盟、演艺联盟、公共图书馆联盟、动漫游戏产业联盟、文化旅游融媒体传播联盟牵头城市(或轮值城市)作用。积极参与粤港澳大湾区文化艺术节,继续办好"穗港澳青少年文化交流季",为打造大湾区标志性文化品牌贡献广州力量。

二是加快文化旅游等领域合作发展。深化穗港澳、广深珠、广佛肇、广清韶等文化旅游交流合作,推动制定便利化政策,简化港澳企业及个人来穗文化旅游活动审批程序,引入港澳优质旅游企业入驻广州。加快推进粤港澳大湾区北部生态文化旅游合作区建设,丰富大湾区文化旅游、休闲旅游精品线路。深化与香港互办文化周活动、与澳门开展研学游交流活动,不断推进粤港澳大湾区文化旅游一体化发展,构建资源共享、品牌共创、人才共育的合作发展新格局。加强穗港合作,建立离岸孵化器,加速文化科技成果转化。

三是加强广深"双城"联动。进一步抢抓"双区"建设和"双城"联

动机遇，围绕工业设计、数字文化装备制造等重点行业，不断强化广州与深圳在文化产业领域的联动。大力整合广深优势资源，探索广深文化科技创新合作新模式，在重点项目攻关、产品研发试制、专业人才培养、技术交流和培训等方面开展合作。与深圳联合建立跨区域、多学科融合的文化科技重点科研平台，助力粤港澳建设具有全球影响力的国际科技创新中心。

（六）创新金融，建立支撑文化产业高质量发展的金融新体系

大力发展文化金融总部经济。依托海珠区、越秀区等重点区域，大力发展文化金融总部经济，争取创建国家级文化金融合作试验区。继续做强做优广州民间金融街，加快海珠广场文化金融CBD规划建设，引导银行、证券、保险、数字经济等行业集聚，重点引入金融或类金融总部企业以及文化企业，打造文化资本和金融资本集聚高地，建成辐射珠三角乃至华南地区的文化金融总部集聚区。大力培育文化金融市场主体。推动文化信贷、文化投资基金、文化债券、文化信托、文化保险、文化小额贷款、文化融资租赁、文化融资担保等机构和文化金融撮合平台集聚发展，形成符合文化产业发展需求的金融推动力。大力创新文化金融服务方式。鼓励商业银行创新文化金融服务方式，完善文化产业"补、贷、投、保"联动机制，降低文化企业融资门槛和成本。调整财政对企业补贴奖励的方式，探索将部分直接补贴改为股权投资，通过股权投资的方式壮大文化企业资本实力。支持银行机构设立"文创支行"，为文化企业提供全方位的金融服务。积极开展知识产权证券化试点，开辟文化企业融资新路径。

（七）保障用地，拓展文化产业高质量发展的新空间

着力扩大文化产业用地供给，把握广东省作为国务院委托用地审批权试点省份的机遇，积极利用省级、市级用地指标发展文化产业。强化重点产业项目用地保障，降低市级以上重点文化产业建设项目土地出让底价，给予土地储备、农转用指标、项目审批、基础设施配套等支持。着力重塑文化产业承载力。重点是做好中心城区的"疏解＋整合"，可参考北京疏解非首都功

能的经验与做法，以"限制低端业态、产业转型升级、城市更新改造"为主要突破点，全力疏解非中心城区功能。对疏解后腾空的土地、厂房、商厦、批发市场等用地、设施，应通过集约高端的开发建设，引入"高精尖"文化产业，升级为高端引领、创新驱动、绿色低碳的现代文化产业发展模式，实现资源充分、合理、高效的再利用。周边地区要探索集体土地整备利用。可成立集体土地整备中心或引入市场主体，建立集体土地整备的公司组织，并通过托管方式，对规划为经营性建设用地的农村集体存量土地进行整合和前期整理开发，并突出加大对文化产业的优质项目招商。

参考文献

柴寿升、李洁：《海洋文化名城评价指标体系与模型研究》，《青岛科技大学学报》（社会科学版）2013年第9期。

马一德：《文化产业数字化助推经济体系效能提升》，《北京日报》2021年4月12日。

解学芳、陈思函：《"5G＋AI"技术群赋能数字文化产业：行业升维与高质量跃迁》，《出版广角》2021年第3期。

马平：《人工智能（AI）——影视创作的革命性新动力》，《现代电影技术》2019年第8期。

魏鹏举：《中国文化产业高质量发展的战略使命与产业内涵》，《深圳大学学报》（人文社会科学版）2020年第5期。

黄江杰、汤永川、孙守迁：《我国数字创意产业发展现状及创新方向》，《中国工程科学》2020年第2期。

综 合 篇

Comprehensive Chapter

B.2
中国20城市文化产业创新发展
比较分析*

陈 刚 莫佳雯 陈 荣**

摘　要：　本报告在2018年城市文化产业创新发展评价指标体系的基
　　　　　础上，将样本城市扩展至国内20个主要城市，以2019年数据
　　　　　为基础，对比分析了这些城市文化产业创新发展情况。研
　　　　　究发现：北京、上海、深圳三大城市整体排名处于第一梯
　　　　　队，广州处于第二梯队，但面临着重庆、南京等后发优势
　　　　　城市的激烈竞争；创新基础维度的差异相对较小，创新能
　　　　　力、创新投入存在较大差异，是造成各大城市综合得分差
　　　　　异较大的主要原因。基础指标权重居前五位的指标均集中

---

* 本文是广州市人文社会科学重点研究基地——"超大城市现代产业体系与广州实践研究基
地"以及2021年广州市青年文化英才资助项目的阶段性研究成果。

** 陈刚，广州市社会科学院现代产业研究所副研究员，博士（后）；莫佳雯，广州市社会科学
院现代产业研究所研究助理；陈荣，广州市社会科学院现代产业研究所研究助理。

在创新能力和创新投入领域，说明影响样本城市文化产业创新发展指数得分的关键性因素在于创新能力的提升和创新投入的增加。

关键词：　文化产业　创新发展　熵值法

一　引言

进入 21 世纪以来，文化产业在经济活动中扮演的角色越来越重要，并逐渐成为经济发展的新形态和新动力。国家"十四五"规划纲要也指出，"十四五"期间，在文化产业领域，我国要持续健全现代文化产业体系，"实施文化产业数字化战略，加快发展新型文化企业、文化业态、文化消费模式，壮大数字创意、网络视听、数字出版、数字娱乐、线上演播等产业"。文化产业具有可重复性、多层次性以及持续性的产业优势特征，是受资源限制较弱的一种可持续发展产业，同时文化产业又是一种新兴的朝阳产业，逐渐成为国家和地区经济增长的重要组成部分和新的增长动能（陈刚、莫佳雯，2020）。

本报告是有关中国城市文化产业创新发展研究的跟踪研究成果，在《广州与我国主要城市文化产业创新发展比较分析》中，课题组已经构建中国城市文化产业创新发展评价指标体系，并测算和评价了 2018 年度广州与我国其他 8 个主要城市的文化产业创新发展情况。在此报告中，本研究进一步拓展了样本城市数量，对比分析了我国文化产业创新发展表现较好的 20 个城市，归纳总结了 20 个样本城市 2019 年文化产业创新发展最新情况，为下一阶段更好地促进广州文化产业创新发展提供了研究支撑和思考方向。

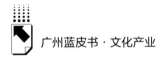

二 城市文化产业创新发展水平的评价方法和
测算过程

（一）指标体系建设

有关我国城市文化产业创新发展评价指标体系建设方面的理论综述，本研究在上一年的报告——《广州与我国主要城市文化产业创新发展比较分析》中已经进行详细的介绍和归纳，在本报告中就不再赘述。

在样本城市选择方面，本报告将城市样本从原来的 9 个拓展至 20 个。关于样本城市选择，本报告选择文化产业规模排名靠前以及文化产业与科技创新融合发展较为突出的 20 个城市作为本年度的样本城市，即北京、上海、广州、深圳、杭州、成都、西安、武汉、南京、苏州、重庆、天津、厦门、宁波、大连、哈尔滨、济南、长沙、无锡和东莞。

在评价指标体系建设方面，本报告沿用上一年的指标体系，从创新基础、创新能力、创新投入、创新绩效四个维度对比分析各城市文化产业与科技融合发展情况。

（二）数据说明

在本研究创建城市文化产业创新发展评价指标体系中，我们使用的数据大多直接取自各城市政府发布的官方数据或公开出版物，而类似占比、收益率等相对指标，则是在原始数据基础上进一步整合计算得来的。从总体上看，本研究所构建的指标体系可分为两种数据来源：一是各个城市的统计年鉴、统计公报、专业年鉴和政府网站、著名智库报告等；二是各大研究机构出版的调研或评价报告。本研究使用的样本城市相关数据均来自各城市 2019 年国民经济和社会发展统计公报、各城市 2020 年统计年鉴、2020 年中国统计年鉴、各城市或所在省 2020 年统计年鉴、2019 年和 2020 年中国文化及相关产业统计年鉴、2020 年中国城市统计年鉴、2019 年猫眼专业版票房统计、2018 年文化产业项目手册、2019 年中国城市文化创意指数、文化和旅游部文化品牌服务平台数据库、Wind 数据库以及其他文化产业发展相关数据库。

表1　20 个城市文化创新发展指标描述性统计

一级指标	二级指标	三级指标	均值	标准差	极小值	极大值
创新基础	设施基础	文化馆数量（个）	14.75	7.94	1	41
		博物馆数量（个）	57.45	29.93	4	104
		公共图书馆数量（个）	16.20	8.62	1	43
	资源基础	国家级及以上级别非物质文化遗产数量（个）	21.65	24.92	0	102
		公共图书馆藏书量（万册）	2419.86	2046.28	351.00	8063.00
		纳入国家传统工艺振兴目录项目数量（项）	4.15	4.49	0	19
创新能力	业态融合	城市文化创意 + 赋能能力指数	8.97	6.24	1.99	21.84
		文化创新媒体声量强度	1.60	2.52	0	8
		城市文化创意 + 创意生态指数	8.53	2.43	5.34	14.20
		国家文化和科技融合示范基地数量（个）	1.75	1.13	0	5
	市场活力	全市居民人均教育文化娱乐消费支出（元）	4259.40	1101.59	2312.00	6146.00
		中国文化企业品牌价值 TOP50 企业总价值（亿元）	331.07	997.21	0.00	4601.57
		文化传媒上市公司（不含新三板）数量（家）	4.60	7.24	0	32
创新投入	人力投入	规模以上文化产业从业人员比例（%）	2.64	1.70	0.10	5.90
		国家级非物质文化遗产代表性项目代表性传承人总量（人）	27.60	35.19	1	124
		规模以上文化产业从业人员总量（万人）	18.69	15.36	0.71	53.73
		万人拥有在校大学生数量（人）	487.56	293.87	84.23	1032.71

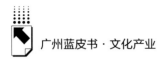

续表

一级指标	二级指标	三级指标	均值	标准差	极小值	极大值
创新投入	资本投入	文化、体育与传媒财政支出占GDP比重(%)	0.28	0.14	0.14	0.79
		纳入国家文化和旅游部文化产业重点项目规划投资金额(亿元)	32.69	32.87	0.00	110.17
		文化、体育和娱乐业固定资产投资(亿元)	119.45	98.35	2.36	320.77
		文化、体育和娱乐业固定资产投资占全社会比重(%)	2.57	4.67	0.16	22.30
创新绩效	产出规模	文化产业增加值规模(亿元)	1111.04	794.30	300.70	3318.40
		电影票房规模(亿元)	13.35	8.84	4.60	35.52
		旅游总收入(亿元)	3110.38	1608.20	529.37	6224.60
	产出质量	文化产业增加值占GDP比重(%)	6.53	2.26	3.05	13.38
		旅游收入规模增长率(%)	14.83	7.09	5.70	32.00
		文化产业增加值增长率(%)	9.66	7.60	-9.90	21.45

由表1可知,20个样本城市在文化产业创新发展方面存在一定的差异,在创新基础、创新投入和创新绩效方面均具有较大差异,其基础指标的标准差均值分别为353.70、302.62和404.72,均大于300,说明指标之间的差异较为明显,而创新能力维度基础指标的标准差均值仅为60.27,说明样本城市文化产业在创新能力指标上差异相对较小。从各基础指标表现看,样本城市在国家级及以上级别非物质文化遗产数量、纳入国家传统工艺振兴目录项目数量、文化创新媒体声量强度、中国文化企业品牌价值TOP50企业总价值、文化传媒上市公司(不含新三板)数量、国家级非物质文化遗产代表性项目代表性传承人总量、纳入国家文化和旅游部文化产业重点项目规划投资金额以及文化、体育和娱乐业固定资产投资占全社会比重等8个基础指标上的变异系数(标准差/均值)均大于1,其中,中国文化企业品牌价值TOP50企业总价值指标的变异系数大于3,文化、体育和娱乐业固定资产投资以及文化、体育和娱乐业固定资产投资占全社会比

重等 2 个基础指标的极大值与极小值比值都在 130 以上，说明样本城市在以上基础指标上的地区差异明显。

（三）权重测算

1. 指标无量纲处理

考虑到本文所选基础指标对文化产业创新发展均产生正向影响，因此在对指标进行无量纲处理时，不需要再关注指标大小及走向对系统的影响问题。具体做法如下：假设系统初始矩阵为 $X = (x_{ij})_{mn}$, $i = 1,2,\cdots,m$; $j = 1,2,\cdots,n$ ，其中 n 表示指标个数，m 为样本城市数量，x_{ij} 为第 i 个城市的第 j 个基础指标值。指标的无量纲处理公式为：

$$x_{ij} = \frac{X_{ij} - \min\{X_j\}}{\max\{X_j\} - \min\{X_j\}} \tag{1}$$

其中，$\max\{X_j\}$ 表示指标 j 的最大值，$\min\{X_j\}$ 表示指标 j 的最小值，x_{ij} 表示经过无量纲处理的指标值。

2. 基础指标权重赋值

借鉴张卫民（2003）、钟昌宝等（2010）、李春艳等（2014）、段从宇和迟景明（2015）、黄永斌等（2015）的做法，利用熵值法[①]对无量纲处理后的基础指标进行赋值操作。指标 j 的信息熵 e_j 测算公式为：

$$e_j = -k\sum_{i=1}^{m}(\varpi_{ij} \times \ln\varpi_{ij}) \tag{2}$$

式（2）中，$\varpi_{ij} = y_{ij} / \sum_{i=1}^{m} y_{ij}$，假设各个评价样本中 i 项指标值均相同，则存在 $\varpi_{ij} = 1/m$。此时，信息熵达到极大值，满足 $e_i = 1$，即

$$e_j^{max} = -k\sum_{i=1}^{m}\frac{1}{m}\ln\frac{1}{m} = k\ln m = 1 \tag{3}$$

[①] 熵值法在社会系统应用时是指信息熵，其数学含义与物理学中的热力学熵等同，是对无序系统的一种度量，指标变异程度越大，对应的信息熵值就越小，指标提供的信息量就越大，该指标的权重也应该越大，反之亦然。熵值法获取的指标权重的大小仅取决于指标的变异程度，因此能有效地避免主观性因素对评价结果的影响。

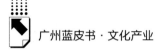

可进一步求出 $k = 1/\ln m$，利用公式（4）可计算信息熵 e_j，且满足 $e_j \in [0, 1]$。

对于第 j 项指标值而言，指标的差异化程度与对应的信息熵值呈正相关性。因此，指标 j 的权重 w_j 为：

$$w_j = \frac{1 - e_j}{\sum_{j=1}^{n}(1 - e_j)} \tag{4}$$

根据各指标的权重和无量纲值，可进一步测算 i 城市产业、人口或空间发展水平：

$$R_i = \sum_{j=1}^{n} w_j y_{ij} \tag{5}$$

各指标权重测算结果如表 2 所示。

表 2　广州与我国主要城市文化创新发展评价指标及相应权重

单位：%

一级指标	二级指标	三级指标	权重
创新基础	设施基础	文化馆数量（个）	2.25
		博物馆数量（个）	2.39
		公共图书馆数量（个）	2.23
	资源基础	国家级及以上级别非物质文化遗产数量（个）	4.19
		公共图书馆藏书量（万册）	3.54
		纳入国家传统工艺振兴目录项目数量（项）	3.83
创新能力	业态融合	城市文化创意＋赋能能力指数	3.36
		文化创新媒体声量强度	7.00
		城市文化创意＋创意生态指数	3.00
		国家文化和科技融合示范基地数量（个）	2.57
	市场活力	全市居民人均教育文化娱乐消费支出（元）	2.32
		中国文化企业品牌价值 TOP50 企业总价值（亿元）	10.32
		文化传媒上市公司数量（不含新三板）（家）	5.72

续表

一级指标	二级指标	三级指标	权重
创新投入	人力投入	规模以上文化产业从业人员比例（%）	4.77
		国家级非物质文化遗产代表性项目代表性传承人总量（人）	3.16
		规模以上文化产业从业人员总量（万人）	2.84
		万人拥有在校大学生数量（人）	3.46
	资本投入	文化、体育与传媒财政支出占 GDP 比重（%）	3.99
		纳入国家文化和旅游部文化产业重点项目规划投资金额（亿元）	3.25
		文化、体育和娱乐业固定资产投资（亿元）	5.90
		文化、体育和娱乐业固定资产投资占全社会投资比重（%）	3.58
创新绩效	产出规模	文化产业增加值规模（亿元）	3.79
		电影票房规模（亿元）	2.48
		旅游总收入（亿元）	2.45
	产出质量	文化产业增加值占 GDP 比重（%）	2.98
		旅游收入增长率（%）	1.95
		文化产业增加值增长率（%）	2.25

假设城市 i 的文化产业创新发展指数为 U_i，具体测算表达式为：

$$U_i = \sum_{j=1}^{n} w_{ij} y_{ij} \tag{6}$$

式中，n 表示评价体系中基础指标的数量，按照指标所属维度分类，可依次求出创新基础水平 U_{i1}，创新能力水平 U_{i2}、创新投入水平 U_{i3} 和创新绩效水平 U_{i4}。

三　中国主要城市文化产业创新发展分析

（一）整体比较

通过对国内 20 个主要城市文化产业创新发展指数总体得分（见图 1）比较可以得出如下结论。

第一，我国 20 个主要城市文化产业创新发展水平总体得分大致可分为三个梯队：北京、上海、深圳三个城市的文化产业创新发展指数总体得分均在 40 分以上，具备较为显著的领先优势，为第一梯队；重庆、广州、杭州、南京、武汉、成都和长沙等七个城市的总体得分均在 25~40 分，为第二梯队；西安、宁波、厦门、天津、苏州、大连、哈尔滨、济南、东莞和无锡等十个城市的总体得分在 10~25 分，为第三梯队（见图 1）。

第二，我国 20 个主要城市文化产业创新发展水平整体呈现城市间得分差距随排名后移而逐渐缩小的态势。从第一梯队城市文化产业创新发展水平看，北京（67.74 分）居第一梯队首位，也是样本城市中文化产业创新发展水平最高的城市，具备绝对的领先优势，且与上海（54.63 分）、深圳（41.99 分）的差距较大。从第二梯队城市文化产业创新发展水平来看，重庆（34.34 分）、广州（34.24 分）和杭州（34.00 分）居于第二梯队前部，得分较为接近，与南京（32.89 分）、武汉（29.12 分）、成都（28.37 分）和长沙（27.43 分）相比存在一定的比较优势。从第三梯队城市文化产业创新发展水平来看，西安（21.83 分）居于第三梯队首位，宁波（19.21 分）和厦门（19.17 分）、天津（17.87 分）和苏州（17.52 分）的得分相近，且均高于第三梯队得分均值，大连、哈尔滨、济南、东莞和无锡等五个城市则位于第三梯队后部。

第三，从构成文化产业创新发展指数的一级指标看，各梯队城市在创新能力、创新投入方面的差距呈现明显差异，在创新基础和创新绩效方面的差距较为相似。在创新基础方面，与第二、三梯队城市相比，第一梯队城市存在较大领先优势。在创新能力方面，第一梯队城市表现尤为突出，领先优势凸显，是决定第一梯队城市文化产业创新发展水平较高的关键性因素。在创新投入方面，第二梯队城市与第一梯队城市之间的差距较小，与第三梯队城市相比存在一定的比较优势，创新投入是第二、第三梯队城市文化产业创新发展较为突出的主要方面。在创新绩效方面，各梯队城市间的差距大致相同（见图 2）。以广州为例，广州在创新能力方面与第一梯队城市间的差距相对较小，在创新投入和创新绩效两方面存在一定的比较优势，但与分项指标排名前列的城市存在一定差距，而在创新基础方面表现相对较差且低于样本城市均值水平，可见，这些是制约广州城市文化产业创新发展水平提升的主要短板，也是未来提升广州文化产业创新发展综合水平的主攻方向。

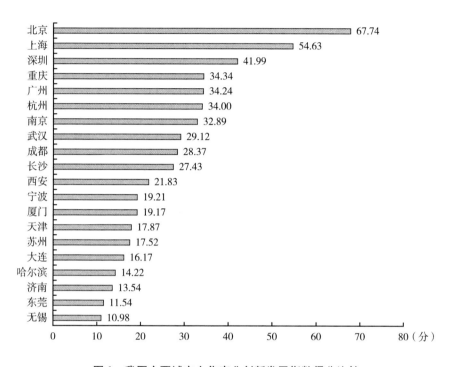

图1 我国主要城市文化产业创新发展指数得分比较

（二）分项指标比较

从一级指标及其所含二级指标的具体表现看，我国主要城市文化产业创新发展在一级指标和二级指标得分表现上又呈现明显的差异性特征。

1. 创新基础

从创新基础维度看，广州得分为5.02分，在样本城市中排名第十。从其他城市表现看，上海（14.61）、北京（13.52）与重庆（11.00）位于样本城市前列，且一级指标创新基础得分均超过了10分，与排名稍后的城市相比具有绝对的领先优势，杭州（7.81）、天津（7.03）以及成都（5.64）

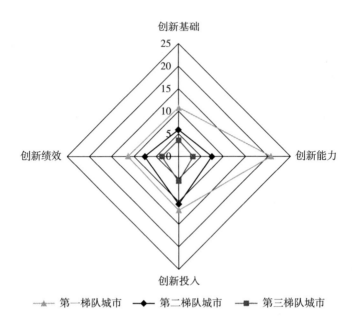

图2 我国主要城市文化产业创新发展指数一级指标得分示意

排名仅次于以上三市，且一级指标创新基础得分超过样本城市得分均值。从样本城市得分表现看，优秀的资源和较为完善的基础设施是上海、北京文化产业创新基础指标获得高分的关键，较为完善的基础设施和良好的资源条件是重庆文化产业创新基础得分居样本城市前列的主导因素，杭州、苏州、宁波等长三角地区城市具备良好的资源基础，但设施基础方面表现还有待提升，深圳、成都、长沙、武汉、南京等副省级城市在资源基础和设施基础两方面则表现相对均衡，均位于样本城市中下游水平，相对较弱的设施基础是东莞文化产业在创新基础指标上得分排名末位的主要因素（见图3）。

从构成创新基础的二级指标得分可以看出，设施基础得分偏低是造成广州文化产业创新基础整体得分不高的主要原因，而资源基础的得分对一级指标创新基础得分拉动作用相对有限，同时也是广州文化产业创新发展的主要短板。

（1）设施基础

总体来看，在设施基础指标上各梯队城市的层次性特征不明显。位

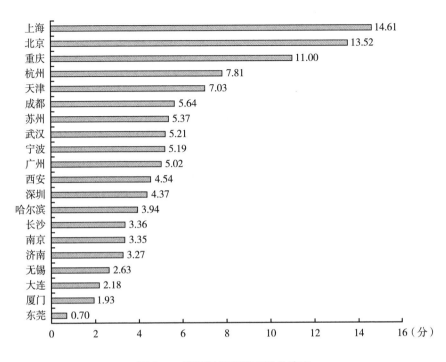

图3　一级指标创新基础得分情况

于第二梯队的重庆得分为6.87，位居样本城市第一，与排名前列的上海（4.65）、北京（4.06）两市相比具备绝对的领先优势，而第一梯队的深圳在该项指标上的得分排名第十五。从构成的基础指标来看，样本城市间的差异相对不明显，相应的变异系数均小于1，且极大值/极小值均小于50。重庆在博物馆、文化馆以及公共图书馆数量三个基础指标方面都居于样本城市首位，这也是重庆在设施基础指标上获得高分的主要因素。广州设施基础指标得分为1.83分，在20个样本城市中排名第十六，在文化馆和公共图书馆数量方面处于样本城市中下游水平，在博物馆数量方面处于样本城市中等水平，造成了广州文化产业二级指标设施基础得分偏低（见图4）。

从文化馆数量看，第二梯队城市的文化馆平均拥有量为18.43个，超过第一梯队（17个），且远高于第三梯队（11.5个），具备绝对的领先优势。

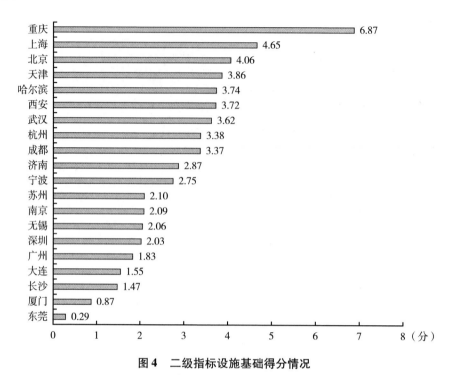

图4 二级指标设施基础得分情况

重庆市拥有 41 个文化馆，位居样本城市第一，是排名末位的东莞（1 个）的 41 倍，这是提升第二梯队城市的文化馆平均拥有量的关键，而位于样本城市中下游的深圳文化馆拥有量仅为 8 个，是拉低第一梯队城市该项指标得分的主要因素。

从博物馆数量看，第一梯队城市的博物馆平均拥有量为 75.33 个，与第二梯队（57 个）和第三梯队（52.4 个）相比具备一定的领先优势，重庆（104 个）和西安（100 个）是样本城市中博物馆数量超过 100 个的城市，而厦门仅拥有 4 个博物馆，其拥有量仅为排名第一的重庆市的 3.84%，拉低了第三梯队城市的博物馆平均拥有量。

从公共图书馆数量看，第二梯队城市的公共图书馆平均拥有量为 19.57 个，略高于第一梯队（19.33 个），与第三梯队相比具有较强的比较优势，与基础指标文化馆类似，重庆市拥有 43 个公共图书馆，位居样本城市第一，是提升第二梯队城市公共图书馆平均拥有量的关键，排名末位的东莞仅拥有

1 个公共图书馆。

（2）资源基础。各梯队城市资源基础指标层次性特征较为明显，第一梯队占据绝对的领先优势。第一梯队的上海（9.96）、北京（9.46），位居样本城市前列，与其他样本城市相比具有较强的比较优势，其资源基础指标得分超出第三名杭州（4.43）一倍多。从构成的基础指标看，样本城市间存在较大的差异，其中国家级及以上级别非物质文化遗产数量和纳入国家传统工艺振兴目录项目数量两个基础指标的相应变异系数均大于 1，且极大值与极小值相差较大。北京和上海两市在国家级及以上级别非物质文化遗产数量、公共图书馆藏书量和纳入国家传统工艺振兴目录项目数量三个基础指标方面均处于样本城市前列，这也是两市资源基础指标获得高分的主要原因。广州资源基础指标得分为 3.19 分，在 20 个样本城市中排名第六，其基础指标公共图书馆藏书量和纳入国家传统工艺振兴目录项目数量两个指标在样本城市中排名靠前，是广州文化产业资源基础排名相对靠前的主要因素，而广州的国家级及以上级别非物质文化遗产数量指标则在样本城市中表现平淡。

从公共图书馆藏书量看，第一梯队城市的公共图书馆平均藏书量为 6602.98 万册，远高于第二梯队（2294.04 万册）、第三梯队（1253.01 万册），具备绝对的领先优势。其中 2019 年上海市拥有 8063 万册，位居样本城市第一名，是排名末位的哈尔滨（351 万册）约 23 倍。第一梯队的北上深三市的公共图书馆藏书量占据样本城市前三位，是第一梯队城市占据绝对优势的关键。样本城市中仍有六个城市的公共图书馆藏书量不足 1000 册，以第三梯队城市为主。

从纳入国家传统工艺振兴目录项目数量看，第一梯队城市的平均拥有量为 10 个，与第二梯队（4.57 个）、第三梯队（2.1 个）相差较大，具备领先优势，而深圳、东莞两市拥有量为 0 个，是拉低第一、第三梯队城市平均拥有量的主要因素。从国家级及以上级别非物质文化遗产数量来看，2019 年第一梯队城市的平均拥有量为 57.67 个，远高于第二梯队（21.14 个）、第三梯队（11.20 个），具备绝对的领先优势，深圳（8 个）、长沙（3 个）、无锡（3 个）、大连（1 个）、济南（1 个）以及东莞（1 个）等市在这方面

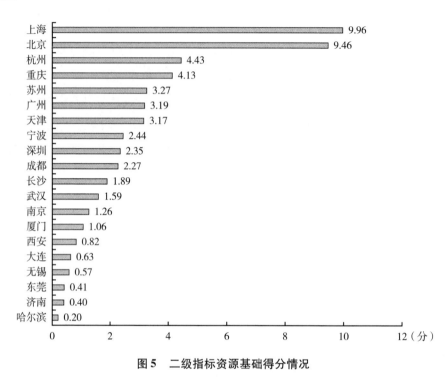

图5 二级指标资源基础得分情况

的劣势相对较为明显，是样本城市中数量不足 10 个的六个城市。

2. 创新能力

从创新能力维度看，北京（23.81）、深圳（22.55）与上海（15.61）位于样本城市前列，且一级指标创新能力得分均超过了 15 分，广州（11.58）、杭州（10.30）以及南京（10.19）排名次于以上三市，但仍具备一定的比较优势，且一级指标创新能力得分超过样本城市创新能力得分均值（7.30）。从样本城市得分表现看，较高的业态融合水平是北京文化产业创新能力指标得分第一的主要因素，较强的市场活力是深圳文化产业创新能力指标得分排在前列的主要因素，上海、广州、南京、杭州等城市在业态融合和市场活力两方面表现相对均衡，宁波、东莞、无锡等城市则表现为市场相对活跃，但业态融合水平较低，重庆、厦门、西安等城市则表现为市场相对不活跃，但业态融合处于样本城市中等水平，而济南在这两方面表现相对较差，是其创新能力排名样本城市末位的主要原因。

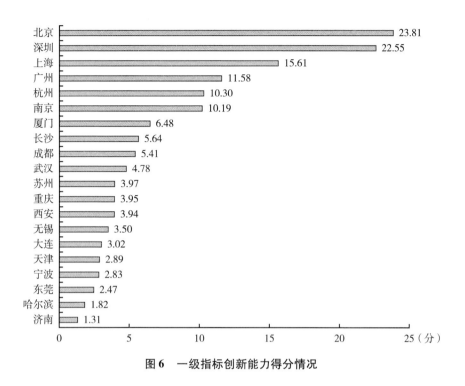

图6 一级指标创新能力得分情况

从构成创新能力的二级指标得分可以看出，市场活力较强是广州文化产业创新能力得分较高的主要因素，而业态融合指标对广州文化产业创新能力得分的贡献明显不足，是未来广州文化产业创新发展的主要发力点。

（1）业态融合。第一梯队占据绝对的领先优势，北京（15.41）位居样本城市前列，与同处于第一梯队的上海（10.82）和深圳（9.85）两市相比，领先优势较为突出。从构成的基础指标看，样本城市间存在较大的差异，其中文化创新媒体声量强度的变异系数大于1，且极大值与极小值相差较大。在文化创新媒体声量强度和城市文化创意＋创意生态指数两方面表现俱佳，且领先优势突出是北京文化产业业态融合指标得分与其他样本城市差距拉大的主要原因。广州业态融合指标得分为6.25分，在20个样本城市中排名第六，在基础指标城市文化创意＋赋能能力指数和城市文化创意＋创意生态指数方面处于样本城市前列，在基础指标文化创新媒体声量强度方面排名样本城市末位，是拉低广州文化产业业态融合指标得分的主要因素。

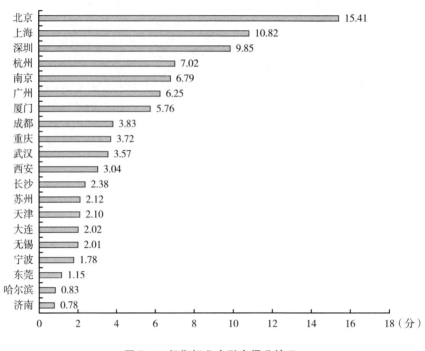

图7 二级指标业态融合得分情况

从城市文化创意＋赋能能力指数看，第一梯队城市的城市文化创意＋赋能能力指数均值为17.77，超过第二梯队（10.85）、第三梯队（5.02）。其中，广州（21.835）和杭州（20.593）位于样本城市前列，优于北京（18.746）、上海（17.43）和深圳（17.126）等第一梯队城市，具有绝对优势。从城市文化创意＋创意生态指数看，第一梯队城市的城市文化创意＋创意生态指数均值为12.41，各梯队城市间的差距大致相同，其中北京（14.2）、上海（13.63）位列样本城市前列，该指标值超过10的还有广州（10.85）、成都（10.14）和重庆（10.03）三市。

从国家文化和科技融合示范基地数量看，2019年第一梯队城市的国家文化和科技融合示范基地的平均拥有量为3.33个，各梯队城市间的差距大致相同，其中北京拥有5个国家文化和科技融合示范基地，位居样本城市第一名，武汉、杭州和深圳分别拥有3个，上海、广州、成都、重庆、西安、长沙和大连等七个城市分别拥有 2 个，而济南、东莞该项基础指标得分为 0，是拉低两市业态融合指标得分的主要因素之一。

（2）市场活力。第一梯队城市比较优势明显，深圳（12.70）位居样本城市前列，与第一梯队的北京（8.40）和广州（5.32）两市相比领先优势较为突出。从构成的基础指标来看，样本城市间存在极大的差异，其中中国文化企业品牌价值 TOP50 企业总价值的变异系数为 3.01，文化传媒上市公司数量的变异系数为 1.571，且极大值与极小值相差较大。中国文化企业品牌价值 TOP50 企业总价值指标得分较高是深圳文化产业市场活力指标排名第一的关键因素，拥有较多的文化传媒上市公司是北京文化产业市场活力指标获得高分的关键因素。广州市场活力指标得分为 5.32 分，在 20 个样本城市中排名第三，具有较强比较优势，全市居民人均教育文化娱乐消费支出、中国文化企业品牌价值 TOP50 榜单企业总价值以及文化传媒上市公司数量等三个基础指标表现俱佳是广州文化产业市场活力指标排名前列的关键性因素。

从全市居民人均教育文化娱乐消费支出看，第一梯队城市的全市居民人均教育文化娱乐消费支出均值为 4926.85 元，超过第二梯队（4519.78 元）、第三梯队（3876.9 元）。广州全市居民人均教育文化娱乐消费支出为 6146 元，继续稳居全国第一，南京（6134.04 元）、上海（5995.1 元）则居其后，而重庆仅为 2312 元，影响第二梯队平均水平。从中国文化企业品牌价值 TOP50 企业总价值看，各梯队城市之间存在极大的差异，其中深圳表现极为突出，主要是因为其拥有腾讯公司，腾讯公司 2019 年品牌价值高达 4143.3 亿元，是其余十九个样本城市占据文化企业品牌价值 TOP50 榜单企业总价值的 2.05 倍。同时，深圳在该项基础指标上的良好表现也是提升第一梯队城市平均水平的关键。北京（655 亿元）和广州（621 亿元）两市排名次于深圳，与其他城市相比具备一定的比较优势，而西安、宁波、天津、苏州、大连、哈尔滨、东莞和无锡等第三梯队城市没有文化企业入选中国文化企业品牌价值 TOP50 榜单，因此其该基础指标表现得 0 分，这也是造成该项指标差异极大的主要因素之一。从文化传媒上市公司数量看，2019 年

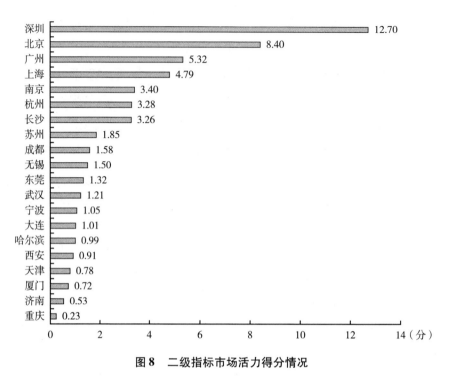

图8 二级指标市场活力得分情况

第一梯队城市文化传媒上市公司平均拥有量为16.67家，远高于第二梯队（5.14家）、第三梯队（0.6家），其中北京、上海两市位于样本城市前列，杭州、广州两市排名紧随其后，第一梯队的深圳（6家）则排名第五。与中国文化企业品牌价值TOP50企业总价值指标情况类似，宁波、厦门、天津、苏州、哈尔滨和无锡等六个城市均无文化传媒上市公司，这也是造成该项指标差异极大的主要因素之一。

3. 创新投入

从创新投入维度看，北京（17.06）位居样本城市第一名，与其他样本城市相比具备绝对的领先优势，其后依次是南京（13.95）、长沙（13.94）、武汉（12.73）、上海（11.16）和重庆（10.46），且其一级指标创新基础得分均超过了10分，具备一定的比较优势，广州得分为9.11分，在样本城市中排名第七。从样本城市得分表现看，高强度的人力投入是北京文化产业创新投入指标排名第一的关键，相对较强的人力投入和资本投入则使得南京文化产业创新投入指标排名前列，而长沙文化产业创新投入指标排名第三，在资本投入指标上表现出强度大、多渠道的特征。上海、广州以及深圳等市在人力投入强度上占据一定的比较优势，但在资本投入上处于样本城市中下游水平，成都、厦门、宁波等城市在资本投入强度上具备比较优势，但人力投入强度相对不够。而无锡在人力投入和资本投入强度上均位于样本城市末位，是该市文化产业创新投入居样本城市末位的主要因素。

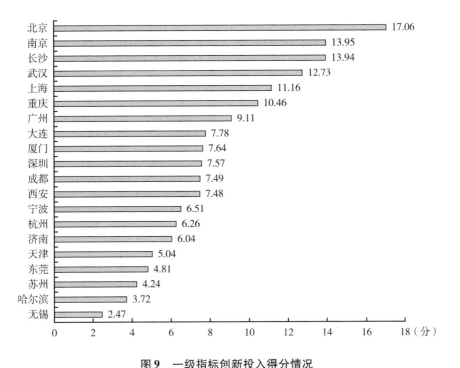

图9　一级指标创新投入得分情况

从构成创新投入的二级指标得分表现可以看出，人力投入相对充足而资本投入强度相对不足，造成广州文化产业创新投入指标得分处于样本城市中等水平。资本投入能够为文化产业发展注入源源不断的活力，资本投入力度相对不足既是现阶段广州文化产业发展的短板之一，又是未来广州文化产业发展的主要发力点。

（1）人力投入。总体来看，在人力投入指标上各梯队城市间层次性相对不明显。位于第一梯队的北京（10.45）和上海（8.35）位居样本城市前两名，领先优势明显，第二梯队的南京（7.14）、广州（6.48）和武汉（6.03）三市紧跟其后，具备一定的比较优势。从构成的基础指标来看，样本城市间的差异总体不大，但基础指标国家级非物质文化遗产代表性项目代表性传承人总量的变异系数大于1，且极大值/极小值大于100。规模以上文化产业从业人员总量和国家级非物质文化遗产代表性项目代表性传承人总量两个指标表现较为突出，是北京文化产业在人力投入指标上获得高分的主要因素。

2019年，广州人力投入指标得分为6.48分，在20个样本城市中排名第四，其规模以上文化产业从业人员总量和规模以上文化产业从业人员比例两个指标表现较为突出，而国家级非物质文化遗产代表性项目代表性传承人总量和万人拥有在校大学生数量两个指标未能起到拉升广州文化产业人力投入指标得分的积极作用。

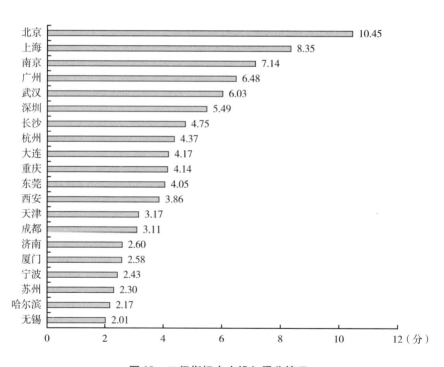

图10 二级指标人力投入得分情况

从规模以上文化产业从业人员总量看，第一梯队城市的规模以上文化产业从业人员均值为 47.68 万人，与第二梯队（20.31 万人）、第三梯队（8.86 万人）相比领先优势十分明显。北京市拥有 53.73 万人，位居样本城市第一名，与深圳（53.04 万人）相近，超出上海（36.27 万人）、广州（35.35 万人）两市 40% 以上。从规模以上文化产业从业人员比例看，情况与规模以上文化产业从业人员总量指标类似，第一梯队城市均值为 4.01%，高于第二梯队（2.91%）和第三梯队（2.03%），占据一定的比较优势。2018 年大连（5.90%）、南京（5.16%）和深圳（5.05%）位列样本城市前列，且均超过了 5%。结合前两个基础指标来看，深圳表现均较为突出，而上海规模以上文化产业从业人员总量虽多但其占全社会就业人数比重只有 2.64%，在样本城市中排名第九。而大连虽然规模以上文化产业从业人员总量不高但其占全社会就业人数比重（5.90%）在样本城市中排名第一。从国家级非物质文化遗产代表性项目代表性传承人总量看，第一梯队平均水平为 82.33 人，是第二梯队（21.57 人）的 3.82 倍，是第三梯队（15.4 人）的 5.35 倍，其中北京（124 人）和上海（120 人）位居样本城市前列，是样本城市中超过 100 人的城市，也是提升第一梯队平均水平的关键，而大连（6 人）、哈尔滨（5 人）、长沙（4 人）、深圳（3 人）、无锡（3 人）、东莞（2 人）以及济南（1 人）则不超过 10 人，其中深圳该项基础指标的表现拉低了第一梯队平均水平。从万人拥有在校大学生数量看，第二梯队万人拥有在校大学生数量平均值为 711.95 人，与第三梯队（417.96 人）、第一梯队（195.97 人）相比具备较大的优势。其中南京（1032.71 人）和武汉（1004 人）位列样本城市前列，是样本城市中万人拥有在校大学生数量超过 1000 人的城市，也是提升第二梯队平均水平的关键，第一梯队城市整体表现处于样本城市中下游水平，其中深圳（84.23 人）排名末位，随着境内外高等院校合作办学的逐步开展，深圳这一指标有望得到进一步改善。

（2）资本投入。第二梯队比较优势突出，长沙（9.19）位居样本城市第一名，领先优势十分明显，其后依次是第二梯队的南京（6.81）、武汉（6.71）、重庆（6.31）和第一梯队的北京（6.60），但存在较大的差距。从构成的基础指标来看，样本城市间的差异性总体较为明显，其中纳入国家文化和旅游部文化产业重点项目规划投资金额和文化、体育和娱乐业固定资产投资占全社会投资比重两个基础指标的变异系数大于1，且文化、体育和娱乐业固定资产投资和文化、体育和娱乐业固定资产投资占全社会投资比重两个基础指标的极大值/极小值均大于130。长沙在文化、体育和娱乐业固定资产投资和文化、体育和娱乐业固定资产投资占全社会投资比重方面表现最为突出，是长沙在资本投入指标得分第一的主要因素。广州资本投入指标得分为2.62分，在20个样本城市中排名第十三，在纳入国家文化和旅游部文化产业重点项目规划投资金额指标上表现较为突出，但在文化、体育与传媒财政支出占GDP比重，文化、体育和娱乐业固定资产投资以及文化、体育和娱乐业固定资产投资占全社会投资比重三个指标上劣势比较明显，处于样本城市中落后位置，是造成广州文化产业资本投入指标得分不高的主要原因。

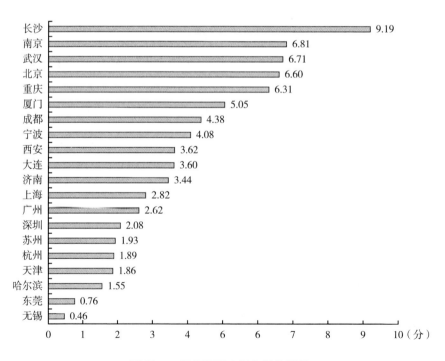

图11　二级指标资本投入得分情况

从文化、体育和娱乐业固定资产投资看，第二梯队城市的文化、体育和娱乐业固定资产投资均值为196.37亿元，是第一梯队（114.24亿元）的1.72倍、第三梯队（67.16亿元）的2.92倍，具备较大的领先优势。其中，南京（320.77亿元）位居样本城市第一名，长沙（282.77亿元）、重庆（282.11亿元）、成都（239.52亿元）与北京（215.45亿元）等四市居后，东莞（4.48亿元）和大连（2.36亿元）则均未超过10亿元。

从文化、体育和娱乐业固定资产投资占全社会投资比重看，第二梯队城市平均水平为4.85%，是第一梯队（1.46%）、第三梯队（1.31%）的3倍多，差距进一步扩大。其中长沙（22.30%）在样本城市中排名第一，与第二名南京（4.65%）相比存在绝对的领先优势。结合以上两个指标来看，长沙、南京、成都等新一线城市近年来在文化产业固定资产投入上差距扩大趋势明显，也是提升第二梯队城市平均水平的重要因素。

从文化、体育与传媒财政支出占GDP比重看，第一梯队城市平均水平为0.50%，是第三梯队（0.25%）和第二梯队（0.23%）的1倍多，具备较大的领先优势。其中，2019年北京（0.79%）和上海（0.47%）位居样本城市前列，领先优势十分突出，厦门（0.35%）、天津（0.33%）、济南（0.31%）以及武汉（0.30%）等四市居后。

从纳入国家文化和旅游部文化产业重点项目规划投资金额看，第二梯队城市的平均规划投资金额为46.10亿元，是第三梯队（20.81亿元）的1.55倍、第一梯队（10.99亿元）的4.19倍。其中武汉（110.17亿元）在样本城市中排名第一，也是唯一超过100亿元的城市，大连（95.16亿元）、重庆（71.99亿元）、厦门（67.87亿元）、宁波（65.23亿元）以及广州（50.21亿元）居后，且均超过了50亿元。综上所述，南京、武汉等新一线城市近年来在文化产业设施建设方面投入强度大、市场活力强，而北上深广等一线城市文化产业设施建设相对完善，投入强度相对不高。

4. 创新绩效

从创新绩效维度看，广州得分为8.54分，在样本城市中排名第六。从其他城市表现看，北京（13.36）和上海（13.24）两市位于样本城市前列，且一级指标创新绩效得分均超过了 10 分，与排名稍后的城市相比具备绝对的领先优势，成都（9.83）、杭州（9.63）、重庆（8.93）、广州（8.54）、深圳（7.49）以及武汉（6.39）排名前列，且其一级指标创新绩效得分在样本城市得分均值以上。从样本城市得分表现看，庞大的产出规模是北京、上海两市在文化产业创新绩效方面获得高分的主要因素，成都、杭州、重庆、武汉等城市在产出规模和产出质量方面均处于中上水平，西安、哈尔滨等城市虽然产出规模相对较小但产出质量相对不错，苏州、深圳等城市虽然产出质量相对较差但整体产出规模相对较高，而济南、无锡等城市在产出规模和产出质量上均表现不佳，这也是城市文化产业在创新绩效上得分低的原因。

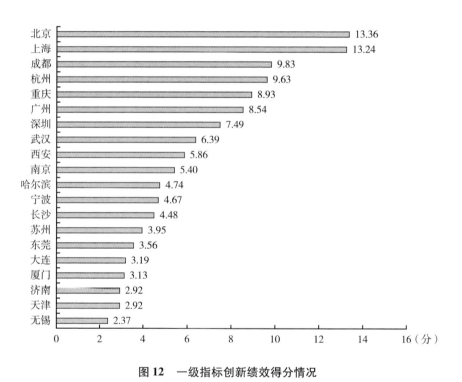

图 12 一级指标创新绩效得分情况

从构成创新绩效的二级指标具体表现可以看出，广州文化产业在产出规模和产出质量指标上表现不尽相同，总体呈现产出规模较大但产出质量不够高的特征，产出规模表现较为突出是提升广州文化产业创新绩效指标得分的主要因素。

（1）产出规模。在产出规模指标上各梯队城市表现与城市发展水平具有较高相关性。位于第一梯队的北京（9.65）和上海（8.56）位居样本城市前列，高于广州（5.38）、深圳（4.92）、杭州（4.85）等市，并具备较大的比较优势。从构成的基础指标来看，样本城市间的差异较小，相应的变异系数均小于1，且极大值/极小值均小于20。北京在文化产业增加值规模、旅游总收入两方面表现极为突出，电影票房与第一名上海差距不大，这也是北京文化产业在产出规模指标上获得高分的主要因素。广州产出规模指标得分为5.38分，在20个样本城市中排名第三，广州三个基础指标的表现均处于样本城市中上游水平，具有一定比较优势，但与领先城市仍旧有一定差距。

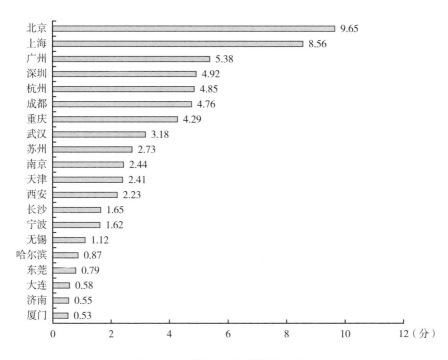

图13 二级指标产出规模得分情况

从文化产业增加值规模看，第一梯队城市的文化产业增加值平均规模为2645.6亿元，是第二梯队（1220.48亿元）的2.17倍、第三梯队（574.07亿元）的4.61倍，具备领先优势。其中北京（3318.40亿元）位居样本城市第一名，与第一梯队的上海（2419.75亿元）、深圳（2198.65亿元）两市占据样本城市前三名，这也是第一梯队城市平均产出规模最大的主要因素。

从电影票房规模看，第一梯队城市的电影票房平均规模为30.56亿元，是第二梯队（14.73亿元）的2.07倍、第三梯队（7.23亿元）的4.23倍。上海（35.52亿元）、北京（33.98亿元）位居样本城市前列，且电影票房规模均超过了30亿元，与深圳（22.17亿元）和广州（22.01亿元）两市相比具备一定的领先优势。

从旅游总收入看，第一梯队城市的旅游总收入平均规模为4557.83亿元，超过第二梯队（3889.68亿元），并且是第三梯队（2130.63亿元）的2倍多。北京（6224.60亿元）位居样本城市第一名，与重庆（5734.00亿元）、上海（5733.73亿元）两市占据样本城市前三名，且旅游总收入均超过5000亿元。深圳市（1715.17亿元）在样本城市中排名末位，是拉低第一梯队城市平均规模的主要因素。从上述可看出，北京在产出规模的各基础指标上的表现均极为突出，且与其他样本城市相比领先优势显著。

（2）产出质量。各梯队城市之间的层次性特征不明显，新一线城市表现较为突出。位于第二梯队的成都（5.07）和杭州（4.78）位居样本城市前列，与排名稍后的城市相比具备一定的比较优势。从构成的基础指标来看，样本城市间的差异较小，相应的变异系数均小于1，且极大值/极小值均小于10。杭州在文化产业增加值占GDP比重上表现极为突出，在文化产业增加值增长率方面表现较为突出，是杭州文化产业产出质量指标获得高分的主要因素。广州产出质量指标得分为3.16分，在20个样本城市中排名第九，文化产业增加值占GDP比重和文化产业增加值增长率两个基础指标是提升广州文化产业产出质量指标得分的关键，而旅游收入增长率是制约广州文化产业在产出质量指标上的表现的主要指标。

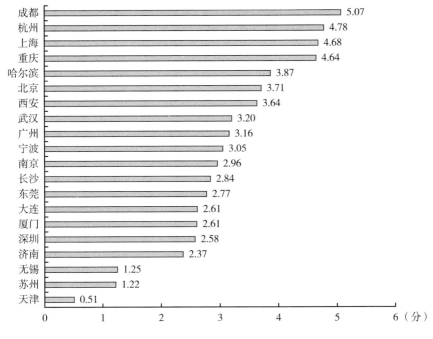

图14 二级指标产出质量得分情况

文化产业已基本成为样本城市的支柱产业。从文化产业增加值占 GDP 比重看，各梯队城市的均值均大于 5%，第一梯队城市的均值为 8.36%，高于第二梯队（6.96%）和第三梯队（5.69%）。杭州（13.38%）和北京（10.14%）位居样本城市前列，且超过 10%，武汉（4.91%）、大连（4.33%）、无锡（4.27%）、重庆（4.25%）以及天津（3.05%）是样本城市中该指标值未超过 5% 的城市。结合文化产业增加值的绝对值指标来看，杭州、北京、深圳等城市在文化产业增加值以及其占 GDP 比重两个指标上表现俱佳，而哈尔滨、西安等城市文化产业呈现出增加值虽小但其占 GDP 比重排名前列的特征。

从文化产业增加值增长率看，第二梯队城市的平均增长率为 16.06%，远高于第一梯队（9.46%）和第三梯队（5.24%）。其中，2019 年武汉文化产业增加值增长率为 21.45%，是样本城市中唯一超过 20% 的城市，排在其后的以第二梯队城市为主，说明第二梯队城市的文化产业正处于高速增长阶段，北京（7.92%）、上海（10.34%）以及深圳（10.15%）等第一梯队城市文化产业处于稳步增长阶段，而苏州（-0.29%）文化产业规模整体稳定，2015~2019年天津文化产业规模复合增长率为-9.90%，呈现萎缩态势。

从旅游收入增长率看，各梯队城市平均增长率均超过10%，处于稳步增长阶段，2019年第二梯队城市的平均增长率为16.89%，与第一梯队（16.22%）相比具备微弱的比较优势，与第三梯队城市（12.97%）相比具备一定的比较优势。重庆市旅游收入增长率为32%，位列样本城市第一名，同时也是样本城市中该指标值超过30%的唯一城市，而旅游收入规模增长率介于20%~30%之间的城市有上海（28.3%）、成都（25.2%）和西安（23.1%）三市，结合各样本城市2019年旅游收入情况，重庆和上海两市未来旅游收入呈现规模体量扩大、增长快速的特征，将有望进一步超越其他样本城市。

四　结论及政策建议

（一）结论

通过对样本城市文化产业创新发展进行系统性的对比分析，可以得出以下结论。

一是从总体水平表现看，北京、上海和深圳等第一梯队城市文化产业创新发展处于稳步增长阶段，总体发展水平较高，重庆、广州、杭州、南京、武汉、成都和长沙等第二梯队城市文化产业创新发展处于高速增长阶段，具备较高的发展水平，西安、宁波、厦门、苏州、大连、哈尔滨、济南、东莞和无锡等城市文化产业发展处于增长阶段，天津文化产业发展处于负增长阶段。

二是通过四大维度的比较分析，可以发现，城市文化产业创新发展创新基础领域的差异相对较小，说明创新基础对样本城市在文化产业创新发展上的限制相对较弱。各城市文化产业创新发展综合得分差异较大的主要原因在于创新能力、创新投入和创新绩效三大领域存在较大差异。第一梯队城市在四个维度指标方面均表现较好，第二梯队城市表现良好，其中创新投入方面直逼第一梯队城市，第三梯队城市表现还有待提升。在各指标方面，北京、上海始终位于样本城市前列，而成都、杭州等新一线城市以及重庆市在创新投入方面呈现出相对投入大、总体力度强的特征。

三是通过对二级指标进行比较分析，可以发现，各梯队城市在设施基础、产出质量两个方面差距相对较小，在资源基础、业态融合、市场活力、人力投入、资本投入、产出规模等六方面差距相对较大。其中，第二梯队在资本投入、产出质量方面平均水平反超第一梯队城市，第三梯队城市在产出质量方面平均水平也超过第一梯队城市，第一梯队城市在资源基础、业态融合、市场活力、人力投入、产出规模等五个方面拥有绝对的领先优势，在设施基础上占据一定的比较优势。

四是从基础指标具体表现看，基础指标中熵值权重排名前五的分别为中国文化企业品牌价值 TOP50 企业总产值、文化创新媒体声量强度、文化体育和娱乐业固定资产投资、文创上市公司数量和规模以上文化产业从业人员比例，熵值权重分别为 10.32、7.00、5.9、5.72 和 4.77。熵值权重前五的基础指标均集中在创新能力和创新投入领域，说明影响各大城市文化产业创新发展得分的关键性因素在于城市文化产业创新能力和创新投入。

（二）政策建议

大力培育文创品牌，提升文化企业创新实力。城市文创品牌发展不足、文创产品竞争力不强是限制我国城市文化产业创新发展的共性问题。因此，应结合城市文化产业实际情况，构筑多层次文创品牌发展体系，加快从文创产品向文创品牌转型升级，培育一批具有较高市场知名度和影响力的文创品牌。整合已有文化资源，结合城市自身产业发展进程，加速文创产业与城镇化融合发展。

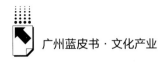

文创产业民间投资活跃，加大文创城市投资力度。文创产业投资力度不强是限制二三梯队城市文化产业创新发展的重要因素之一。本报告指出二三梯队城市可根据自身发展实际，制定文化产业创新发展专项扶持政策，对符合条件的各类文创企业，在技术转让、技术开发、产品出口等领域进一步探索提升民间投资活力的政策措施，比如对文创行业个人所得税、文创企业重组方面给予更大的税收优惠。对符合条件的小微文创企业，制定和落实税费减免、社会保险费补贴等扶持政策，切实降低小微文创企业生产经营成本，提升文创产业市场营商环境。

梳理历史文化资源，推动文化资源与科技创新融合发展。在前文分析中我们发现，部分城市有悠久的发展历史和丰富的文化资源，但创新基础薄弱，如广州、西安、南京等城市，它们均与北京和上海等城市一样具有悠久的发展历史和深厚的文化底蕴，但它们在基础指标得分上却相差巨大，充分说明这些城市对城市文化资源的利用度不高，因此此类城市应更加重视城市文化资源的市场开发，并强化文化资源在科技创新和文化产业融合发展中的支撑作用。

构建文化产业创新发展支撑体系。深圳作为我国最年轻的城市，其文化产业创新发展指数整体得分却高于广州、南京、武汉、成都等历史悠久城市，主要原因在于深圳构建了更适合地方文化产业创新发展的支撑体系。因此，加强城市文化产业创新发展支撑体系，全方面多层次推动文化产业创新发展，是提升文化产业创新发展水平的重要途径。构建合理的文化产业创新发展支撑体系应从构建城市文化金融服务平台、构建文创产业领域知识产权服务平台、搭建文化产业区域合作平台、提升城市文化科技生产要素配置效率等诸多方面综合考虑。

参考文献

陈刚、莫佳雯：《广州与我国主要城市文化产业创新发展比较分析》，《广州文化产业发展报告（2020）》，社会科学文献出版社，2020。

张卫民、安景、文韩朝：《熵值法在城市可持续发展评价问题中的应用》，《数量经济技术经济研究》2003 年第 6 期。

钟昌宝、魏晓平、聂茂林等：《一种考虑风险的供应链利益两阶段分配法》，《中国管理科学》2010 年第 2 期。

李春艳、徐喆、刘晓静：《东北地区大中型企业创新能力及其影响因素分析》，《经济管理》2014 年第 9 期。

段从宇、迟景明：《内涵、指标及测度：中国区域高等教育资源水平研究》，《高等教育研究》2015 年第 8 期。

黄永斌、董锁成、白水平：《中国城市紧凑度与城市效率关系的时空特征》，《中国人口资源与环境》2015 年第 25 期。

B.3
广州市中大纺织商圈转型时尚创意之都的实践探索

王世英[*]

摘　要：　中大纺织商圈是中国最大的服装原辅料批发市场之一,在广州产业升级的大背景下走上转型升级之路。经过多年探索,中大纺织商圈取得了产业运营模式升级、时尚活动精彩纷呈、高端培训教育落户生根、设计师不断聚集等成果。中大纺织商圈深入推进转型升级,要着重建设时尚创意设计中心、完善时尚展示传播与发布中心、培育时尚消费体验中心和创建时尚供应链促进中心。中大纺织商圈要彻底实现从传统批发市场到时尚创意之都的蝶变,必须从市级层面明确建设世界时尚创意之都的定位,需要整合广州市内各种时尚创意资源,实现板块联动,需要重点突破,出台靶向产业扶持政策。

关键词：　时尚创意之都　专业市场　中大纺织商圈

一　中大纺织商圈转型升级是必然趋势

(一)中大纺织商圈前世今生

中大纺织商圈位于广州市中心城区海珠区,与著名的中山大学南校园隔

---

* 王世英,广州市社会科学院现代产业研究所研究员,博士,研究方向为产业经济。

新港路相望。商圈范围约 5 平方千米，占地面积约 96.2 万平方米，建筑面积约 260 万平方米，由 59 个市场主体构成。

商圈内经营品种包括针织面料、化纤面料、毛纺面料、丝绸面料、混纺交织面料、棉纺面料、麻纺面料、服装辅料布、家居装饰用布、纽扣、烫钻类、五金类等超过 10 万个品种。商圈及周边上下游各类从业人员超过 30 万，据保守估计，年度交易额超过 2000 亿元。中大商圈交易辐射范围从华南地区扩大到世界多个国家和地区，是全国乃至国际知名的专业纺织品批发市场。

中大商圈的经营主体大致分为三种类型。

第一类是大型综合体纺织城。其特点是规模大、配套齐，不再是单纯从事商品批发和销售，而是集展示、设计、采购、贸易、商务为一体的经营模式。目前，这类综合型市场主体主要有：珠江国际纺织城（89 万平方米）、长江（中国）轻纺城（54 万平方米）、广州国际轻纺城（30 万平方米）和广州轻纺交易园（30 万平方米）。这些大型市场主体多为 2005 年后新建或改造而成。第二类是临街分散型市场。该类市场大多为村社集体或社员个人出租物业发展而成，是中大商圈最先发展起来的部分，采取比较传统的经营模式。这类市场零星分布在中大商圈各区域，规模一般较小，比较典型的如瑞纺广场和瑞成商贸城等。第三类是仓储式市场。主要分布在东晓南路等市场中心区域周边，位置相对较偏，以"前店后仓"或"上仓下店"为基本经营模式。

中大纺织商圈是典型的市场自发形成的巨大交易型商圈，是广州纺织服装产业生态系统的有机组成部分。服装生产企业，可以在此一站式采购原辅料。没有中大纺织商圈，就不会有广州发达的服装产业。

（二）中大纺织商圈转型升级势在必行

中大纺织商圈地处广州中心城区海珠区的黄金地段，是一家专业批发市场，对仓储物流有较强依赖，对中心城区造成了很大交通压力，中大纺织商圈的存在对整个中心城区的功能发挥造成了严重影响。加之许多经营户经营业态传统落后，单位土地面积的经济效益不高。而且，由于中大纺织商圈是市场自发形成的，许多区域因陋就简，基础设施落后、配套不齐全，甚至有的建筑还存在消防安全隐患，加之部分市场形象破旧，与广州作为国际大都市的形象严重不符。总之，从广州产业升级的大趋势看，中大纺织商圈转型升级势在必行，非常迫切。

（三）中大纺织商圈转型时尚创意之都具备诸多有利条件

随着中国进入中高收入国家行列，追求个性化和时尚的新消费时代已经到来。服装产业从满足基本需求的民生产业逐步转变成为时尚产业。从中大纺织商圈产业基础看，其转型为时尚创意之都具有诸多有利条件。

一是中大商圈转型升级成果初步显现。以广州轻纺交易园为例，园区从建设初期就非常重视商业模式创新。园区很早就提出了建设时尚产业生态圈的构想，在这一理念引导下，园区形成了集面辅料展示展贸、服装创意设计，时尚趋势和信息发布等多功能为一体的时尚产业生态服务体系。轻纺交易园的实践，为广州建设世界时尚创意之都起到探路和示范作用。

二是广州会展业居于全国前列。作为时尚产业链的重要环节，会展业发展尤为重要。在广州，以广交会为代表的国际会展蜚声中外；中国国际中小企业博览会与设计、鞋类皮革、服装等享誉国内外的品牌综合展，覆盖29个门类品牌的专业商贸展，使广州会展业领跑全国，享誉世界。同时，广州营商环境居于全国前列，加之广州千年商都底蕴深厚，拥有建设世界时尚创意之都的外在条件。

三是广州数字经济产业蓬勃发展。数字经济与时尚产业融合发展是未来时尚产业的新趋势，数字经济的兴起，为时尚产业腾飞插上了新的翅膀。近年来，广州向全世界展示出了发展数字经济的雄心和拥抱数字时代的战略主动性，在数字经济企业的数量和质量上都取得了长足发展。同时，在广州人工智能与数字经济创新试验区琶洲核心区，预计到2025年，将集聚25万数字经济产业相关人才，这将为广州数字经济与时尚产业融合发展奠定基础。抓住时尚产业数字化发展机遇，将助力广州建设世界时尚创意之都，实现弯道超越。

二 转型时尚创意之都取得较大进展

近年来，中大纺织商圈加快了转型时尚创意之都的步伐，不断取得新进展。

（一）产业运营模式升级

广州国际轻纺城和广州轻纺交易园作为中大纺织商圈的地标性企业，在产业运营模式升级上率先进行了有益的探索。与传统仓储式经营模式不同，广州国际轻纺城从一开始就禁止仓储业务入驻。走进广州国际轻纺城，就如同走进了一座大型时尚购物中心，每一楼层设有电子引导屏幕，部分商家甚至引入智能机器人。广州国际轻纺城还设有园区网上平台，致力于推动"互联网＋产业"经营模式。广州轻纺交易园从开园之初就确定了严格的商户入驻标准，在严格把控和积极倡导下，交易园的经营商户中有超过50%具备一定的面料创新研发和服装创意设计能力，入驻商户的经营业务不断向纺织服装价值链的高端移动。

（二）时尚创意活动精彩纷呈

在中大纺织商圈转型过程中，一系列时尚创意和展示活动的开展成为很大的亮点。

1. 首创并连续举办中国（广东）大学生时装周

到 2020 年，中大纺织商圈已经连续 15 年举办中国（广东）大学生时装周。每年举办的大学生时装周，都有几十个高校的上万名师生踊跃参加。该时装周已经成为高校服装专业实现人才培养、产学研合作的重要平台。大学生时装周是中大纺织商圈引入时尚创意元素的重要尝试，也是比较成功的实践，在国内产生了较大影响。

2. 举办广东时装周活动

广东时装周创办于 2001 年，是集流行趋势发布、时尚创意论坛、专业评选赛事、跨界融合、品牌形象推广和产业链合作为一体的时尚创意盛会，

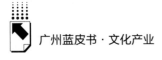

在国内服装产业中具有较高声誉。

3. 举办广东十佳服装制版师大赛

由广东省服装服饰行业协会等机构创办的广东十佳服装制版师大赛，是广东第一个大规模和高水准服装制版赛事。该赛事的举办，对推动广东服装制版领域的创新研究、加快广东服装技能型人才队伍建设、促进以服装产业为代表的广东时尚产业发展具有积极意义。

（三）高端培训教育机构落户生根

1934 年建校的位于意大利时尚之都米兰的卡罗世纪服装学院，被公认为世界服装制版界的名校。建校以来，卡罗世纪服装学院已为世界各国时装界培养了超过 8 万名杰出的设计师、制版师和时尚管理大师。

2016 年，广东省服装服饰行业协会、广东省服装设计师协会、广州轻纺交易园联手引进意大利卡罗世纪服装学院，建立广州分院，由米兰总院直接派驻师资授课。广州分院致力于培养懂版型的设计师和懂设计的制版师，致力于培养既有意大利的时尚眼光与技术，又充分了解中国市场和生产需求的时尚高端人才。

（四）设计师不断集聚形成规模

为营造时尚创意产业生态圈，广州轻纺交易园打造了新港 82 设计师创意谷。创意谷以孵化和聚集优秀服装设计师及设计师团队为目标，集聚国际国内优质设计师资源，鼓励企业设立设计师工作室。自创立以来，创意谷已经吸引和聚集韩国明宝、香港丽迪莎、广州宝发等知名品牌，以及中国十佳服装设计师林姿含、知名设计师刘洋等大师领航的设计团队。到目前为止，创意谷已经汇聚超过 3000 名服装设计师，初步形成了一支具有较大规模的设计师队伍。

（五）创新服务平台进一步完善

为进一步完善时尚创意产业生态系统，轻纺交易园还创立了作为时尚产业的创新服务平台——"广州·设界"。设界以面料创意为主题,开创了"空间即资源"和"服务为赋能"的产业新生态。随后,设界成为广东时装周"服装流行趋势发布机构"。在流行趋势发布、大数据、产业交流等多元综合服务的基础上,设界已经发展成为时尚创意产业的创新服务平台。

三 转型时尚创意之都需要强化四大功能

中大纺织商圈要彻底转型为时尚创意之都,必须加强四大功能建设。

(一)建设时尚创意设计中心

创意是时尚产业的灵魂。未来中大纺织时尚中心需进一步强化创意设计功能,发展高品质面料设计和服装设计产业,壮大时尚创意设计力量,充分挖掘时尚元素,形成自身的时尚特色。具体举措包括三方面:一是选择若干大型市场主体打造时尚生态系统标杆,营造中大纺织时尚中心时尚创意氛围;二是打造原创设计集聚中心,完善时尚产业服务价值链体系;三是发展时尚创意人才教育培训,将中大纺织时尚创意设计中心打造成为具有国际影响力和产业集聚效应的时尚教育中心。

(二)完善时尚展示传播与发布中心

打通传统媒体、新媒体、时尚杂志等媒体传播渠道,打造具有世界影响力的立体化时尚媒体品牌。

时尚展示发布是国际时尚中心的重要功能。未来中大纺织时尚中心应加强对时尚产业的展览引导和建设,举办流行趋势作品发布活动、时尚论坛等,同时与现有时尚品牌、时尚活动、时尚场所相融合,打造时尚展览展示和文化交流中心。

特别是在举办广东时装周基础上,应联合各种时尚力量打造中国时尚产业发展50人论坛,集聚海内外时尚产业发展的专业人士,助力中大纺织时尚中心建设世界级科技创新和时尚产业高地。

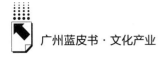

（三）培育时尚消费体验中心

随着转型升级步伐的加快，未来中大纺织时尚中心应发展成为具有国际影响力的时尚消费体验中心，经营业务从 B 端向 C 端迈进。通过大力发展时尚零售、时尚餐饮、时尚酒店、时尚文化展览、艺术收藏、高端定制和生活方式体验等时尚消费，吸引大众参与，特别是青年消费者参与。届时，中大纺织时尚中心，将成为集时尚趋势引领、时尚展示展销、时尚体验消费于一体的综合性时尚消费体验中心。

（四）创建时尚供应链促进中心

创建时尚供应链促进中心，有利于缩短时尚产业供应链各环节周期，从而有效提升时尚产品竞争力。再造时尚产业供应链，实现从设计开发环节到采购生产环节的跳跃，跳过传统的时尚渠道商环节，让消费者参与到设计中，反转时尚供应链流程。以终端消费者作为供应链的起点，加速推进时尚供应链再造进程，将对中大纺织时尚中心建设产生革命性影响。

四　蝶变需要从政策层面实现四大突破

广州要重回中国时尚之巅，中大纺织商圈要彻底从传统批发市场蝶变为纺织时尚中心，成为具有世界影响力的时尚创意之都的核心区，需要市级政策在以下四个方面实现突破。

（一）明确定位，将广州打造为世界时尚创意之都

城市定位是城市吸引力的重要影响因素，确立世界级时尚创意之都的定位非常重要。将广州建设成世界时尚创意之都，一方面有助于推动传统产业转型升级，引导时尚创意产业健康有序发展；另一方面有助于带动大量时尚消费，进一步增强广州国际商贸中心地位，从而有助于青年创新创意人才向广州汇集。

综观全国发展，国内部分城市已经确立时尚创意之都定位。《深圳市战略新兴产业"十三五"发展规划》明确提出要打造"时尚创意之都"，深圳福田区在《湾区时尚总部中心发展规划》中，更进一步提出将车公庙片区打造成为一个基地和五个中心的湾区时尚总部中心。《杭州市时尚产业发展"十三五"规划》提出到2020年，要基本建成时尚设计、智造、营销传播、消费、创业"五位一体"的时尚产业体系，要逐步成为国内时尚产业发展与时尚名城建设先导区。深圳和杭州等城市在"十三五"期间，较早明确时尚之都的定位，为时尚产业发展、为国际时尚中心的发展起到引领作用。

2020年12月，广州出台了《打造时尚之都三年行动方案（2020～2022年）》，提出要把广州打造成为具有国际影响力的时尚流行策源地，成为时尚文化交汇点、时尚品牌集聚区、时尚商品集散地和时尚活动荟萃地，初步建成具有国际影响力的时尚之都。但"国际影响力的时尚之都"与"世界时尚创意之都"，定位有能级差异，前者的影响范围和力度要小一些，后者的影响范围可以覆盖更多的国家和地区，力度更大一些。广州已经跻身全球一线城市行列，应该明确世界时尚创意之都的定位。特别在市级层面明确将中大纺织商圈转型为世界级时尚创意之都核心区的定位。

（二）整合力量，实现广州各个时尚板块之间高效互动

《广州市打造时尚之都三年行动方案（2020～2022年）》共规划了包括中大纺织时尚中心、天河中央商务区、流花矿泉商圈、广州时尚之都产业园、美容美发商圈、新塘牛仔时尚产业基地等15个时尚建设项目，分散在海珠区、天河区等11个区，项目之间的互动不多，这样导致无法形成时尚创意的合力。为了让广州时尚创意形成合力，有必要在市级层面整合时尚资源，建立时尚创意网络，实现各个板块之间的互动。

（三）重点突破，加快世界时尚创意之都主要承载地建设

广州市应转变产业发展观念，明确时尚产业对广州城市发展乃至湾区建设的重要作用。广州市应依托中大商圈纺织服装产业雄厚的基础，利用中山

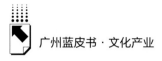

大学、广州美术学院等高校资源，借助广州中心城区区位优势、交通便捷和毗邻会展业发达的琶洲的优势，将中大纺织商圈明确为广州建设世界级时尚之都首要和主要承载地。通过把中大纺织商圈作为时尚产业主要承载地，吸纳更多时尚创意设计人才和资源，形成浓厚的时尚创意氛围，引领广州市其他时尚产业板块共同发展。

（四）系统谋划，出台强有力的时尚产业扶持政策

世界时尚创意之都建设需要完善的时尚产业靶向政策为其提供保障。时尚产业靶向政策有助于推动时尚产业资源要素进一步集聚，助力广州建成世界级时尚创意之都。通过梳理国内部分城市对时尚产业扶持的政策，笔者发现这些城市对时尚产业和时尚活动都给予了大力支持。例如，上海市政府和国企对上海时装周补贴 700 万元，重庆对重庆时装周补贴 800 万元，武汉对武汉时装周补贴 800 万元。其他城市如成都、哈尔滨、厦门等都对时装周或创意周进行不同金额的补贴。广州市应该以更大的力度出台政策支持时尚产业发展。

参考文献

卢一先：《建设广州时尚创意都会区》，《南方日报》2013 年 1 月 26 日。

蒋春忠、林二伟、张雄化：《数字经济背景下时尚创意产业创新发展研究——以深圳大浪时尚小镇为例》，《企业科技与发展》2020 年第 12 期。

柯畅：《浅谈专业市场运营管理创新——以广州中大纺织商圈为例》，《商场现代化》2020 年第 6 期。

王先庆：《广州打造时尚之都的战略与对策》，《城市观察》2019 年第 4 期。

梁龙：《广东大学生时装周：孵化梦想 设计未来》，《中国纺织》2019 年第 8 期。

B.4
推动广州与海南自由贸易港文旅合作创新研究

摘　要：　《海南自由贸易港建设总体方案》的出台标志着我国自由贸易港建设迈出了重要一步，广州作为华南地区文化中心城市，对接海南自贸港，加强与海南自贸港文旅领域的合作，不仅可以在落实海南自贸港建设国家战略中体现广州担当，还有利于推动文旅产业发展，构建广州文旅领域更高层次改革开放新格局。本研究通过分析海南自由贸易港建设给广州带来的机遇，分析广州文旅发展现状，探析广州与海南自由贸易港文旅合作的机遇与挑战，探索推动广州与海南自由贸易港文旅合作的对策与建议，通过广州与海南自由贸易港文旅合作不断提升城市综合功能，为广州发展提供动力。

关键词：　海南自由贸易港　文旅发展　穗琼合作

一　海南自由贸易港建设的战略意义

2020 年《海南自由贸易港建设总体方案》发布，标志着这项重大战略进入全面实施阶段，中央决定在海南建设自贸港，将推动我国开放形成新的

---

* 刘福星，广东技术师范大学财经学院讲师，博士，研究方向为区域经济与文化合作战略。

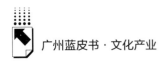

高度、广度和深度，具有划时代的标志性意义，在当前新冠肺炎疫情仍在全球蔓延和全球贸易低迷的形势下它赋予海南引领我国新时代对外开放新使命，同时向世界宣示我国扩大开放、推进全球化的决心。

（一）新形势下中国扩大开放的标杆

海南自由贸易港建设意味着进一步的扩大开放，为我国新时代提供了新的"开放红利"，有利于推动完善开放型经济体制。从开放程度来看，自由贸易港被称作开放程度最高的自贸区，在其区域内海关一线放开，货物可以自由流动，入港货物贸易管制制度被取消或简化，一线申报手续也进一步简化。在贸易优惠方面，自贸港也具有低税率的优势。随着自贸区改革的深入，我国要进一步扩大对外开放，自贸港将在改革过程中扮演重要角色。

（二）新时代中国深化改革的试验区

海南自由贸易港同时还意味着经济体制改革的新尝试，自由贸易港的建设，必将带动外贸、金融、税收、贸易、行政、社会治理等一系列制度创新。制度集成创新，是海南自贸港制度体系最突出的要点。"自由"作为自贸港的特色，不仅包括贸易和税收等方面的自由，也包括制度安排等方面的自由。海南自贸港承担着我国向制度型开放转变、通过高水平开放促进更深层次改革的历史重任，探索自贸港建设，将会激发区域活力，以高水平开放带动改革全面深化。

（三）新时期新发展格局的重要枢纽

海南自由贸易港可有效服务和推动构建以国内大循环为主体、国内国际双循环相互促进的新发展格局。在新发展格局下，面对国内外经济形势的深刻复杂变化，全球范围内新一轮科技革命和产业变革同我国经济优化升级交汇融合，以海南自贸港为平台，打造面向太平洋与印度洋的重要开放门户，建设具有世界影响力的国际旅游消费中心，通过生产要素的"双自由、双便利"流动和"一线"放开与"二线"管住的制度集成创新，海南自由贸易港将成为国内国际双循环的重要枢纽。

从国际上自贸港的发展经验看，成功的自贸港是所在城市与附近大城市良性互动的结果，海南自贸港的建设也需要附近大城市相应的支撑。广州作为华南地区中心城市，是华南地区政治、经济、文化、科教和国际交往中心，具有成为海南自贸港重要服务合作平台的条件。广州在人才、资金、区位、技术、市场等方面具有优势，海南在自然条件、环境质量、旅游服务、制度创新上具有优势，文旅合作互补效应明显，广州可支撑和促进海南自由贸易港发展。海南经济具有特殊的岛屿特征，在经济腹地方面具有劣势，需从其他地区扩展腹地，从而获得更多的资源，从地理、经济、历史等因素看，粤港澳大湾区应成为海南着重考虑拓展的腹地之一，而广州作为国家重要中心城市，在国内区域经济发展中承担着重要的枢纽功能和辐射作用，在区位上背靠内陆腹地、面向粤港澳，具有独特地理位置，广州腹地广阔，与珠三角、与粤港澳大湾区其他区域、与长三角、与东盟地区都有便利而广泛的交通和商业网络，在与海南自贸港对接中可作为海南通往内地的桥头堡。

二　广州与海南文旅合作发展的现状与问题

（一）广州与海南文旅合作发展的现状

广州与海南文旅合作主要在泛珠三角和粤琼合作框架内进行，在 2004 年 6 月，包括广东、海南等在内的九省市两特区共同签署了《泛珠三角区域合作框架协议》，为跨省市的旅游合作打下了坚实基础；同年 7 月，"泛珠三角" 14 个城市与香港共同签订多条旅游业合作协议，致力建设泛珠三角国际旅游圈。2005 年 11 月在广州召开泛珠三角城市旅游发展高峰论坛，会上各方达成 "广州共识"。2010 年 12 月《广东·海南战略合作框架协议》在海南海口签署，跨区域的旅游合作进一步深化。2012 年两省签订《琼粤旅游质监执法合作协议》，依托各地旅游质量监管力量，深化旅游质监执法交流合作。2012 年海南在广州举行了 "清凉一夏·海南度假" 海南国际旅游岛旅游推介会，推介海南旅游业及海南旅游资源和相关旅游产品。2012年海南·广东旅游业界交流会上，广东中旅、广州广之旅、广东国旅、广州东方国旅、广州丽景国旅分别与海南省旅行社签订互送客源合作协议，实现资源共享、客源互送、市场共兴、发展共赢。

依托2015年成立的中国海上丝绸之路旅游推广联盟，粤琼联合打造海上丝绸之路旅游经济走廊和环南海旅游经济圈，做大邮轮产业链。其中2016年，丽星邮轮正式开通广东广州–越南下龙湾–越南岘港–海南三亚的邮轮航线。国家旅游局2016年提出的"岭南风光"美丽中国十大旅游品牌全球推广工程，粤琼桂三省区举行省际旅游合作座谈会，整合各方力量，延伸旅游线路、拓展旅游空间。

2017年9月举行了泛珠三角区域合作行政首长联席会议，会上各方共同签署了《泛珠区域旅游大联盟合作协议》，从共同打造泛珠旅游品牌和精品线路、联合开展旅游整体营销、促进内地与港澳旅游合作、共同提振入境旅游、共建良好旅游市场秩序、加强旅游人才培养和智库合作等六个方面与泛珠其他省区以及香港、澳门特别行政区开展旅游合作。

（二）广州与海南文旅合作发展存在的问题

从区域协调机制来看，广州与海南的文旅合作机制主要在省级平台进行，广州与海南各市的合作机制还不够健全，还没有形成上下联动、整体协调的局面。虽然签署了一些合作协议，但有许多还没有落到实处，旅游企业也较少响应，政企之间尚未形成良性的联动机制。基础设施联通仍存在不足，广州与海南尚无高铁联通，公路交通耗时也比较长，成为两地旅游的一大瓶颈。

在文旅产品共同开发上，旅游线路还有待进一步开拓。两地共同开发的文化旅游产品较少，两地文旅资源尚未得到合理开发与整合，部分地区旅游资源虽然丰富，但是没有得到合理的开发和利用，旅游企业对沿线文化资源和自然景观的开发力度有待加大，目前线路规划专业性不强，大多只是效仿传统的线路规划方式，缺乏创新性，思维模式较为僵化，没有探索出人文景观与自然景观并重的"蹊径"。

从文旅合作方式来看，同一环节旅游企业之间的合作有待加强，当前文旅合作多在上下游企业间进行，上下游企业的合作又仅限于服务和客源的组织，文旅企业合作呈现低水平运作、分散经营的局面，规模效应和范围效应尚未发挥，文旅网络、平台、信息、品牌等合作机制有待进一步完善。相互市场的旅游宣传特别是广州在海南的推广力度还不够，旅游信息共享和信息化推广还有待加强。

三 广州与海南文旅合作的机遇与挑战

（一）发展的机遇

对接海南自贸港，是广州的重大发展机遇，有利于分享自贸港发展带来的制度红利，推动投资和贸易便利化，在重点领域和关键环节的改革上取得新突破，构建广州更高层次改革开放新格局。海南自贸港在制度设计、政策法规、开放流程、开放环境等方面进行了全面的探索和一系列的创新，对改善广州文旅产业发展具有积极作用，有利于广州文旅企业利用区内的税收等优惠政策，为广州发展外向型经济提供新的思路。

广州文化产业增加值和旅游收入在总量上具有优势，2017年，广州文化产业实现增加值1161.07亿元，占全市GDP的比重达5.40%；海南文化及相关产业增加值为141.75亿元，占地区生产总值的比重为3.18%。在旅游收入方面，2019年广州旅游收入4454.59亿元，海南为1057.8亿元（见图1）。

随着海南自贸港建设的推进，双方在文旅产业平台提升、产业升级、人才技术、市场融合、设施联通方面产生更多需求，将会给广州产业发展带来更多的机遇，给广州服务业发展注入新的元素和活力，给广州企业对接国际先进企业、世界市场提供了更多机会，便于其学习及引进国外的先进技术与管理经验，进入国际市场也将大大加快。同时，广州可

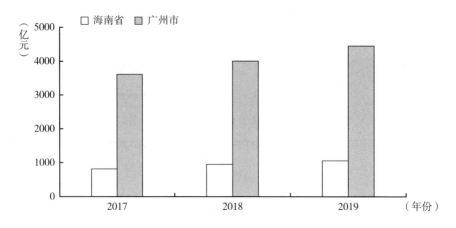

图1 2017~2019年广州、海南旅游收入比较

资料来源：《海南统计年鉴》（2017~2019年）、《广州统计年鉴2017》（2017~2019年）。

以利用自贸港带来的信息流、资金流和技术流，与广州交通网络、信息网络、产业网络、创新网络、人才网络、生态网络等融合，不断提升城市综合功能，为广州发展提供动力。广州企业利用自贸港政策利好，对接自贸港政策的溢出效应，主动承接自贸港的服务业溢出，完善并提升服务业开放的功能和竞争能力，海南自贸港的建设发展也将拉动广州的就业和产业链升级。

（二）面临的挑战

自贸港内实施包括税收、权限下放、出入境便利等各类优惠政策，在国际化运营、贸易便利化等方面给予企业更大的自由度，都会大大降低企业的贸易成本。与文旅产业相关的优惠政策主要有三项：一是对岛内进口游艇、旅游业的船舶、航空器等交通工具实行"零关税"正面清单管理。二是对岛内居民消费的进境商品，实行正面清单管理，允许岛内免税购买。三是放宽离岛免税购物额度至每年每人10万元，扩大免税商品种类。2020年全年，海南省离岛免税店实际销售总额超320亿元，再创历史新高，而2019年海南离岛免税品销售金额为134.9亿元，免税购物已成为海南旅游一大吸引力。优越的制度环境必将大大提升海南文旅产业对旅客的吸引力，2017～2019 年，海南接待游客总人数从 6745.01 万人次增长到 8311.2 万人次，广州从 6275.62 万人次增长到 6773.15 万人次（见图 2）。

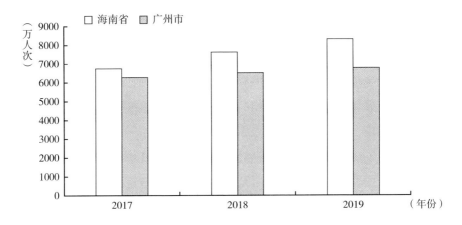

图 2　2017～2019 年广州、海南接待游客总人数比较

资料来源：《海南统计年鉴》（2017～2019 年）、《广州统计年鉴》（2017～2019 年）。

"扩容"的离岛免税政策与海南得天独厚的旅游资源进一步融合，将使海南旅游零售市场容量打开，为免税经营商、文旅企业提供了巨大的发展红利，将会吸引相关企业转移，广州一批增量项目将会转投海南自贸港、一批存量企业和货物贸易业务将受到打击，服务业的外资招商势必压力加大，也会分流一部分外商投资，将对广州总部经济产生较大压力，在短时间内可能产生极强的"虹吸"效应。

四　广州与海南自贸港文旅合作路径

（一）推动南沙制度创新，强化自贸港联动效应

广州虽不可复制海南自贸港管理模式，但可以结合自身特点，学习借鉴海南自贸港建设先进经验和制度创新，加强南沙自贸区与海南自贸港对

接、对标，着力推进投资、贸易等领域制度集成创新，高标准高质量建设好南沙自贸试验区。强化自贸区与自贸港的联动效应，发挥各自优势，搭建各类交流平台，开展科技联动、政策联动、人才联动、资本联动等全方位的联动，加强在投资贸易便利化、产业升级、科技创新等方面的发展协同，实现文旅产业供应链、产业链、创新链、服务链的上下游联动。推动南沙自贸区与海南自贸港重点平台对接，构筑区域协同创新平台，着力将南沙自贸区打造成为海南自贸港的合作拓展区。将南沙传统优势对接海南自由贸易港开放新优势，推动广州与海南自由贸易港实现文旅领域深度融合，进一步找准合作共赢的契合点，形成合作"最大公约数"，积极推动"港湾联动"，打造海南自贸港与粤港澳大湾区对接联动先行区。推动广州南沙和海南博鳌国家健康旅游示范基地联动，打造医药产业研发孵化平台、国际健康旅游学术交流平台及邮轮、游艇健康旅游产业融合平台等健康旅游产业集聚平台，打造一批国家中医药健康旅游示范基地和中医药健康旅游综合体。

（二）深化产业分工协作，培育文旅产业竞争力

立足广州文旅产业发展现状，抓住自贸港设立后可能形成的产业并且主动寻找新项目，鼓励广州文旅企业投资落户海南，促进两地文化创意产业加快发展。鼓励本土企业进行技术创新，形成品牌优势，扶持本土企业做大做强，鼓励有竞争力的企业"走出去"，拓展海外投资途径，积极拓展本土企业在全球价值链中的升级路径。加强和自贸港的合作，鼓励广州文旅企业赴海南自贸港投资，参与文化和旅游园区开发，共同开拓国际市场，联合打造文化产业集群，在产业分工上积极协调，双方形成产业错位发展、相辅相成和经济互补的格局。以各类创意园区为主要载体，大力发展文旅特色产业集群，推动文化企业优势互补、集聚发展，建设一批新兴产业培育聚集的核心区。

积极培育文旅产业新业态和新功能，形成以技术、品牌、质量、服务为核心的竞争新优势，汇聚优质资源助力海南自由贸易港建设，形成文化消费

新热点，为海南自由贸易港增添文化亮点。加强与自贸港文旅机构的业务合作，推动文旅产品和服务创新，鼓励开展跨境文旅合作，塑造文旅品牌。促进文化产权交易合作，进一步发挥广东南方文化产权交易所的作用，支持海南自贸港文化企业开展知识产权方面的交易，促进海南文化产品与服务市场化。

按照旅游产业发展方向和市场需求，基于各自优势，广州和海南在旅游营销、邮轮游艇项目、文旅项目规划运营、旅游智能化改造、旅游金融等方面开展全方位、多领域深度合作。对接国际旅游服务标准，共同推动旅游产业发展基础建设和改造，提升旅游产品品质和服务体验，助力旅游产业链整合，打造富有特色的旅游产品消费业态。共同打造国际品牌形象、发展夜间文旅经济、促进体育旅游特色目的地建设、打造具有国际声望的文体 IP 等，充分挖掘文化资源，推动文旅产业发展跑出"加速度"。

（三）加强旅游圈的培育，打造珠三角旅游枢纽

以旅游资源为基础，以文化因素为依托，以交通设施为纽带，充分利用各市旅游优势推进泛珠三角全域旅游，加强泛珠旅游圈层的培育和扩张。强调广州作为国际都市的引领作用，拓展广州市旅游功能区，利用广州作为华南地区交通枢纽的优势，发挥"旅游+"强大的渗透力，整合文化旅游资源，共同打造文旅"一张图、一张网"，促进文化旅游互惠互融，高质量推动文旅一体化发展。联合周边城市开展文旅合作，推动都市圈纵深发展。与省内其他城市文化广电旅游体育部门签订文化旅游战略合作框架协议，拓展文化旅游合作机制。打造和丰富优秀文化旅游产品，推动文化旅游资源共建共享、优势互补。通过联合创作文艺作品、联合开展演出合作等方式，加强非遗、文创、老店等文旅新业态交流合作，合力打造海上丝绸之路文化联合区域形象品牌。通过文化引领、旅游拉动的交流合作形式，发挥广州作为省会城市的辐射带动作用。积极联合开发跨区域旅游产品，提升产品档次和服务标准，提升国内国际竞争力。实现广州与泛珠江三角洲地区核心城市间功能互补，发挥"协同效应"，实现泛珠江三角洲地区旅游资源合理配置。促

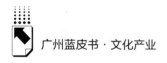
进泛珠旅游区外部扩展，充分参与更大圈层的旅游经济循环，谋求区域合作圈的扩展，创造一个充满生机活力的旅游经济圈。

构建大区域旅游枢纽战略，成为客流的组织者和旅游资本、旅游管理的输出中心。从整体上配置旅游产品，推动旅游资源整合，形成不同主题、不同区域、不同特色、不同档次的多元化旅游产品，以实现旅游产品在区域内的流通。适应旅游需求个性化的需要，推出不同时间组合和空间组合（包括景点组合）的多种旅游产品和服务，共同打造泛珠三角区域21世纪海上丝绸之路之旅、邮轮之旅、滨海之旅、养生之旅、红色之旅。参与并加强与海南国际旅游消费中心合作，加大以旅游业为龙头的现代服务业的产品供给，全力拓展旅游消费空间。做大购物旅游。形成多元化的供给格局，丰富高端消费供给，提供高端体育进口装备、高端文化艺术进口用品、进口游艇、房车等高端消费品市场供给。以文化创意为依托，打造特色旅游产品体系。做大康养旅游。推动旅游与健康医疗、高端养生养老融合发展。

做大邮轮游艇旅游、房车露营旅游、婚庆旅游等新业态消费。完善邮轮产业政策体系，全力打造包括邮轮旅游、物资配送、商品交易以及邮轮制造和维修等在内的全产业链，结合优化航空、航运、高铁多式联运体系，加快完善配套基础设施，提升口岸服务效能，将广州南沙国际邮轮母港打造成国际一流的邮轮母港。通过与海南邮轮母港优势互补，进行差异化定位，充分发挥粤港澳庞大的消费群体、完善的城市基础设施和丰富的旅游资源优势，共同构建粤港澳邮轮经济产业链，合力打造世界级邮轮母港群，做大会展旅游。

大力建设会展旅游品牌，积极举办旅游博览会、展览会等各类会展活动，围绕商务会展活动，完善酒店、餐饮、购物等旅游消费配套。进一步巩固发展穗琼"一程多站"旅游产品优势，联合粤港澳大湾区其他城市共同打造"一程多站"的世界邮轮、游艇旅游航线和精品旅游线路，共同推动游艇"自由行"，为两地带来更加多元化的海内外客源，扩大旅游圈的国际影响。大力挖掘广州传统文化旅游资源，推进高端商务旅游发展实施"走出去"战略，深入研究、引导、推动广州有实力的旅行社到海外旅游热点地区开设分支机构。深化联合促销和市场推广合作，全方位、多角度、多渠道开展联合促销，共同打造区域国际旅游品牌，继续联袂参加境内外大型旅游宣传促销活动，有重点、分阶段、有选择地联合开拓客源市场。

（四）推动设施互联互通，促进湾区与港区融合

加快建设互联互通的立体交通网络，在公路、铁路、港口、航空方面与自贸港开展全方位、立体合作。完善基础设施建设，对于区域内重大基础设施建设，应统一规划、联合建设。在建设过程中，加强区域的协调和配合，从而形成网络化、开放式的基础设施体系。着力推进穗琼航空旅游通道建设，不断挖掘客源市场潜力，积极拓展和完善国际国内航线网络。不断完善国内外其他城市至海南经停广州的航线网络布局。

推动广州与海口、三亚等城市合作，发挥海南自由贸易港、粤港澳大湾区和南沙综合保税区的政策叠加优势，在业务拓展、资源共享、技术创新、经营管理等方面深入开展战略合作，打造粤港澳大湾区和海南自贸港之间的物流供应链通道。建立深度融合的产业链、供应链，合力打造特色旅游产业链、邮轮游艇产业链、国际会展产业链等，共同提升全球供应链服务管理能力。依托快速交通网络以及港口群和机场群，构建大湾区与自贸区旅游业发展轴带，统筹协作推动空间由多中心转向网络化。

加强旅游信息化相关基础设施建设，为深化旅游合作创造条件。通过对接海南城市旅游公共服务领域，整合旅游信息资源、通力合作、创新体制，健全旅游服务网络，互相借鉴旅游产品和服务以及旅游管理的特色，全力打造集旅游合作项目审批、旅游资源交易、旅游信息共享、旅游服务质量反馈、旅游景点营销系统、移动终端系统、旅游管理与服务系统及旅游门户网站建设为一体的综合性线上智慧旅游公共服务平台。

（五）协同建设文化保税区，打造交易与传播中心

文化保税产业协同方面，推动与海南自由贸易港联动发展，对接港澳，连接上海、北京等国内主要艺术品市场，联合大湾区国际艺术品保税产业中

心和海南国际文化艺术品交易中心，共同建设国家对外文化贸易基地，建成贯通全球的大湾区艺术品交易总部基地。发挥南沙自贸区的保税政策和综合服务功能，完善国际文化贸易企业集聚中心、文化产品展览展示及仓储物流中心、文化商品交易服务中心的配套功能，为粤港澳及海外文化机构提供展示体验、交流推广、孵化培育、融资投资与仓储物流等服务。通过统一规划、合理布局，发挥基地在配置文化资源中的调节作用，提升湾区对全球文化创新资源要素的吸纳、消化、整合能力。打造一个中西文化艺术品交流中心，搭建一个平台，进一步深化实施艺术品保税仓储、展示的便利监管流程，优化文物及文化艺术品从境外入区监管模式，简化文化艺术品备案程序，推进艺术品仓储物流、金融交易、检验鉴定等环节相关制度的探索，吸引贸易公司、第三方检验鉴定机构、拍卖机构、金融机构汇集。

（六）建立健全体制机制，提升穗琼合作的层次

建立健全穗琼合作互动和协作机制，探索与海南自由贸易港建立深度合作和常态化交流，以已有合作机制为依托，适当放大合作机制范围，构建工作协调和资源共享平台，优化文旅资源空间布局、实现文旅产业对接；着力探索南沙自贸区与海南自由贸易港战略重点布局地区、重点任务统筹部门、重大平台的交流联动；加快海南与广州人才、信息、技术、资本等要素流动，为新时代中国探索建立更加有效的区域协调发展新机制。引导和推动两地商会、协会组织及企业间多层次交流合作，促进穗琼合作不断深化。互相宣传介绍对方的旅游形象，互相交流旅游信息和旅游宣传资料，积极开拓国际旅游市场，联合举办各种对外旅游推介活动，联合推广旅游品牌，参加国际旅游推介会议，提升国际休闲旅游目的地形象。共同开拓海外市场，在客源互送、线路产品、投资、营销、旅游规划、信息、人才等方面进行合作。

构建旅游信息交流机制、建立区域旅游发展资金，定期举办地方文旅交流会议和企业座谈会，与海南省合作形成文旅政务联盟，在商事登记服务、高层次人才"一站式"服务、政策兑现服务、金融服务等领域展开合作，

依托"互联网＋政务"手段，缩短两地办事距离，降低办事成本，便利企业、群众跨区域办事，进一步推动两地政务服务创新改革。

参考文献

王秋雅、刘静暖：《"海上丝绸之路"：琼粤旅游产业一体化共建研究》，《现代商业》2016 年第 21 期。

周义龙：《琼粤"海上丝绸之路"旅游合作与发展策略》，《南方论刊》2015 年第 8 期。

B.5
广州市文化消费的调查分析及对策建议

王克林*

摘　要： 党的十九大报告指出，"满足人民过上美好生活的新期待，
　　　　　必须提供丰富的精神食粮"。文化消费的改善和提升是为市
　　　　　民提供精神食粮的重要途径。为深入了解广州市民文化消费
　　　　　状况，近期国家统计局广州调查队随机访问了447位广州市
　　　　　民。调查结果显示，当前广州市民文化消费水平和市民满意
　　　　　度较高，文化消费结构基本合理；但文化消费结构不平衡、
　　　　　城乡之间及城乡内部文化消费水平不平衡、文化消费方式发
　　　　　展不平衡、近八成市民的文化消费潜力未完全释放等问题仍
　　　　　需持续关注和改进。

关键词： 文化消费　幸福感　结构升级

　　改革开放40余年来，我国综合国力显著提升，人民生活水平有了极大
提高。广州作为我国重要的中心城市、省会城市、粤港澳大湾区中心城市，
2019年城镇和农村居民人均可支配收入分别达到65052.10元和28867.90
元，人民物质生活水平远高于全国和全省平均水平。2019年，全市全年社
会消费品零售总额9975.59亿元，比上年增长7.8%，消费对经济的拉动作
用非常大。

　　当前，广州居民的物质生活已达到较高水平，但消费领域，尤其是文

---

* 王克林，国家统计局广州调查队工作人员，博士，研究方向为经济社会调查与分析。

化消费领域不平衡不充分发展的矛盾仍较为突出，严重制约了居民美好生活目标的实现。另外，广州作为千年商都，居民的消费方式、消费理念等对全国消费都起到示范和引领作用。因此，有必要深入研究广州居民的文化消费水平，人民生活的幸福感以及文化消费对居民幸福感的影响，并进一步探讨相关政策的着力点，提高居民的文化消费水平，进而有效提升居民的幸福感。

一 概念界定与样本选择

（一）文化消费

文化消费（Cultural Consumption，CCS）概念比较宽泛，涵盖教育、娱乐、体育等多个领域。基于不同的研究视角，学者对文化消费的定义，包括其涵盖内容、范围等都有差异，消费者个体的差异性也会造成文化消费的多元化、多层次特征。徐淳厚（1997）的定义比较直观简洁：文化消费是人们为满足精神文化生活而对精神文化产品或服务进行消费的行为。本课题以此定义为基础，将文化消费研究范围定义为：手机或电脑（网络）娱乐，看电视或看 DVD 碟片，出去看电影或观看演出，读书、读报、看杂志，参加文娱活动，参加体育锻炼，外出游玩或旅行，参加教育或其他培训、组团活动等，与亲戚、朋友、同事进行社交娱乐活动等方面。

尽管概念表述有差异，但学者对文化消费作用的看法基本是一致的。欧翠珍（2010）的研究概括比较全面：文化消费具有启蒙教化、愉悦身心、发展个性、促进社交、促进社会和谐等重要功能，能促进人力资本提升和人的全面发展，是衡量个体生活品质的重要指标，被誉为通往幸福的最佳途径。金晓彤等（2015）研究认为，相比于其他类型的消费，文化消费最大的特点在于其显著的增值性，即在消费过程中能形成一条具有潜在影响力的个体提升路径。

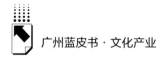

（二）样本选取

文化消费具有较强的个性化特征。为准确反映广州居民文化消费状况，课题组采取实地入户的方式进行调查。在荔湾、越秀、海珠、天河、白云、黄埔、番禺、花都等8个区的每个区随机抽取2个社区，在每个中选社区中随机抽取25名年龄在18~65周岁且居住在本市1年以上的人员作为调查对象。调查内容主要为反映居民文化消费水平的"消费方式""消费内容""消费期盼"等。

以收入为标志对调查获得的问卷进行初步分析。根据国家统计局广州调查队居民收支调查五等分组结果，将家庭年收入在20万以下的家庭称为中低收入家庭，高于20万的称为高收入家庭。从本次调查样本的分组结果看，家庭年收入在20万以下的中低收入调查对象占68.1%，超过20万的高收入调查对象占31.9%。参考居民收支调查结果，课题组专门开展高收入调查，对样本结构进行校准调整，补充调查样本量47人，约占原定样本量的10%。加入高收入样本后，家庭年收入在20万以下的中低收入调查对象占61.7%，超过20万的高收入占38.3%。

本文最终样本量为447人，样本结构为：男性占50.8%，女性占49.2%；18~40岁居民占54.1%，40~65岁居民占45.9%；高中及以下学历占38.9%，大专及以上占61.1%；中心城区居民占66.0%，郊区居民占34.0%；已婚者占82.1%，未婚及其他占17.9%。

二 广州居民文化消费特征研究

（一）总体情况

1. 居民教育文化娱乐消费支出占比较高

从消费结构看，据国家统计局广州调查总队及其他相关调查队组织的居民收支调查（下同）结果，2018年广州城市居民人均教育文化娱乐消费支出 5640 元，占人均消费支出的比重达到 13.4%，高于北京（10.3%）、上海（11.9%）和深圳（9.7%）（见表1）。可见，当前广州居民文化消费处于较高水平。

表1 2018 年一线城市城镇常住居民人均教育文化娱乐支出及其占消费支出比重

单位：元，%

城市	人均教育文化娱乐支出(1)	人均消费支出(2)	(1)/(2)
广州	5640	42181	13.4
北京	4402	42926	10.3
上海	5491	46015	11.9
深圳	3935	40535	9.7

说明：深圳居民收支按一体化住户改革制度方案，公布全体居民消费数据，不包含农村。

2. 文化消费总体满意度较高

文化消费具有较强的个性化特征。为准确反映广州居民文化消费状况，课题组对 447 位广州居民进行深入访问。调查结果显示，广州居民文化消费总体满意度较高，满意度得分达到 86.89 分（见表2）。从性别、年龄、收入、居住区域、住房状况等多角度分析，满意度得分均在 85～91 分之间，差距较小。但由于居民多元化的关切和诉求，文化消费满意度仍有细微差异。比如从性别看，女性满意度略高；从年龄看，50 岁及以上居民的满意度略高；从收入看，高收入居民满意度略高；从居住情况看，郊区居民满意度相对较高，拥有自有产权住房的居民满意度较高。

表2 不同特征群体对自身文化消费状况的满意度及幸福感

单位：分

类别	特征	满意度得分	幸福感得分
性别	男	86.08	88.85
	女	87.83	89.95
年龄	18～50	86.51	89.17
	51～65	88.99	90.58
收入	中低收入	86.81	89.15
	高收入	87.02	89.80

续表

类别	特征	满意度得分	幸福感得分
居住区域	中心城区	86.31	88.68
	郊　区	88.03	90.79
住房状况	有产权房	87.29	90.29
	其　他	85.57	86.44
总体		86.89	89.40

说明：满意度和幸福感得分计算采用百分制赋值方法，根据问卷调查中各选项的选择率加权得到，运算结果仅用于本次调查结果的比较分析。

3. 文化消费结构基本合理

当前广州居民文化消费结构基本合理，正处于结构升级的关键时期。

简单快捷、低支出的"网络媒体消费"仍是文化消费的主流。无论中心区还是郊区居民，"手机娱乐"和"看数字电视或网络电视"的选择率均超过六成。

高质量的文化消费正逐渐走入寻常百姓家。"体育锻炼或健身""旅游"等能强身健体、愉悦身心、开阔视野的文化消费选择率均在五成左右。郊区居民的旅游积极性远高于中心区居民，选择率达到63.2%（见表3）。

表3　居民业余时间主要文化消费项目选择率

单位：%

文化消费项目	总体	中心区	郊区
手机娱乐	63.1	61.7	65.8
看数字电视或网络电视	62.6	63.7	60.5
体育锻炼或健身	52.6	52.5	52.6
旅　游	49.7	42.7	63.2
参观博物馆或文化古迹	44.3	43.7	45.4
在手机上看电子图书	40.5	40.7	40.1
读书或看报	36.0	36.3	35.5
玩电子游戏	18.1	20.3	13.8
去电影院看电影	16.3	18.6	11.8
在家看 DVD 或唱 K	13.0	15.6	7.9
参加教育或其他培训	8.7	10.2	5.9

续表

文化消费项目	总体	中心区	郊区
观看演出、话剧、舞台剧或音乐会	8.5	9.5	6.6
参加讲座、展览	5.8	5.1	7.2
参加文艺活动或摄影绘画等创作活动	4.0	3.1	5.9
其　他	0.4	0.7	0.0

（二）当前广州居民文化消费中存在的问题

1. 文化消费不平衡

文化消费不平衡，主要表现在消费结构不平衡、城乡之间及城乡内部文化消费水平不平衡、文化消费方式发展不平衡等方面。

一是消费结构不平衡。一方面，当前，广州居民的文化消费中高雅艺术消费仍处于较低水平。"观看演出、话剧、舞台剧或音乐会""参加讲座、展览""参加文艺活动或摄影绘画等创作活动"的选择率均低于10%，说明高雅的文艺型文化消费活动与一般居民仍有较大的距离。另一方面，着眼于当下消费效用者比重高，放眼未来发展者比重低。居民比较注重能快速见到消费效用的文化消费项目，而对"参加教育或其他培训"则热情不高。相对而言，中心区居民更注重通过学习和培训提高个人技能，选择率比郊区居民高4.3个百分点；而郊区居民则更注重当下消费的效用，旅游消费的选择率比中心区居民高20.5个百分点。

二是城乡之间及城乡内部文化消费水平不平衡。城乡文化消费水平差距大。从消费结构看，2018年广州农村居民人均教育文化娱乐消费支出为2029.67元，仅相当于城镇居民（5639.58元）的36.0%。城乡内部文化消费差距大。比如按五等分组的城市居民家庭人均文化娱乐消费支出分析，低收入户人均为1714.08元，仅为高收入户（6439.82元）的26.6%，农村居民的这一指标略好，为42.9%。

三是传统文化消费项目呈萎缩趋势。当前，文化消费电子化趋势明显。调查显示，当前通过电脑或手机进行文档阅读的受访者占比高达引导文化活动主体增加相关区域文化服务供给，进一步引导文化消费潜力释放。目前，广州市文化服务供给主要集中于越秀、天河等老六区，其他区文化资源相对较少，不利于文化消费潜力的释放。三是创造条件，不断挖掘居民文化消费潜力。整合全市各类资源促进文化消费，落实国务院关于推进文化创意和设计服务与相关产业融合发展的政策要求，力求打造突破地区、行业、所有制限制的文化消费市场平台，促进文化消费扩大和升级。

（三）进一步优化文化消费结构

党的十九大报告指出，要保证全体人民在共建共享发展中有更多获得感，不断促进人的全面发展、全体人民共同富裕。而文化消费结构优化是促进人的全面发展的重要途径。为此，建议加强宣传引导，调整优化文化消费结构。一是进一步加大面向居民文化消费的宣传、引导和推介，广泛发动居民讲出讲好自己的文化消费故事，并通过居民广泛使用的微信、网络等进行宣传和引导。二是引导居民进行更高层次的文化消费。引导居民减少以玩手机、看电视为主的文化消费，增加学习型、益智型文化消费；鼓励和规范市场化教育机构和文化教育产业发展，比如文化培训机构，提高居民的思想道德水平和科学文化素质，丰富居民的精神生活。三是进一步完善从化、花都、增城等周边区域的文化基础设施，按照人口密度增加设置剧场、图书馆等文化基础设施，不断提升广州市各区域文化消费水平的同步性。

参考文献

徐淳厚：《关于文化消费的几个问题》，《北京工商大学学报》（社会科学版）1997年第4期。

欧翠珍：《文化消费研究述评》，《经济学家》2010年第3期。

金晓彤、崔宏静：《新生代农民工教育型文化消费探析：社会认同建构的路径选择》，《吉林大学社会科学学报》2015 年第 1 期。

Cohen S. , Doyle W. J. , Turner R. B. , et al. Emotional Style and Susceptibility to the Common Cold. Psychosomatic Medicine，65（4），2003，652.

Diener E. , Suh E. M. , Lucas R. E. , et al. Subjective Well-Being：Three Decades of Progress. Psychological Bulletin，125（2），2013，276 – 302.

B.6
广州夜经济发展中文化消费需求研究

郭贵民[*]

摘　要： 文化消费可推进夜经济高质量发展，实现转型升级，将文化产品引入夜经济，可以提高夜经济的有效供给，提升夜经济的质量，推进夜经济的创新。国内主要城市在推进夜经济发展的过程中，非常重视文化消费的作用。广州夜经济很活跃，夜间餐饮文化名扬四海，文化娱乐活动丰富多彩，夜间旅游人气旺盛，但是也存在文化娱乐品牌不强、高质量的文化节目或项目不多、文化产业创新不够、与国内主要城市有较大差距等问题。广州今后要进一步推进夜经济与文化消费融合，积极培育夜经济文化新业态；加大供给侧结构性改革，确保夜经济文化产品有效供给；促进夜经济文化消费；营造良好的营商环境。

关键词： 夜经济　文化消费　高质量发展　文化产业

党的十九大报告《决胜全面建成小康社会 夺取新时代中国特色社会主义伟大胜利》提出到建党一百周年时建成经济更加发展、民主更加健全、科教更加进步、文化更加繁荣、社会更加和谐、人民生活更加殷实的小康社会。推动经济高质量发展是新时代保持经济持续健康发展的必然要求，是适应我国社会主义主要矛盾和全面建成小康社会的必然要求，大力

---

[*] 郭贵民，广州市社会科学院现代产业研究所副研究员，研究方向为文化产业政策。

发展文化产业，促进夜经济高质量发展是新时代决胜全面建成小康社会的重要内容。

一　文化消费推动夜经济高质量发展

（一）夜经济基本论述

夜生活是一种生活形态，是人们生活必不可少的一部分，相对于白天的生活，夜生活可能更适合人们享受和消遣，大多数人一般是白天工作，晚上才有时间休闲，通过夜间吃喝可以补充白天失去的能量，通过享受夜间文化娱乐大餐，外出游玩和休闲，让心灵得到愉悦和放松，可以说，夜间才是文化活动的"黄金时间"。有资料显示，通过卫星观看中国城市夜景，在许多大中城市的夜空23时还是异常明亮，说明这些城市夜间活动高度活跃。一些大中城市晚到次日清晨，仍有不少活动在进行。如何以高度活跃的夜间活动促进夜经济的发展，是城市政府、企业、社会和市民面临的一道新课题。夜经济一般是指晚6点至次日6点城市各种合法商业经营活动的总称，夜间经济以服务性为主，涉及商业、交通运输业、餐饮业、文化旅游业、娱乐业等第三产业。夜经济由来已久，现在大中城市再度热捧夜经济，夜经济在经济中所占比重在增加，正在成为城市经济增长的新引擎，是城市经济的重要组成部分。

济南大学2017年《点亮济南夜经济，引领现代大都市消费经济发展》[①]报告揭示，城市夜间消费占一天消费总量的60%，重庆2/3以上的餐饮营业收入来自夜间，广州有55%的服务业产值来自夜间消费。

（二）文化消费在夜经济中的作用

新时代，人们不再满足于夜间物质消费，精神文化层面消费需求日显突

---

① 　https：//m. sohu. com/a/198752910_ 712171/？ pvid ＝000115_ 3w_ a.

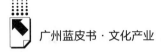

出，因此，文化消费比重增加是新时代夜经济发展的时代逻辑。推动文化消费增加，对于"夜经济"发展具有重大意义。

1. 增加文化产品有利于扩大夜经济供给

文化产业发展本身就是夜经济中的一个重要部分，电影市场、演出市场等文化娱乐消费经济很多是在夜间发生的，以银联商务大数据旅游消费监测中心发布的《2019年"五一"旅游消费大数据报告》统计数据为例，2017~2019年，全国游客夜间旅游参与度逐年提高、消费逐步走旺。2019年的"五一"黄金周，游客夜间消费金额占到全天的28.6%①，夜间旅游已成为游客感知当地文化、体验当地生活方式的重要渠道。文化产品被引入夜经济中，可以提高夜经济的文化含量，也会带来夜经济产品供给，丰富"夜经济"业态，做大夜经济体量。夜经济中融入文化，用文化引领夜经济，可以起到带动夜经济增长的作用。文化融入夜经济中，可以提高夜经济的品位，增强夜经济的吸引力，使夜经济更加具有可持续性。

2. 有助于提升夜经济发展的质量

目前我国夜经济产品供给大部分以"吃喝"类为主，文化精神类供给相对不足，业态结构相对单一，夜经济还是仅停留在吃喝上，层次不高。仅以吃喝为主的夜经济还是低质量发展的夜经济，夜经济中大力增加文化产品的供给，增加文化消费比重，推进文化融入夜经济，将能培育出附加值高、文化含量高的新的低碳环保型业态，减少夜经济对高污染业态的依赖，提升夜经济的层次，实现夜经济的转型升级，实现夜经济的高质量发展。

3. 促进"夜经济"的创新

要将夜经济做强做大，就必须使其成为创新经济，这就需要着力激发经济主体的创造性，要增加文化产品比重，就需要在夜经济中大力发展文化产业，文化产业是高知识型产业，文化产业也是与科技融合越来越紧密的产

①　https://baijiahao.baidu.com/s?id=1659563378248262203&wfr=spider&for=pc.

业，在夜经济中促进文化产业发展，将把大批高知识型人才与科技带入夜经济发展过程中，可以极大地激发夜经济的创新动能和能力。人才是发展的第一资源，科技是第一生产力，把这些发展要素引入夜经济，不仅能改变夜经济发展的人才结构，也会改变夜经济发展理念和思维，形成创新氛围。

二　国内主要城市夜经济发展普遍重视文化消费发展

（一）国内主要城市夜经济中文化消费发展现状

1. 北京市夜经济中文化消费的发展

近年来，北京积极推动夜经济中的文化消费发展。2019 年北京市出台了《关于进一步繁荣夜间经济促进消费增长的措施》，强调了夜经济发展过程中文化产业发挥的作用。

一是深度挖掘文化资源潜力，丰富夜场文化活动。北京有针对性地对现有文化资源进行挖潜，景泰蓝艺术博物馆、景泰蓝技艺互动体验中心以及工厂店在星期五、六安排夜场，时间是 17 时至 22 时，举办景泰蓝夜场文化体验之夜活动。景泰蓝图书馆会举办读书会，让大家从故事中感知历史文化。国家级、市级大师将带领市民参观景泰蓝制作技艺及景泰蓝艺术博物馆。海淀区的区属图书馆、文化馆、体育馆、公园等通过延长夜间开放时间、举办各类夜间活动，增加夜经济文化精神类产品的供给，促进夜间文化消费的增长。

二是积极开展"北京文创市集"活动，活动集合了高品质的文创消费产品。751DPARK 北京时尚设计广场、首创郎园 Vintage 步行街以及北京汽车博物馆等是北京文创市集的主要地点，文创市集活跃，吸引大量人员观览。

三是大力开发夜间旅游消费地，通过延长中心城区的景点开放时间充分挖掘旅游资源潜力，为广大市民和旅客提供更多的旅游产品。支持景区创新夜间娱乐、演出节目，颐和园、天坛公园、奥林匹克森林公园、朝阳公园等

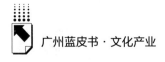

纷纷推出新的夜间游览活动项目。

2. 上海市夜经济中文化消费的发展

上海采取积极措施促进夜经济中文化产业发展。2019 年上海市商务委员会等九部门关于本市推动夜间经济发展的指导意见，指出在发展夜经济过程中，要强化文化产业的发展。

一是启动博物馆夜游项目。为满足夜间文化消费需求，上海一些博物馆如黄浦和宝山的 14 家博物馆联手推出夜游项目，如相关学术报告、讲座、演出以及观众展厅打卡互动等，以此为抓手，进一步拉动区域的夜间经济发展，广受上海人的欢迎。

二是推出 24 小时影院。上海一些地理位置较好、处于商业中心圈的电影院如光明电影院和国泰电影院尝试 24 小时营业。国泰电影院拥有淮海路商圈，周边有上海文化广场、兰心大戏院等文化设施；光明电影院拥有南京东路商圈，周边有"演艺大世界"文化设施，两个电影院通过与商圈和文化设施融合，获得了开展 24 小时电影业务的动力。

三是推出深夜档演出，探索文化与旅游场景融合。丰富夜间演出市场，静安区与上海文广演艺集团推出了大型文化产业综合体——尚演谷，是国内首个此类综合体，美琪大戏院、艺海剧院是其关键文化设施，"不眠之夜"是其核心品牌。尚演谷是文化产业综合体，除戏剧演出空间，还包括配套的主题酒店、餐饮、购物多种相关业态。

四是推出不打烊书店，书店与周边夜经济融合。晚上公共图书馆闭馆，私立图书馆获得开拓市场的机会，一些 24 小时开放的城市书房在上海因势而起，它们成为公共图书馆的有益补充。比如大隐书局创智天地店开放时间延后至凌晨 2 时，配合周边餐饮业营业到凌晨 3 时，取得较好的效果。"我嘉书房·裕民南路馆" 24 小时开放，并推行 24 小时无人值守。为了方便市民夜间阅读，我嘉书房一般设置在交通通达性强的社区或商圈空间等。

3. 西安夜经济中文化消费的发展

西安为推进夜经济中文化产业的发展，2019 年出台了《关于印发推进夜游西安实施方案的通知》，积极推进夜经济中文化产业的发展。

一是积极推进 24 小时书店建设。西安市首家 24 小时书店——阅西安城市书房 2017 年开业，推出的是一种全新的生活方式，是一家融合图书、咖啡和轻食品，还有文创产品的复合型书城，形成了较为完整的文化消费圈。与传统书店相比，阅西安城市书房装修更加精美，以图书 + 文创产品、图书 + 咖啡简餐、图书 + 文化活动的体验、互动阅读模式，为市民游客提供了另一种轻生活、深阅读的可能。

二是积极推进夜场演出，文化场馆开放"文化夜场"。晚间是看电影的黄金时段，夜场电影的散场时间由 23 点延迟到凌晨 1 点之后，夜间票房的占比也在不断增加。曲江新区积极打造并实现书店、文化场馆的实体覆盖，率先实现 15 分钟文化圈的生活方式布局，建立书香文化、剧院文化、电影文化、博物馆文化为立体化呈现的"文化组合餐"，满足市民日益增长的文化需求，加大各类文化、体育设施夜间开放力度，丰富活动内容，促进品质化、特色化、个性化的夜间经济发展。

三是以文旅品牌带动旅游夜经济。曲江新区坚持以内容驱动传统景区升级转型，推出了以《梦长安——大唐迎宾盛礼》《再回大雁塔》《再回长安》《梦回大唐》等为代表的实景演出，以草莓音乐节、西安国际时尚周等为代表的节庆活动，以丝绸之路国际电影节、重大文化论坛等为代表的活动品牌，吸引国内外游客慕名到西安，游曲江，让市民和游客得到精神上的享受。

三　广州夜经济中文化消费现状

（一）广州夜经济中文化消费发展现状

广州是最早发展夜经济的城市之一，夜经济闻名全国，夜间零售、餐饮、文体娱乐等产业持续发展，到现在还是非常活跃，繁荣了广州夜经济。广州很多夜间消费新时尚开创了全国的先河，1979 年国内第一家营业性的音乐茶座、1984 年西湖路第一个灯光夜市以及夜茶、卡拉 OK、夜宵等从广州风靡全国。现在广州已经是全国夜间经济十强城市之一。广州长隆国际大马戏、广州西汉南越王博物馆分别进入全国游客喜爱的夜间演艺和文化场馆前十位。

为推动夜经济发展，2019年广州先后出台了《广州夜间消费地图》和《广州市推动夜间经济发展实施方案》两个重要文件，对夜间经济的发展起了积极的推动作用，其中也有不小篇幅涉及夜经济文化产业发展的内容。

（二）广州夜经济中文化消费发展①

"夜经济"离不开文化，特色文化能给"夜经济"注入灵魂。广州的经验表明，将文化融入夜生活，能给消费者带来焕然一新的消费体验，延长消费者的停留时间，推动夜间消费模式多元化、链条化。

1. 夜间餐饮文化名扬海内外

广州美食文化享誉全国甚至全世界，广州有众多的特色鲜明的餐饮集聚街区和美食中心。"食在广州"在全国深入人心，"夜宵文化"在广州形成了一道亮丽的风景线。有资料显示，广州在当日18时至次日6时仍在营业的有超过11万家餐饮商家；有3678家餐饮店24小时营业。酒吧属于夜间专项型服务产业，与娱乐、美食、音乐、体育赛事相结合，是夜间经济不可缺少的部分。广州目前有酒吧超过1400家，酒吧聚集街基本分布在广州中心城区，围绕珠江布局，有代表性的有海珠区的琶醍酒吧街、越秀区的沿江路酒吧街。琶醍酒吧街主打啤酒文化和创意艺术，结合著名景观点广州塔、海心沙，附近有琶洲人工智能与数字经济试验区；沿江路酒吧街拥有大量近代欧式建筑，有深厚历史文化底蕴。

2. 文化娱乐丰富多彩

广州凭借紧邻港澳的地理优势，利用改革开放的机遇，自20世纪80年代开始，发展多种形式的文化娱乐活动，成就了其当时在国内文化娱乐领域的地位，到现在广州在全国还占有举足轻重的地位。棋牌室、茶馆和网吧电

---

① "广州夜经济大数据图鉴"，《广州日报》2019年10月15日。

竞等社交聚会场所是广州夜间娱乐消费主要阵地，据广州日报2019年统计，以上三种社交聚会场所在广州的店铺数量均超过1000家。沉浸式体验是现今新型娱乐发展趋势之一，近些年DIY手工坊和KTV（含量贩式KTV和唱吧）在广州发展较快，分别超过了500家，这种注重临场感、有丰富的故事情节和较强的互动性场所深受人们的喜爱。

夜间电影市场活跃。夜间电影是城市消费新增长点，广州是夜间观影最活跃的城市之一，据广州日报2019年统计，广州约有220家电影院，每10万人拥有约1.5家影院。广州工作日全天电影放映场次在8500～9000场，节假日在1万场左右，节假日夜场电影占全天场次比例较工作日更高。电影消费的黄金时段是在夜间，广州每日19时后每万人电影场次数量为2.3场。

文艺演出形式多样，设施齐全。广州夜间文艺演出主要集中在海心沙亚运公园、广州体育馆等地，夜间演出主要艺术形式为音乐剧、音乐会、戏剧、话剧等舞台演出。广州日报统计显示，从10月和11月的演出排期来看，2019年广州大剧院、星海音乐厅和广东艺术剧院十月、十一月两个月夜间演出总数占全年演出总数的84%，演出时间大部分安排在周五和周末的夜间。LiveHouse是一种新兴文化消费场所，受到大众特别是年轻群体的喜爱。2019年广州LiveHouse演出有252场，平均不到1.5天就有一场，大部分演出集中在MAOLivehouse广州和TU凸空间。

博物馆为适应夜经济发展延长开放时间。博物馆和美术馆是集教育、科研、欣赏、互动等功能于一体的文化机构。据广州日报2019年统计，广州有各类博物馆57家，2019年8月以前，广州地区博物馆只在日间开放，下午5时左右闭馆。《广州市推动夜间经济发展实施方案》出台后，广州地区博物馆开始提供夜间服务，夜游项目正在不断丰富。首批夜间开放的8家博物馆逢周五、周六、周日延时开放至21：00，逢重要时间节点、重大传统节日也延长开放至21：00。黄埔军校旧址纪念馆、辛亥革命纪念馆和广东民间工艺博物馆（陈家祠）每天延时开放至18：30，广东省博物馆试行周五延时开放至20：30。仅2019年8月，广州夜游博物馆游客有近4万名。

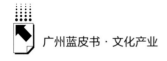

2019年国庆期间，广州各博物馆纷纷增加特色活动，共有3.6万余名观众夜游博物馆。

实体书店和特色书店不断满足市民夜间对阅读的需求。实体书店是社会精神文化的重要载体，更是市民进行夜间文化消费的重要选择。根据2017年发布的《广州阅读地图》，广州市共有图书馆、新华书店以及独立书店等150个阅读网点。其中包括以方所、学而优、言几又、西西弗书店、唐宁书店、1200bookshop、小古堂、扶光书店和三乐文创书屋等为代表的特色书店。咖啡馆和文创产品是特色书店的标准配置。此外，艺术展览、分享会和作家签售会丰富了消费者在书店的文化体验，服装首饰、家居用品等也是部分特色书店的经营项目。这些书店，因设在商场和大型购物中心而显得具有特色，其营业时间一般与商场和大型购物中心一致，延长至夜间22时，可以部分满足市民的夜间阅读和消费需求。阅读消费是广州夜间经济中文化消费的潜在发力点和增长点。

3. 夜间旅游人气旺盛

观光游船、主题灯会、文化体验活动成为广州夜间旅游热度风向标。珠江夜游是广州最具影响力的夜间旅游品牌项目，是全国人气最高的夜游项目。2019年国庆假期前五日，珠江夜游共接待游客和经营收入分别为14.24万人次和1210.09万元，同比分别增长19.33%和32.03%，实现较大幅度增长。广州塔-珠江夜游联游项目带来了联动效应，2019年前八个月累计接待游客50.68万人次。

2019年国庆假期广州塔成为夜游热门地，夜间客流占比超过80%。10月1~5日，广州长隆大马戏和长隆水上乐园共接待夜间游客8万余人次。广州国际灯光节已连续举办八届，是重大夜间标志性节庆，与法国里昂灯光节、澳大利亚悉尼灯光节并列为世界三大灯光节。2017年广州国际灯光节共举办24天，观展人数超800万人次。2018年广州国际灯光节历时9天，首次采取全围闭和预约参观制，除了花城广场主会场与桥梁作品、珠江新城12连廊以外，还在黄埔区科学广场与锐丰中心增设分会场。广州有举办主题灯会的传统，2019年1月25日至2月24日，元宵灯会在越秀公园举办，每日 18：30～22：00 为亮灯时间，并在元宵夜出现最高人流量，迎客超 5 万人次。荔枝湾水上花市灯光秀自 2 月 12 日起在荔湾湖公园五秀湖上演，国庆期间更是连续 7 晚呈现。海心沙音乐灯光秀 2 月 1～19 日每晚 20 时上演，为期 19 天的演出共有超 20 万人次预约进场观看。

2019 年，广州市为进一步推进夜间旅游发展，共推出了 6 条夜间旅游精品线路，包括"夜游广州"红色传承之旅、千年古迹之旅、珠江魅力之旅、都市寻味之旅、活力都市之旅、西关风情之旅，涵盖了博物馆、知名餐厅、商业区、文化旅游地标等元素。

广州夜经济中文化产业的发展取得巨大成绩，但也存在文化娱乐品牌不强、高质量的文化节目或项目不多、文化产业创新不够、与国内主要城市有较大差距等问题。

四　广州大力发展文化消费推进夜经济高质量发展对策

（一）积极推进夜经济与文化融合发展，培育夜经济新业态

在文化产业蓬勃发展之际，文化要素不断地丰富，文化与科技、金融、创意、工业、农业等融合发展，创造了更多的文化要素，这些文化要素与丰富的夜经济要素发生交汇，催生夜经济形态，因此，推动夜经济高质量发展，需要用文化来武装夜经济，把科技含量高、附加值高的文化产业引入夜经济中，提高夜经济中的科技含量，实现创新驱动，推进夜经济多元化、数字化、智能化发展，增加夜经济的附加值，推进夜经济结构优化和转型升级。

（二）加大供给侧改革，确保夜经济文化产品有效供给

加强供给侧结构性改革，坚持市场主导，充分发挥市场的资源配置作用，培育更加成熟的夜间消费细分市场，增加高品质"夜经济"产品和服务供给。加大夜经济中高质量吃喝的供给。吃喝永远是夜经济重要内容，随

着人们生活水平的提高，对吃喝的要求也在提高，一些城市积极打造老字号、风味美食，就是在提升夜经济餐饮供给质量。除了加大对夜经济吃喝供给外，更为重要的是加大对夜经济文化娱乐、休闲、旅游等精神层面的产品的供给。要积极利用文化设施资源优势，提供可供夜间消费的优质文化产品。积极挖掘岭南文化资源，大力培育本土高质量的演艺作品和演出团队。积极推进夜经济、夜文化与高科技融合发展，加大夜经济中文化产品的科技含量，用科技推动夜经济中文化产业的发展，实施创新驱动，创造性地培育夜经济中文化产业新业态，丰富夜经济文化产品，推进夜经济文化产业结构优化，实现夜经济文化产业转型升级。进一步推进文化与夜旅游的结合，一方面要把有开发价值的文化设施打造成夜旅游景点。二是最大限度地挖掘夜旅游项目中的文化价值，增加夜旅游项目的文化内涵，提升夜旅游项目文化属性，增强夜旅游项目的吸引力。三是夜旅游积极引入文化科技，如 VR等，用文化科技驱动夜旅游项目发展，用文化科技培育夜旅游新的业态。

（三）引导提升夜经济中的文化消费需求

消费对经济发展具有重要的拉动作用，消费需求一直是生产的动力，需求可以创造生产。消费水平和消费结构对生产有着重大的影响作用，消费水平升高，消费结构向享受型转变将对夜经济中文化产品的供给提出更高的要求，因此发展夜经济中的文化产业，引入文化消费，人们夜消费观念也会随之改变。加强夜消费的引导，大力培育教育、文化娱乐、体育健身、旅游观光等新兴夜间文化消费习惯，不断激发潜在消费，形成新的夜消费观念。加大对夜经济文化消费的优惠力度，推出优惠力度较大的夜经济文化消费券，鼓励夜消费向高质量的文化消费转变。保护夜消费者的权益，把消费者权益放在首要位置，加大夜间消费者合法权益保护力度。

积极地将互联网引入夜经济的文化产业发展中。将互联网与夜经济文化产业发展联系起来，通过互联网把夜经济中文化产品及文化消费的信息传递给需求者，实现夜经济与夜消费者之间的紧密互动，提升夜经济各类资源的利用效率，实现夜经济交易成本降低，同时也能规范消费者的夜间消费行为，因此要着力提高夜间经营实体线上线下联动的能力，推动互联网夜间消费服务模式发展，培养消费者线上的夜间消费习惯。

（四）营造良好的营商环境

做好规划和设计，协调各方面力量共同推进。重点对演艺娱乐区、旅游景区、城市休闲功能区等夜间游客集中、市民活动集聚、创业创新活跃的区域进行功能规划设计，形成特色鲜明的夜经济发展功能区。设立"夜经济"发展专项领导小组，加强组织领导。完善"夜经济"发展领导制度，形成高效的夜经济管理和服务机制，统筹领导夜经济文化消费的发展，进一步推进夜经济发展过程的"放管服"改革。简化审批，将夜经济中文化产业发展的相关审批事项纳入绿色审批通道。加大对夜经济中文化消费发展的政策支持，对优质的夜经济文化产业产品或项目给予资金支持或者奖励，加大对夜经济文化产业创新的支持。完善夜间交通、水电气供给、污水油烟处理、垃圾分类处理等配套设施，加强环境、卫生等方面的管理，杜绝欺诈、卖假货等行为，用法律加强对夜经济的保护。

参考文献

中共中央宣传部：《习近平新时代中国特色社会主义思想学习纲要》，学习出版社、人民出版社，2019。

郑自立：《文化与"夜经济"融合发展的价值意蕴与实现路径》，《当代经济管理》2020 年第 6 期。

王蕾、邢慧斌、孙庆久、Azizan Marzuki：《河北省"夜经济"休闲文化品牌建设研究》，《湖北经济学院学报》（人文社会科学版）2012 年第 3 期。

广佛同城篇

Guangzhou – Foshan City Chapter

B.7

深化广佛公共文化服务同城化
发展思路研究

邹小华*

摘　要：　广佛同城已走过十年，广佛同城化建设中，文化同源是其重
要的基础，而文化同城，特别是公共文化服务同城，正是广
佛同城化建设中较少涉及的一个方面。为推动广佛同城化深
度融合和"人文湾区"建设，以及提升广佛两地公共文化服
务水平，保障人民的文化权益，未来广佛两地应进一步推进
公共文化服务设施共建和资源共享；加强公共文化服务产品
的供给，为两地居民提供更多更优质的公共文化产品；加强
对非物质文化遗产和历史遗迹的传承、保护与活化利用，使
之与满足两地居民的公共文化服务需求相结合；强化公共文
化服务同城的制度保障和体制机制创新，为广佛公共文化服

---

* 邹小华，广州市社会科学院区域发展研究所、广州城市战略研究院博士后，研究方向为区域
文化合作。

务同城化提供保障。

关键词： 广佛同城　公共文化服务一体化　区域融合

2021 年，我国进入国民经济和社会发展第十四个五年规划的重要时期，我们将面临人民物质生活水平显著提升、对公共文化服务要求日益提升的考验。完善公共文化服务，对于提升国民综合素质和社会文化程度以及增强国家文化软实力，都有着积极的促进作用。虽然当前我国的文化公共服务水平大幅提升，但公共文化服务空间发展不均衡的情况依然无法忽视。特别是城市的交界地区，由于离中心市区普遍较远，并且受行政界线的限制，相关城市政府在公共文化设施建设的协同方面较难实现一致，一定程度上造成公共文化设施建设的滞后，而通过区域城市间的合作推动区域公共服务一体化进程，是解决城市和区域公共文化服务均等化的一个重要途径。

根据《公共文化服务保障法》，公共文化服务是指由政府主导，社会力量参与，旨在满足公民最基础的文化需求而相应配套的公共文化设施、公共文化产品和文化活动，以及其他相关的文化服务。国家发改委最新发布的《国民经济和社会发展第十四个五年规划和 2035 年远景目标纲要》（简称"十四五"规划纲要）指出，"十四五"期间，我国要进一步完善公共文化服务体系和加强公共文化服务体制机制创新，为广大人民的文化权益提供更好的保障。可见，国家对于提升公共文化服务水平和完善公共文化服务体系的重视在不断加强。

2019 年发布的《粤港澳大湾区发展规划纲要》（简称大湾区发展规划纲要）也对区域文化发展提出了相应要求，主要体现在粤港澳大湾区内各城市要发挥地域相近、文脉相亲等优势，加强各类文化活动、遗产保护等的合作，共同提升大湾区的文化实力和文化内涵，打造"人文湾区"。广州和佛山作为粤港澳大湾区内的核心城市和文化中心城市，在建设"人文湾区"的过程中也应发挥引领作用。加强广佛两地以公共文化服务同城为代表的区

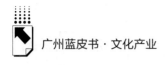

域文化合作，对于推进"人文湾区"建设也有着重要的意义。

广佛同城建设已逾十年，在过去十余年里，广佛同城化主要关注城市间基础设施的联通以及经济和城市治理的合作，如两市在城市规划衔接、交通基础设施互联互通、产业合作互补、政务服务互通、环境治理共建共治等方面进行了大量合作，也取得了令人瞩目的成绩。但广佛前期合作主要关注两地的"硬"联系方面，对于文化、制度等"软"联系方面较少触及，并且软联系也是广佛同城进一步深化较难推进的一个方面，而恰恰又是广佛同城深度融合不可忽视的重要问题。并且文化同源作为广佛两地合作的重要基础，也是过去十余年广佛同城建设较少触及的一个方面。推进广佛公共文化服务同城化，是未来广佛同城建设进一步深化的一个重要方面和突破点。

一 广佛公共文化服务同城化建设的必要性

（一）区域公共文化服务融合发展趋势明显

随着城市规模的扩大和区域城市一体化程度的不断加深，区域公共文化服务一体化的推进，将成为区域城市一体化水平进一步提高的一个重要突破点。区域公共文化服务一体化的推进，对于区域文化的繁荣发展以及文化的传承和创新等，都有着积极的促进作用。比如在区域一体化发展程度较高的长江三角洲地区，区域内各城市在上海市的倡议下，发挥城市间地域相近、文化相亲的优势，成立了国内首个区域公共文化服务合作机制，积极推动城市间公共文化的交流与合作，强化公共文化资源共建共享，共同推进区域公共文化服务的发展。可见，在区域一体化进程不断拓展和深化的背景下，区域公共文化服务一体化已成为城市及区域公共文化服务发展的重要趋势。

（二）满足居民对公共文化服务的需求

广佛同城自 2008 年实施以来，经过十余年的发展，在相对较为容易推进的"硬件"同城化方面已取得较大的进展，两市在基础设施连接、产业合作等方面取得丰硕的成果。步入"十四五"时期，广佛同城化发展也由局部同城化向着全域和全面同城化迈进，文化与公共服务合作等较难实现的"软件"联系也有待进一步推进和解决，并且，广佛同城的空间尺度也有待从交界区域的局部同城扩展到两市的全域同城。

"硬"联系的快速发展带来的是广佛之间人员的频繁交流。2020年，广佛地铁线日均运送客流量已超过50万人次，单日客流峰值达到67万人次，其中有56%的客流为往返广佛两地的通勤客流。虽然当前广佛两地在人员交流方面已表现出高水平，但仍然存在双城生活群体归属感不高、生活满意度较低以及公共服务衔接不够紧密等问题。因此广佛之间开展公共文化服务合作，是满足两地人民日益提升的现实文化需求、深化广佛同城化的要求。

（三）传承岭南文化和提升城市文化软实力的需求

"十四五"规划纲要提出，要建设文化强国，实现国家文化软实力显著增强，其中对中华民族传统文化的传承和弘扬，就是增强国家文化软实力的一个重要方面。广州和佛山同处岭南文化和广府文化的核心区，千百年来形成了大量珍贵的非物质文化遗产。比如粤剧作为广府文化的重要组成部分，最早兴起于佛山，兴盛于广州，并且在广佛两地都留下了众多粤剧文化遗迹和粤剧非遗传承人。同时广佛地区拥有数量众多且历史文化深厚的古村，并较好地保留了大量的祠堂、书院、书室、住宅和庙宇等体现岭南文化特色的文化遗迹，具有重要的保护和开发价值。当前这些古村落大多处于年久失修且无人管理的状态，且部分损毁严重，广佛共同对这些承载岭南人民历史文化记忆的古村进行保护和开发，是传承岭南文化的迫切需求。

岭南文化是广州和佛山两市的共同城市名片，广佛共同加强对岭南文化的保护和传承，一方面能在保护岭南文化的同时提升为两地人民乃至粤港澳大湾区人民提供公共文化服务的能力；另一方面，也能进一步加强对岭南文化的传承和传播，进一步提升和扩展岭南文化的影响力和影响范围，因此也能提升广佛作为岭南文化核心区域的文化软实力。

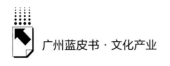
（四）公共文化服务优势互补的现实需求

广州作为区域性中心城市和省会城市，具备公共文化设施建设较为完备、功能较为齐全的优势；但同时广州也面临着空间和土地资源有限、人地矛盾较为突出等问题，一定程度上制约了其公共文化服务设施的发展。佛山虽然公共文化设施配套方面较为欠缺、空间布局不均衡、功能欠缺，但土地资源丰富。并且，根据相关分析结果，粤港澳大湾区城市中，广州的文化产品投入、供给和产出能力都较高，佛山除在文化投入上处于中等水平外，文化产品供给和产出能力都较低，并且两个城市在文化交流方面都相对较为欠缺，可见两市在公共文化服务合作方面存在需求和潜力。近年来，佛山市政府对于完善公共文化服务体系日益重视，对于与广州开展公共文化服务合作也较为积极和主动。因此，两市在公共文化服务合作方面存在优势互补，并且也具备内在需求和一致的利益。

二 广佛公共文化服务同城化的基础

（一）地域相连，城市空间高度融合

广州市和佛山市同处珠江西岸，地域空间上相互联系，行政边界相连的长度超过200公里，超长的边界为广佛两地的同城化发展提供了广阔的空间。与此同时，作为珠三角的核心发展地带，广佛两地的交界地带并不像其他城市边界那样属于大片的郊野和绿化带，交界带城市化发展程度高、融合度较深，为两市公共文化服务一体化发展提供了较好的空间基础。

（二）文化同源，文化资源丰富且相近

广佛两地在历史上就有着深厚的渊源和密切联系，且两地的文化同源于广府文化，又同处岭南文化的核心区域，历史上留下了众多的历史文化以及

非物质文化遗产。历史文化遗迹如广州的陈氏书院（陈家祠）、南越王墓、南海神庙、黄埔军校等，佛山的祖庙、东华里古建筑群、梁园等，并且，广佛两地的历史文化也存在着诸多联系，如除广州的陈家祠外，佛山的顺德亦有陈家祠，作为岭南陈氏的第二宗。在非物质文化遗产方面，广佛两地不仅拥有数量众多的资源，资源种类丰富，而且拥有一批重要的非物质文化遗产传承人，这为推动两地的非物质文化遗产保护和传承与公共文化服务产品供给及交流与合作提供了基础。

表1　广佛两地市级以上非遗文化资源对比

类别	级别	广州市	佛山市
非遗项目数量(项)	国家级	17	14
	省级	81	55
	市级	107	124
非遗代表性传承人数量(人)	国家级	13	15
	省级	73	58
	市级	180	221

资料来源：广州市非物质文化遗产保护中心《广州市非物质文化遗产名录》，http：// www. ichgz. com/common/web/ich/project/list，2021 年 3 月 22 日；佛山市人民政府：《佛山市市级以上非物质文化遗产名录项目》，http：//www. ss. gov. cn/fssswgdlt/gkmlpt/content/4/4674/post_ 4674379. html#2669，2021 年 1 月 7 日；佛山市文化广电旅游体育局：《佛山市市级以上非物质文化遗产代表性传承人名单》，http：//www. foshan. gov. cn/fswgdlt/gkmlpt/content/4/4297/post_ 4297668. html#3640，2020 年 4 月 23 日。

（三）公共文化服务共享共建已开启

2009 年，在广、佛两市正式签订的《广州市佛山市同城化建设合作框架协议》中，关于公共文化服务同城化的内容就提到要"推进文化基础设施共享，推动广佛公共图书馆文献资源共建和服务协作，实现读者证的互认。共同承办全国性、国际性重大文化活动，组织对外文化演出和展览。加强区域媒体合作，打造辐射全国的影视和媒体集团"。广佛两地的图书馆间的合作在 2009 年就已开展，并且推出了"公共图书馆广佛通"，逐步实现两地图书馆互借互还。此后，两地的图书馆合作不断深化，2020年，位于佛山南海区的首家广佛共建的图书馆——"阅读家"开业，所收藏的32000余册书籍均由广州市图书馆提供。此外，广佛两地还在广佛地铁线沿线站点设置广佛"云书馆"自助服务设备，在对两地公共图书馆的资源、服务和活动进行宣传的同时，也为读者提供图书证办理、资源检索以及电子书扫码阅读等多项功能，进一步便利了两地民众。两地之间的公共文化服务设施共建和资源共享已经开启，并且在不断深化。

（四）国家和区域发展战略提供了机遇

大湾区发展规划纲要提出，要推动湾区内城市加强合作，开展跨界重大文化遗产联合保护等活动，增强湾区的文化软实力，打造"人文湾区"。广州和佛山作为粤港澳大湾区内的核心城市和重要文化中心，加强合作并在建设人文湾区中发挥重要作用是其公共文化事业发展的应有之义。2020年9月，由广佛两市共同编制的《广佛高质量发展融合试验区建设总体规划》，明确提出了构建包括"广州南站—佛山三龙湾—广州荔湾海龙"一个先导区，以及"三水—花都""白云—南海""荔湾—南海""南沙—顺德"四个试验区在内的"1+4"广佛高质量融合发展试验区，旨在为广佛两地的深度融合提供经验参考，这也为广佛公共文化服务同城化的探索提供了空间和基础。

三 广佛公共文化服务同城化建设存在的问题

（一）公共文化资源共享机制有待进一步完善

广佛在公共文化资源共享方面早已采取一系列行动，如两地图书馆的馆藏资源共享计划，早在2009年就已开展。虽然当前广佛两地的图书馆已实现文献书籍的互借互还机制，但由于两市图书馆借还系统的差异问题，两市还未能实现图书的通借通还，两市的读者在图书馆资源共享方面还存在较大的不便。广佛两地在开展和完善公共文化资源共享的机制对接方面还有待进一步加强。

（二）公共文化服务设施建设合作的系统化有待提升

当前，虽然广佛两地之间已陆续开展一些公共文化服务设施共建的项目，如广佛首家共建的图书馆——"阅读家"，作为广州图书馆在佛山设立的第一家分馆，就是由广州市图书馆、佛山市联合图书馆、广州地铁以及粤海物业共同打造的智能化图书馆数字服务平台。但广佛两地共建公共文化设施仍处于起步阶段，相关项目的建设也属于两地机构和企业间协商达成的结果，广佛在公共文化设施共同建设的合作方面还缺乏系统性的规划。

（三）公共文化服务的均等化和一体化程度有待提升

广佛两地的公共文化服务设施的空间覆盖程度和公共文化服务体系的完善程度等方面都存在一定的差距，并且两市的公共文化服务设施的空间均等化程度也有待进一步提升。特别是广佛两地漫长的交界区域，虽然经过多年的发展，在空间、经济、社会和人文交融方面已取得长足的进步，特别是在里水、陈村、金沙洲等重点区域形成了成片的产业区、商住区和商业区，也集聚了大量的人气，但两市在交界地区的市政和公共服务设施，特别是公共文化设施的建设方面安排不足，并且两市在交界地区的规划协同方面也较为薄弱，公共文化服务难以实现共享。

（四）公共文化服务同城化的协同性有待提升

广州是岭南地区的文化中心城市，拥有深厚的文化积淀，公共文化服务的发展也较为完备。佛山虽然也处于岭南文化和广府文化的核心区域，并且作为粤港澳大湾区内内地城市中的"第三城"近年来公共文化服务事业发展迅速，但作为"后起之秀"，佛山在公共文化服务的发展方面落后于广州。两市发展的不均衡一定程度上造成了佛山在推进同城化的过程中，比广州显得更为主动。比如在《佛山市文化事业发展"十三五"规划（2016～2020年）》中，以及在众多正式和非正式场合，佛山较多地提到了在活动开展与文化交流方面与广州合作的意向。而广州在最新的《公共文化设施布局专项规划（2020～2035年）》中，并未提及与佛山在公共文化服务设施建设方面的交流与合作。两地在公共文化服务同城协作方面的对等性与协同性存在差异，也在一定程度上阻碍了广佛公共文化服务同城化的开展。

四 推进广佛公共文化服务同城化建设的思路

（一）推进公共文化设施共建和资源共享

加强广佛两地图书馆资源共享与图书馆共建是广佛公共文化服务同城化建设初期关注的重点领域，同时也是广佛深化公共文化服务同城化的重点突破领域。未来广佛应进一步加强图书馆资源和设施的共享共建，在进一步拓展和优化两市图书馆资源通借通还机制的基础上，以广佛两地共建的"阅读家"为原型，加强"云书馆"的建设和推广，同时进一步加强两市图书馆的数字化建设，为两市市民能够更好地共享图书资源和文献信息资源提供便利，最大程度上便利两市读者跨区域共享图书资源。此外，广佛两市可利用广佛线等广佛两地的日常联系通道，在沿线重要站点设立更多的公共文化设施，继续推进两地共建的图书馆数字服务平台建设，重点为两地的日常通勤人员提供更为全面和优质的公共文化服务。

（二）强化两地公共文化服务产品和活动合作

广佛两地加强粤剧等岭南传统文化作品的创作和展演，为两地居民提供更加优质的公共文化服务产品。未来两地可加强合作举办公共文化活动，通过轮流定期举办广东音乐节、岭南画派画作展览、醒狮表演、龙舟表演等活动，宣传和推广非物质文化，扩大岭南文化影响力，促进传统非物质文化的传承和传播。结合大湾区规划纲要提出的广佛共建世界美食之都的倡议，发挥广州和佛山（顺德）在岭南美食文化中积淀的深厚底蕴，共同举办岭南国际美食节。

（三）加强文化遗产和历史遗迹的保护与活化

1. 推进非物质文化遗产的传承与活化

依托两地文化促进和发展相关组织，搭建非物质文化遗产保护和传承的平台，为两地的非物质文化遗产专家、非物质文化遗产项目传承人、非物质文化遗产爱好者等搭建常态化的交流和对话平台，促进非物质文化遗产的传承和推广。探讨共同制定非物质文化遗产项目传承人研培计划，推动广佛两地在非物质文化遗产项目传承人培养方面加强合作。充分利用广佛两地在文化创意设计方面的优势，将非物质文化遗产与居民的日常生活需求相结合，通过多样化的方式加强非物质文化遗产的活化，为居民提供更多非物质文化遗产文化产品，也为非物质文化遗产传承人提供更多出路，更好地推动非物质文化遗产的保护和传承与两地居民的公共文化服务需求相结合。

2. 加强历史遗迹的保护与活化

广佛两地在古村落的保护性开发上进一步开展合作。两地在加强各自古村保护规划的同时，加快建立古村保护的协同机制，加快古村保护和开发的数字化信息库建设，加强资源共享与信息互通，避免古村保护与开发的同质化与恶性竞争。引导古村落活化的社会参与，鼓励社会力量通过资金投入、技术支持以及个人参与等多种方式，参与到古村落保护和活化中来。推动古村落保护与居民日常生产生活相结合，在不损坏古村落和村居整体格局和风貌的前提下，完善基础设施和条件，造福两地人民。

3. 加强红色文化遗产的保护与活化

加强对红色文化相关的村落、故居、景点等的保护力度。重视红色革命文化的研究阐释和宣传教育，充分发挥革命文化遗产在革命传统教育中的作用，推进革命遗产保护与红色文化教育相结合。

4. 加强数字技术在文化遗产保护与活化中的运用

强化重要文化遗产和非物质文化遗产的保护，加强广佛两地文化资源的

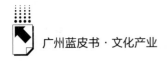

全面调查和登记，在此基础上，利用现代化数字和信息技术，加强文物科技创新，推进优秀文化遗产的数字化转化，利用现代 VR 技术等先进数字化手段，对岭南文化、广府文化等进行转化和创新发展，推动这些中华优秀传统文化的保护、传承和传播。

（四）以点带面逐步实现公共文化服务同城化

以广佛高质量发展融合试验区为突破口，加强试验区内两市交界地区的整体规划，重点加强"1＋4"广佛高质量发展融合试验区的公共文化服务同城化试点工作，加强试点区内公共文化服务设施规划一体化、公共文化服务资源共享、公共文化服务设施共同建设的体制机制保障等，高标准、高水平建设广佛公共文化服务一体化试验区。在广佛交界区域试点的基础上不断扩展，逐步实现广佛全域化公共服务同城化。

（五）强化广佛公共文化服务同城化的制度保障

推动和完善广佛两地市级、区级政府间磋商和协调体制机制的常态化，探索设立两地公共文化主管部门协调办公室，强化公共文化服务同城化相关的制度和政策的对接，确保公共文化服务同城化的顺利推进。探索在两市交界区域打造广佛公共文化服务深度合作试验区，在试验区内就公共文化服务设施和公共文化服务人才队伍的共建等进行探索。加快广佛两地公共文化服务同城化的重大平台建设。构建广佛两地公共文化设施、场馆、活动等的共享中心等平台，为两地人民提供高质量、全方位的公共文化服务。

（六）加强公共文化服务同城化的体制机制创新

根据科学发展的要求，在广佛公共文化服务同城化中开展先行先试，建立平等协作的横向政府关系，形成平等互动、优势互补、相互促进、共同发展的新型政府运作格局。探索由广佛两地及交界地区相关区政府出资设立共同发展资金，用以支持交界区域公共文化服务设施建设和公共文化服务体系完善。探索建立和完善有助于两市交界区域公共文化服务发展的管理机制，明确两市相关区和部门责任，统筹协调相关区域内重大文化服务设施的规划布局和建设，协调交界区域内文化设施建设用地的征地和补偿标准，确保项目建设的顺利实施。

构建广佛地区政府主导、多元主体参与的公共文化服务同城化发展格局。坚持政府在广佛公共文化服务发展中发挥引领和主导作用，积极扩大服务主体，引导企业和社会组织参与到两地共建公共文化服务项目中来。鼓励两地的公共文化服务相关志愿者组织和个人参与两市合作的公共文化项目和活动，构建多层次、多渠道的同城文化志愿者服务网络。

参考文献

刘涛、尹向东：《区域合作背景下交界地区一体化发展的现状、问题和建议》，《城市观察》2020 年第 5 期。

《公共文化服务保障法》，中国人大网，http：//www. npc. gov. cn/zgrdw/npc/xinwen/2016 – 12/25/content_ 2004880. htm，2021 年 3 月 29 日。

国家发展和改革委员会：《国民经济和社会发展第十四个五年规划和 2035 年远景目标 纲 要》， https：//www. ndrc. gov. cn/fggz/fzzlgh/gjfzgh/202103/t20210323 _ 1270176 _ ext. html，2021 年 3 月 29 日。

中共中央、国务院：《粤港澳大湾区发展规划纲要》，http：//www. gov. cn/gongbao/content/2019/content_ 5370836. htm，2021 年 3 月 29 日。

广州市人民政府办公室、佛山市人民政府办公室：《关于印发〈广佛同城化"十三五"发展规划（2016 ~ 2020 年）〉的通知》，http：//www. chancheng. gov. cn/fsccjkj/gkmlpt/content/2/2053/post_ 2053392. html#1164，2021 年 3 月 29 日。

杨晓泉：《"十四五"时期公共文化服务高质量发展思考：破解老问题，应对新挑战》，《图书馆论坛》2021 年第 2 期。

周萍、陈雅：《区域公共文化精准服务路径研究——基于〈长三角洲区域一体化发展规划纲要〉视角》，《图书馆》2020 年第 6 期。

黄江帆：《粤港澳大湾区背景下广佛全域同城化的对策研究》，《质量与市场》2020年第 4 期。

谭茜、张亚楠、李映辉：《广佛一体化发展背景下双城生活模式》，《区域治理》2019 年第 51 期。

黄森章：《广佛同城的历史文化资源与保护、开发和利用》，《广州社会主义学院学

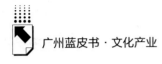

报》2010 年第 2 期。

李仁武：《广佛肇文化古村保护性开发的路径选择研究》，《广州城市职业学院学报》2016 年第 1 期。

霍秀媚：《广佛联动推动广府文化传承发展》，《探求》2012 年第 1 期。

陈荣、杨代友：《粤港澳大湾区城市文化产品供给能力比较研究》，《华南理工大学学报》（社会科学版）2020 年第 5 期。

彭荣华：《从两个陈家祠看广佛同心》，《佛山日报》2017 年 1 月 22 日。

广州市非物质文化遗产保护中心：《广州市非物质文化遗产名录》，http：//www. ichgz. com/common/web/ich/project/list，2021 年 3 月 22 日。

佛山市人民政府：《佛山市市级以上非物质文化遗产名录项目》，http：//www. ss. gov. cn/fssswgdlt/gkmlpt/content/4/4674/post_ 4674379. html#2669，2021 年 1 月 7 日。

佛山市文化广电旅游体育局：《佛山市市级以上非物质文化遗产代表性传承人名单》，http：//www. foshan. gov. cn/fswgdlt/gkmlpt/content/4/4297/post _ 4297668. html #3640，2020 年 4 月 23 日。

潘燕桃、张琦：《广佛同城公共图书馆服务网络建设研究》，《图书馆论坛》2012 年第 4 期。

尹红：《同城化背景下图书馆文献信息资源共建共享研究》，《兰台世界》2014 年第 32 期。

B.8
广佛协同构建现代文化产业
体系的路径研究

——基于 fsQCA 分析法

李 兰 杨俭波*

摘 要： 高质量发展是城市文化产业可持续发展的核心理念，而对于地缘相近、文化同脉的佛山、广州而言，协同构建现代文化产业体系是加快促进其文化产业高质量发展的重要途径。但影响现代文化产业体系构建的因素具有动态性和因果复杂性。本文以佛山、广州两市16区为研究对象，以经济发展、政府支持、市场需求、文化基础设施、科技创新、人才资源、关联产业作为条件变量，以现代文化产业营业收入为结果变量，利用 fsQCA 分析法，对影响佛山、广州现代文化产业体系构建的因素做了深入分析。研究结果表明，城市构建现代文化产业体系的影响路径不是单一的，是不同路径的集合，可以分为促进路径和阻碍路径两类。在此基础上，本文提出佛山、广州协同构建现代文化产业体系的路径有三条：积极构建以创意资本为核心的现代文化产业要素体系；深入推进以科技创新为引领的现代文化产业价值体系；持续促进以市场需求为导向的现代文化产业市场体系。

* 李兰，佛山科学技术学院地方文化与旅游发展研究中心助理研究员，研究方向为文旅融合发展；杨俭波，佛山科学技术学院地方文化与旅游发展研究中心主任，副教授，研究方向为文旅融合发展。

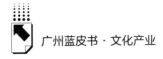

关键词： 现代文化产业体系　驱动因素　协同路径　fsQCA 分析法

引　言

　　文化产业是一种把文化视作产品或服务并如同货物一般进行生产流通的朝阳行业，是促进我国国民经济发展的重要力量。高质量发展是实现国家文化产业可持续发展的重要途径。现代文化产业体系，由一种具有现代元素的文化产业构成，对于实现文化高质量发展具有重要作用。与传统文化产业体系相比，它具有更先进的业态，以高科技为支撑，以市场需求为基础，是一种布局合理、运行高效的产业结构体系。构建现代文化产业体系是一个任务繁重的系统工程，关于如何推动现代文化产业体系的建构与完善，已然成为国家和社会讨论研究的焦点命题。近年来，构建现代文化产业体系已经上升到国家战略层面。党的十九大报告就明确提出"健全现代文化产业体系和市场体系"的战略。到了 2020 年 10 月，十九届五中全会再次提到"健全现代文化产业体系"，并将其作为文化建设的三大重点任务之一。2021 年 3 月，第十三届全国人大四次会议提出要坚持把社会效益放在首位、社会效益和经济效益相统一，健全现代文化产业体系和市场体系。① 这些政策为推动新时代我国文化大发展大繁荣指明了方向。

　　广州市作为岭南文化和粤港澳大湾区的核心城市，近年来积极推进文化产业与科技、旅游等产业的融合发展，积极建构现代文化产业体系。同时，佛山作为岭南文化发源地之一，也在探索构建现代文化产业体系，加快推动文化产业高质量发展。根据《粤港澳大湾区发展规划纲要》的要求，大湾区各城市要充分利用文脉同源、地理位置相近等优势，协同共建"人文湾区"。郭新茹和陈天宇的研究也表明，推动文化产业跨区域发展是健全现代

---

　　① 《国民经济和社会发展第十四个五年规划和 2035 年远景目标纲要》，滚动新闻，中国政府网，http://www.gov.cn/xinwen/2021 – 03/13/content_ 5592681. htm。

文化产业体系和市场体系、区域文化产业高质量发展的重要内容。自 2009 年广佛同城化建设首次提出以来，佛山和广州在文化产业融合方面做了多年实践。2016 年佛山、广州两市谋划推进更高层次的同城化，制定了五个发展目标，其一就是要实现产业发展一体化。但发展至今，佛山、广州两市文化产业仍存在着区域发展不平衡不充分、市场同质化竞争严重、科技与创意融合程度较低、传统文化产业亟须升级换代等问题。这些问题的产生并不仅是受某一个要素的单一影响，而是多个要素的不同组态的作用。因此，有必要深入研究现代文化产业体系构建的影响机理，为佛山、广州协同构建现代文化产业体系的路径选择和推动佛山、广州城市文化产业高质量发展提供经验总结和理论借鉴。

目前，关于现代文化产业体系的研究成果主要有三类。一是对现代文化产业体系与市场体系协同发展的机制和路径研究，如潘爱玲和王雪从协同理论出发，认为要实现文化产业高质量发展的目标，就要一同促进现代文化产业体系和市场体系建设。二是对现代文化产业体系的政策效应、问题及发展对策的研究。三是对区域（如长三角区域、粤港澳大湾区等）合作共建现代文化产业体系和现代文化市场体系的机制和路径研究。但这些研究以定性研究方法为主，且鲜有把影响因素的不同组合作为研究视角，动态性地分析研究不同影响因素组态对现代文化产业体系发展的影响机理，所以得出的现代文化产业体系的影响因素存在一定的片面性。定性比较分析法（QCA）能对案例集进行整体剖析，探讨不同影响因素的组合，是近年来受到学者特别是管理学领域研究者关注的方法。当前，已有很多学者利用定性比较分析法中的模糊集定性比较分析法（简称 fsQCA 分析法）分析企业、产业等的影响机理，为本文研究提供了丰富的理论指导。

基于此，本研究以佛山、广州两市 16 区为案例，采用 fsQCA 分析法找出影响佛山、广州两市不同区现代文化产业体系发展的因素组态，并在此基础上对影响组合进行总结，得出促进和阻碍路径，从事实和反事实两方面分析影响现代文化产业体系构建的因素，进而针对性地提出佛山、广州协同共建现代文化产业体系的路径，这对实现区域资源有机整

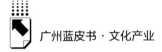

合、促进广佛文化产业高质量发展，既具有重要的现实意义，也具有独特的理论价值。

一 研究设计

（一）研究框架与研究方法

1. 研究框架

影响现代文化产业体系构建的因素多种多样，而非单一因素独立作用。在20世纪90年代，美国管理学家迈克尔·波特首次提出了能解释产业发展水平的影响机理的"钻石模型"。他认为，生产要素、需求条件、企业战略、政府、机会，这五大要素构成了一个国家产业发展水平的影响因素体系。随后，该模型得到了诸多学者的认可和引用。基于迈克尔·波特的"钻石模型"以及国内外其他学者对现代文化产业体系构建的影响因素研究，并结合指标选取的综合性原则、代表性原则、可比性原则、可获得性原则、信度及效度原则与可操作性原则，本文以组态比较和集合论为指导，构建出影响城市构建现代文化产业体系前因因素（主要包括经济发展、政府支持、市场需求、文化基础设施、科技创新、人才资源、关联产业）的组态模型（见图1）。

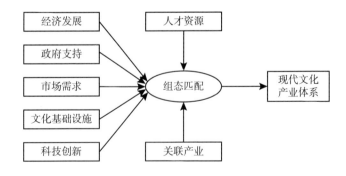

图1 影响城市现代文化产业体系构建前因因素的组态模型

2. 研究方法

定性比较分析（Qualitative Comparative Analysis，QCA）最早起源于社会科学领域，是一种以布尔代数为基础，研究前因条件和结果之间多重并发的因果关系的案例分析方法。QCA方法整合了定性分析与定量分析的优势，一方面，使得因果复杂性分析终于在方法实现上得到了有效支撑；另一方面，相比于传统定量研究方法，QCA方法适用于条件变量不能独立对结果变量产生影响，而是以条件组合的形式作用于结果变量，并将其进一步概念化为"集合"（sets）来探究案例间的复杂因果关系。目前QCA的分析方法主要有确定集定性比较分析法（csQCA）、模糊集定性比较分析法（fsQCA）和多值集定性比较分析法（mvQCA）三种类型。fsQCA分析法的模型比其他两种方法对定距、定比变量的赋值精确性更高，能够优化处理多分类名义变量，所以目前fsQCA分析法具有更广泛的使用。

因此，本文采用fsQCA分析法对所选案例进行分析，主要基于以下原因：其一，研究案例仅是佛山和广州两市16个区，涵盖案例数量较少，样本量未达到定量研究中"大样本"的要求，也无法采用案例研究方法进行逐个分析，但QCA以集合论为基础，研究结果的稳健性与样本量无关；其二，影响现代文化产业体系构建和健全的因素较为复杂，主客观因素并存，且各因素间可能会彼此影响、相互作用，无法用简单的线性关系来衡量；其三，现代文化产业体系的提升是一种程度变量，不能简单用极值指标来测度，因此选用模糊集定性比较分析法更符合现实情境。

（二）样本选取与数据来源

为探究佛山、广州协同构建现代文化产业体系的影响因素组态，需将佛山、广州两市16区（其中，佛山包括禅城、南海、顺德、三水和高明五个行政区域，广州包括荔湾、越秀、海珠、天河、白云、黄埔、番禺、花都、南沙、从化和增城十一个行政区域）选作案例样本，全方位分析影响佛山、广州现代文化产业体系构建水平的因素，以期找到适合佛山、广州两市协同构建现代文化产业体系的模式。

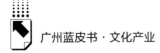
基于数据的时效性和完整性，本研究的数据主要来源于佛山市、广州市以及它们各区的第四次全国经济普查公报、2018 年和 2019 年统计年鉴、2018 年国民经济和社会发展统计公报等官方渠道发布的数据。

（三）变量选择与测量

为了探究佛山和广州两市现代文化产业体系发展的影响因素，本文采用 2018 年佛山和广州各区文化产业营业收入（CR）测度该区的现代文化产业体系构建水平。前因变量的组态的数量会随着前因变量的增加呈现出指数增长，在案例数量固定的情况下，组态太多会导致有限多样性问题，因此前因变量一般选择 3~8 个较为合适。本文选择以下 7 个前因变量：（1）人均GDP（GD）：依据各区政府年报所披露的信息，测度各区经济发展水平；（2）文化、体育与传媒的财政支出（GS）：用来测度各区政府对现代文化产业体系的投入；（3）人均消费支出（MD）：用来测度各区人民文化消费需求；（4）公共图书馆总藏书量（CI），用来测度各区文化基础设施投入水平；（5）科技创新 R&D 活动经费支出（TI），用来测度各区对现代文化产业体系的支持水平；（6）文化产业从业人员数（RT），用来测度现代文化产业现阶段人才建设情况；（7）租赁和商务服务业收入（RI），用来测量关联产业的发展水平。样本描述性统计分析结果如表 1 所示。

表 1 变量测量描述性统计（N = 16）

指标	变量测量	极小值	极大值	均值	标准差
经济发展	人均 GDP(元)	64641	314300	158458.78	75735.25
政府支持	文化、体育与传媒的财政支出（万元）	2595	87714	24613.96	24986.216
市场需求	人均消费支出(元)	34162	68666	53258.06	10726.409
文化基础设施	公共图书馆总藏书量(万册)	35	289	106.79	74.35
科技创新	R&D 活动经费支出(亿元)	3	112	31.4	32.469
人才资源	文化产业从业人员数(万人)	1	16	5.56	4.246
关联产业	租赁和商务服务业收入(亿元)	1	896	208.39	283.943
结果变量	文化产业营业收入(亿元)	18	1442	399.54	372.709

二 定性比较分析

本研究的定性比较分析将根据 fsQCA 程序分数据校准、必要性分析、充分性分析、路径分析四个主要步骤进行。

（一）数据校准

未校准的数据仅能表明案例之间的相对位置，不能满足定性比较分析的布尔逻辑。fsQCA 分析法刚好可解决这一问题，它根据理论概念设定目标集合，并依据恰当的外部标准来对隶属度进行校准。因此，进行 fsQCA 分析的前提是依据相关标准对研究中涉及的变量进行校准，从而使结果更具有可解释性。使用模糊集将变量转化为集合隶属度需要预设 3 个锚点：完全隶属、中间点以及完全不隶属，转变后的集合隶属度介于 0 ~ 1。参考 Fiss、Coduras 等的研究，本文分别基于案例数据的上四分位数、平均值以及下四分位数设定经济发展、政府支持、市场需求、文化基础设施、科技创新、人才资源、关联产业和结果变量这八个指标的 3 个锚点。因此，本研究使用该方法，通过 SPSS 软件求得测量指标的上下四分位点和均值并将其作为 3 个重要的校准点。在确定 3 个锚点后，利用 fsQCA3.0 软件进行校准，将原因变量转换成隶属分数介于 0 ~ 1 的数据，用来作后续展开 fsQCA 分析的基础。最终本文条件变量和结果变量的校准定位点和校准后的模糊值分别如表 2 和表 3 所示。

表 2　校准后的模糊分数（N = 16）

条件和结果	校准		
	完全隶属	中间点	完全不隶属
经济发展（GD）	300000	120000	70000
政府支持（GS）	83000	13700	3500
市场需求（MD）	68400	51000	34500
文化基础设施（CI）	270	75	36

续表

条件和结果	校准		
	完全隶属	中间点	完全不隶属
科技创新（TI）	105	17	3
人才资源（RT）	14	4	0.8
关联产业（RI）	885	65	10
结果变量（CR）	1200	220	30
非结果变量（～CR）	30	220	1200

表3 案例各变量校准后的模糊值

案例	GD	GS	MD	CI	TI	RT	RI	CR	～CR
荔湾区	0.53	0.51	0.89	0.43	0.05	0.2	0.57	0.51	0.49
越秀区	0.94	0.49	0.95	0.66	0.14	0.8	0.95	0.87	0.13
海珠区	0.38	0.3	0.86	0.54	0.05	0.63	0.71	0.68	0.32
天河区	0.92	0.5	0.95	0.72	0.4	0.98	0.95	0.98	0.02
白云区	0.06	0.04	0.85	0.27	0.29	0.68	0.7	0.48	0.52
黄埔区	0.96	0.72	0.84	0.79	0.94	0.67	0.68	0.78	0.22
番禺区	0.48	0.56	0.75	0.37	0.58	0.91	0.6	0.75	0.25
花都区	0.52	0.63	0.54	0.53	0.63	0.42	0.51	0.33	0.67
南沙区	0.78	0.07	0.44	0.05	0.7	0.34	0.56	0.24	0.76
从化区	0.03	0.08	0.12	0.08	0.12	0.06	0.1	0.04	0.96
增城区	0.16	0.53	0.32	0.67	0.43	0.09	0.38	0.08	0.92
禅城区	0.65	0.96	0.41	0.55	0.55	0.56	0.13	0.54	0.46
南海区	0.24	0.92	0.49	0.94	0.8	0.78	0.15	0.69	0.31
顺德区	0.45	0.84	0.63	0.96	0.96	0.69	0.07	0.78	0.22
三水区	0.75	0.5	0.05	0.04	0.56	0.07	0.03	0.11	0.89
高明区	0.79	0.09	0.04	0.17	0.51	0.04	0.03	0.15	0.85

（二）必要性分析

为了寻找要素组合中能解释结果发生的组态，需要先做一致性和覆盖度的检验，来衡量多种组态对结果的解释力度。其中，覆盖率（coverage）测度条件变量对结果变量的解释力，Coverage 值越接近1，表明对结果的出现越有利。一致性的取值范围是 0.00～1.00，是衡量必要条件的重要标准，当其结果大于0.9时，便可将该条件视作结果变量的必要条件。在本研究中，得到必要性分析结果，如表4所示。人才资源对结果变量以及非人才资源对非结果变量的必要性检验中，均拥有最高的一致性且大于0.9，这说明在佛山、广州构建现代文化产业体系的过程中，人才资源是必要条件。另外，市场需求也拥有较高的一致性且结果变量大于0.9，说明其也是形成现代文化产业体系的必要条件。同时，其他解释变量展现出不同的一致性，各解释变量的覆盖率也处于较高的水平，说明选取的指标对城市现代文化产业体系的驱动因素有较好的代表性。

表4 必要性分析结果

结果变量			非结果变量		
条件变量	一致性	覆盖率	条件变量	一致性	覆盖率
GD	0.770287	0.714120	GD	0.678348	0.627315
~GD	0.598003	0.650815	~GD	0.690864	0.750000
GS	0.730337	0.755814	GS	0.543179	0.560724
~GS	0.575531	0.558111	~GS	0.763454	0.738499
MD	**0.915106**	0.802848	MD	0.550688	0.481928
~MD	0.409488	0.477438	~MD	0.774718	**0.901019**
CI	0.807740	0.832690	CI	0.521902	0.536680
~CI	0.550562	0.535845	~CI	0.837297	0.812880
TI	0.655431	0.680934	TI	0.619524	0.642023
~TI	0.655431	0.633293	~TI	0.692115	0.667069
RT	**0.902622**	0.912879	RT	0.459324	0.463384
~RT	0.469413	0.465346	~RT	0.913642	**0.903465**
RI	0.732834	0.824438	RI	0.489362	0.549157
~RI	0.599251	0.540541	~RI	0.843554	0.759009

（三）充分性分析

在进行单个条件的必要性分析后，还需要对多个前因变量进行组合分析，以研究不同条件组态对结果变量的影响。本研究借鉴Fiss的研究，用"○"表示原因变量出现，用"×"表示原因变量不出现，用空格表示原因变量既可以出现，也可以不出现。定性比较分析主要基于因果关系理论，为更好地探究因果过程，本文将原因条件区分为核心要素和辅助要素。核心要素是在中间和精简解中均出现的具有本质意义的因素；而辅助要素则是只在中间解中出现且可以被替换的因素。为了区别核心要素和辅助要素，本研究采用"●"和"⊗"来分别表示核心要素和辅助要素。最终结果如表5所示。

表5的组态分析结果显示，不同的案例可以通过五条路径获得其现代文化产业构建水平的增长，即组合一：非政府支持 * 市场需求 * 文化基础设施 * 非科技创新 * 人才资源 * 关联产业（~GS * MD * CI * ~TI * RT * RI），组合二：政府支持 * 非市场需求 * 文化基础设施 * 科技创新 * 人才资源 * 非关联产业（GS * ~MD * CI * TI * RT * ~RI），组合三：非经济发展 * 政府支持 * 文化基础设施 * 科技创新 * 人才资源 * 非关联产业（~GD * GS * CI * TI * RT * ~RI），组合四：经济发展 * 政府支持 * 市场需求 * 文化基础设施 * 科技创新 * 人才资源 * 关联产业（GD * GS * MD * CI * TI * RT * RI），组合五：非经济发展 * 政府支持 * 市场需求 * 非文化基础设施 * 科技创新 * 人才资源 * 关联产业（~GD * GS * MD * ~CI * TI * RT * RI），五个构型的原始覆盖度依次为0.395755、0.330836、0.35206、0.327091、0.205992。不过，这五条路径总的覆盖率为69.8%，说明它们可解释约69.8%的案例。另外，五种解的总体一致性达到了0.965，说明组合路径的解释度较高。

不同的区域可以通过三条突破阻碍的路径实现非现代文化产业体系发展，包括组合一：经济发展 * 非政府支持 * 非市场需求 * 非文化基础设施 * 科技创新 * 非人才资源（GD * ~GS * ~MD * ~CI * TI * ~RT），组合二：非经济发展 * 非政府支持 * 非市场需求 * 非文化基础设施 * 非科技创新 * 非人才资源 * 非关联产业（~GD * ~GS * ~MD * ~CI * ~TI * ~RT * ~RI），组合三：非经济发展 * 政府支持 * 非市场需求 * 文化基础设施 * 非科技创新 * 非人才资源 * 非关联产业（~GD * GS * ~MD * CI * ~TI * ~RT * ~RI），且原始覆盖度依次为0.34418、0.375469、0.28035。据此可知

7个条件变量形成了3种非现代文化产业体系的因果组合路径，且总的覆盖率为58.3%，说明其可解释约58.3%的案例。另外，3种解的总体一致性结果是1，表明这些条件变量的组合对结果变量存在较强的解释力。

表5　组态分析结果

条件变量	现代文化产业的组态(CR)					非现代文化产业的组态(NOT CR)		
	H(RT)					NH(~MD * ~RT)		
	H1(CI * RT)		H12(CI * RT * TI)	H2(TI * RT)		NH1	NH2	NH3
GD		×	○	×		○	×	×
GS	×	○	○	○	○	×	×	○
MD	○	×		○	○	⊗	⊗	⊗
CI	●	●	●	●	×	×	×	○
TI	×	●	●	●	●	○	×	⊗
RT	●	●	●	●	●	⊗	⊗	⊗
RI	○	×	×	○	○	×	×	
一致性（Consistency）	0.978	0.953	0.937	0.963	0.932	1.000	1.000	1.000
原始覆盖度（Raw Coverage）	0.396	0.331	0.352	0.327	0.206	0.344	0.375	0.280
唯一覆盖度（Unique Coverage）	0.167	0.024	0.045	0.064	0.021	0.126	0.111	0.081
解的一致性（Solution Consistency）	0.965					1.000		
解的覆盖度（Solution Coverage）	0.698					0.583		

（四）路径分析

1. 促进路径分析

佛山、广州各区构建和健全现代文化产业体系的路径并不是唯一的，而是由不同路径集合而成的组态。通过以核心条件为标准对表5中的促进路径进行归类处理，共得出促进城市现代文化产业体系构建的三条路径，结果如表6所示。

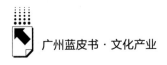
表6 佛山、广州现代文化产业体系发展路径

路径	核心条件	边缘条件	典型案例
促进路径	文化基础设施(CI)、人才资源(RT)	非政府支持(~GS)、市场需求(MD)、非科技创新(~TI)、关联产业(RI)	禅城区、南海区
	文化基础设施(CI)、科技创新(TI)、人才资源(RT)	政府支持(GS)、非市场需求(~MD)、非关联产业(~RI)、非经济发展(~GD)、经济发展(GD)、市场需求(MD)、关联产业(RI)	南海区、顺德区、海珠区、越秀区、番禺区
	科技创新(TI)、人才资源(RT)	非经济发展(~GD)、政府支持(GS)、市场需求(MD)、非文化基础设施(~CI)、关联产业(RI)	黄埔区
阻碍路径	非市场需求(~MD)、非人才资源(~RT)	经济发展(GD)、非政府支持(~GS)、非文化基础设施(~CI)、科技创新(TI)、非经济发展(~GD)、非科技创新(~TI)、非关联产业(~RI)	南沙区、高明区、从化区
	非市场需求(~MD)、非科技创新(~TI)、非人才资源(~RT)	非经济发展(~GD)、政府支持(GS)、文化基础设施(CI)、非关联产业(~RI)	增城区

第一条路径是"文化基础设施＋人才资源",由此可得,促进一个城市现代文化产业体系发展的主要因素是文化基础设施和人才资源,典型案例是禅城区和南海区,其在文化基础设施投入和人才资源投入上具有较高的隶属度,说明这些区域在文化基础设施建设和人才资源投入方面占据独特的优势。虽然相对广州越秀、天河和黄埔等经济较为发达的行政区来说,佛山市的南海和禅城的经济发展相对较弱,但近年来,南海和禅城在文化基础设施建设和人才资源方面投入力度较大。特别是近年来,南海区逐步打造一个多层次、立体化的公共文化服务体系,形成一个高水平发展的"十分钟文化圈"。同时,南海区相继出台各类人才政策,如"蓝海人才计划"政策,大力扶持文化产业人才,走出了一条较为成功的文化基础设施建设和文化产业人才培养并重的现代文化产业体系构建之路。另外,禅城区也积极推进文化

事业发展，近年来不断完善辖区内图书馆体系建设，禅城区图书馆总分馆更是成为省级示范区，为市民提供良好的文化环境。与此同时，禅城区也着力推进人才政策制定和实施，其推进"通济才智"工程，政策涵盖的产业范围很广，包括科技服务和文化创意等现代服务业，吸引了大量文化教育、社会工作等领域的人才。

第二条路径是"文化基础设施＋科技创新＋人才资源"，与第一条路径不同的是，该条路径突出了科技创新的重要作用，符合本路径的行政区域有南海区、顺德区、海珠区、越秀区、番禺区，其中最为典型的是南海区。近年来，南海区加快推动国家制造业创新中心核心区的建设，积极发挥科技创新对城市产业高质量发展的促进作用。据统计，2018 年南海区有 534 家高新技术企业，排在全市首位。由此可见，南海区符合"文化基础设施＋科技创新＋人才资源"发展路径，并通过此路径促进其现代文化产业体系发展。

第三条路径是"科技创新＋人才资源"，其中最为典型的案例是黄埔区，这与其实际发展情况是相符合的。广州开发区是国家级开发区，广州新黄埔区行政区域包括原黄埔区和萝岗区（广州经济技术开发区），近年来该区积极制定和实施高新技术产业鼓励和扶持政策，吸引了大量高新技术企业和人才，极大提高了该区现代文化产业体系的发展水平。

另外，三条促进路径的核心因素都有人才资源，这也说明了人才是促进文化产业高质量发展的第一资源。

2. 阻碍路径分析

佛山、广州各区现代文化产业体系发展水平不一，找到阻碍城市现代文化产业体系发展的路径和代表案例，有利于补足短板和精准提升，从而健全城市整体现代文化产业体系。

第一条路径是"非市场需求＋非人才资源"，典型案例为南沙区、高明区和从化区。通过对比这三个行政区的集聚度横向数据，可以发现，经济发展水平并不是决定其文化产业发展水平的主要原因，如果这些行政区能够在市场需求和人才资源两个方面获得发展，则有利于其现代文化产业体系

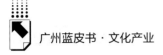

发展。

第二条路径是"非市场需求＋非科技创新＋非人才资源"。和第一条路径相比，此条路径进一步强调了科技创新对于城市现代文化产业体系发展水平的重要性，其中最为典型的案例是增城区。科技是产业强盛之基，增城区需加大对高新技术产业的投入力度，并加强对高新技术人才和文化产业人才的吸引和培养。

通过综合分析两条阻碍路径可知，市场需求和人才资源缺失是阻碍城市产业高质量发展的重要因素。另外，这再一次验证了人才是城市文化产业高质量发展的第一资源。

三　路径选择

通过以上分析和总结可知，在某一个行政区域内，影响其构建现代文化产业体系的路径是复杂且多样的，并且可以分为促进作用和阻碍作用两个方面。所以，应采用"具体案例具体分析"的原则来具体分析影响某一城市或区域的现代文化产业体系发展水平的因素，并分析哪些因素组合能促进文化产业发展，又有哪些因素是阻碍文化产业发展的，进而才能得出因地制宜的对策和建议。因此，在研究佛山、广州各区构建现代文化产业体系影响因素的基础上，本研究提出佛山广州协同构建现代文化产业体系的三条路径。

（一）积极构建以创意资本为核心的现代文化产业要素体系

文化设施和人才资源都是生产要素，其中文化设施是健全现代文化产业体系的资本，人才是创意的源泉。不管是三条促进路径还是两条阻碍路径，均说明人才资源和文化基础设施的重要性。特别是人才资源，是形成三条促进路径的必要条件，且缺乏人才资源是导致阻碍路径发生的主要因素。另外，"文化基础设施＋人才资源"路径和"文化基础设施＋科技创新＋人才资源"路径也充分说明了文化基础设施的重要性。因此，佛山、广州现代文化产业体系的协同构建机制首要就是以"人才资源培育和文化设施共建共享"为核心协同共建现代文化产业要素体系，这与学者王慧敏的研究观点相呼应，她认为文化资源和人的创造力是驱动文化产业发展的两个核心要素。佛山、广州一方面要充分利用粤港澳大湾区建设的政策、环境等优势，吸引各类文化人才，推动佛山、广州协同构建现代文化产业体系；另一方面，继续推进两市文化设施共建共享机制，促进文化生产要素发展，为文化产业高质量发展奠定基础。

（二）深入推进以科技创新为引领的现代文化产业价值体系

"文化基础设施＋科技创新＋人才资源"和"科技创新＋人才资源"两条促进路径以及"非市场需求＋非科技创新＋非人才资源"阻碍路径均证明了科技创新是佛山、广州现代文化产业体系协同发展的关键所在。一方面，对既有的文化产品和服务可以运用数字化技术赋能，增加传统文化项目的新内涵，满足新时代的个性化文化消费需求；另一方面，要深度融合文化和科技，深化科技带动战略的实施，利用高新技术实现文化产业和商贸业、旅游业等其他产业的相互促进和发展，有效赋予其他产业以文化内涵，催生新的业态；实现互联网、大数据与文化产业深度融合，将区块链、5G等新技术移植到文化产业中，增强佛山、广州现代文化产业体系的自主创新能力。

（三）持续促进以市场需求为导向的现代文化产业市场体系

文化产业竞争优势最终体现在文化市场优势上，"非市场需求＋非人才资源"和"非市场需求＋非科技创新＋非人才资源"两条阻碍路径充分体现了佛山、广州现代文化产业体系协同发展机制中市场需求的重要性。基于供需理论，佛山、广州的现代文化产业体系协同共建模式的实现，需以市场需求为导向，协同发展现代文化产业体系和市场体系，联合打造生产、加工、储藏、包装、流通、销售全产业共享链，共同调优、调高、调精文化产业，发挥第一、第二、第三产业融合的乘数效应，促进现代文化产业体系带来的经济和社会效益。

综上可知，从协同理论的视角出发，佛山、广州的现代文化产业体系协同构建模式需实现以创意资本为核心的现代文化产业要素体系、以科技创新为引领的现代文化产业价值体系和以市场需求为导向的现代文化产业市场体系三条路径的协同发展,避免顾此失彼现象的发生,同时也更有助于在尽量节约资源的基础上有效促进两个城市的现代文化产业体系发展。

参考文献

郭新茹、陈天宇:《长三角文化市场区域合作与一体化路径研究》,《江苏社会科学》2020 年第 2 期。

潘爱玲、王雪:《现代文化产业体系与市场体系协同发展的机制和路径研究》,《华中师范大学学报》(人文社会科学版) 2021 年第 1 期。

孟东方:《现代文化产业体系的政策效应、问题及发展对策》,《中国行政管理》2018 年第 12 期。

王林生:《现代文化市场体系:粤港澳大湾区文化产业高质量发展的路径与方向》,《深圳大学学报》(人文社会科学版) 2019 年第 4 期。

池毛毛、赵晶、李延晖、王伟军:《企业平台双元性的实现构型研究:一项模糊集的定性比较分析》,《南开管理评论》2017 年第 3 期。

布乃鹏、李娅南、孔海燕:《基于 fsQCA 方法的区域旅游经济发展影响路径研究——以山东省 17 城市为案例》,《东岳论丛》2020 年第 9 期。

〔美〕迈克尔·波特:《国家竞争优势》,李明轩、邱如美译,华夏出版社,2005。

杜运周、贾良定:《组态视角与定性比较分析 (QCA):管理学研究的一条新道路》,《管理世界》2017 年第 6 期。

张正荣、杨金东:《跨境电子商务综试区的区位选择与推广路径研究——基于 70 个案例的模糊集定性比较分析 (fsQCA)》,《技术经济》2019 年第 10 期。

毕达天、曹冉:《科研人员数据素养影响因素分析——基于 SEM 及 fsQCA 方法》,《情报学报》2021 年第 1 期。

Fiss P C. Building Better Causal Theories: A Fuzzy Set Approach to Typologies in Organization Research [J]. Academy of Management Journal, 2011, 54 (2): 393 – 420.

Codurasa A, Clemente J A, Ruiz J. A Novel Application of Fuzzy-set Qualitative Comparative Analysis to GEM Data [J]. Journal of Business Research, 2016, 69 (4): 1265 –1270.

沈俊鑫、李爽、张经阳:《大数据产业发展能力影响因素研究——基于 fsQCA 方法》,《科技管理研究》2019 年第 7 期。

王慧敏:《现代文化产业体系的构建——基于历史文化资源的创意转化》,《社会科学》2013 年第 11 期。

B.9
同城化背景下广佛文化产业融合发展研究

张城铭*

摘　要：　文化产业是城市经济的重要组成部分，分析一个城市文化产业中的强势行业和弱势行业，有助于发挥产业优势，弥补产业不足。在同城化大背景之下，本文借助层次分析方法对广州和佛山的文化产业进行评价，从而发现中间层不同文化行业以及最底层具体文化产品或服务在整个文化产业中的权重。研究结果显示：广州的文化产业中，文化附加值行业和文化产品行业发展比较强势，权重分别为0.4146和0.3186；文化服务行业和文化基础设施发展相对弱势，权重只为0.1992和0.0675。佛山的文化产业中，文化服务行业和文化产品行业发展比较强势，权重分别为0.4876和0.2434；文化附加值行业和文化基础设施只有0.2015和0.0675。基于此，本文提出广佛两地文化产业融合路径：①文化产品行业强强联合；②文化附加值行业与文化服务行业强弱互补；③文化基础设施寻求转型升级。广佛两地文化产业融合和互动过程中，尤其要促进影视行业的强强合作以及文旅行业的优势互补。

关键词：　文化产业　同城化　层次分析　广州　佛山

---

* 张城铭，佛山科学技术学院讲师，博士，研究方向为文化旅游、地理信息系统。

广州，简称"穗"，亦称羊城、花城，不仅是广东省的省会，也是华南地区的政治、经济、文化中心。佛山，简称"禅"，中国新一线城市，粤港澳大湾区重要节点城市。21 世纪初，广州和佛山同城化不断发展，共同构筑广佛都市圈。广州是我国的中心城市、广东省省会、四大一线城市之一，常住人口从 2000 年的 700 万增长到 2020 年的 1530 万，常住人口总量翻了一番。经济的高速发展和人口的快速扩张导致广州土地资源一度紧张，住宅用地和企业用地成本不断上涨，整个城市发展在寻求空间上的延展和扩张。佛山恰巧与广州的海珠区、荔湾区、番禺区、白云区等紧密相连，其土地价格、劳动力价格较低，因此佛山对广州的经济和人口有较强的吸纳效应，而广州对佛山的产业和教育有较强溢出效应。佛山历来是中国制造业的重镇，目前已经拥有十分完备的工业体系，其产业形态正在从传统产业转变为高新产业。广州是现代化大都市，现代服务业非常发达，金融、物流、会展、法律等生产性服务业发展成熟，并且拥有以中山大学、华南理工大学为代表的众多高水平院校、科研院所，创新资源丰富，增长动能强劲。广州和佛山作为粤港澳大湾区的重要极点，其同城化进程将会以点带面影响整个大湾区的经济版图与区域发展。在同城化的大背景下，广州和佛山两地的产业融合，特别是文化产业融合，将有助于广佛打造大湾区文化核心，引领珠三角文化风尚，乃至成为世界各大湾区文化产业发展的风向标。

一　同城化

（一）同城化概念和内涵

同城化（Urban Integration）是一个相对崭新的概念，其源于我国城市化进程与区域合作的实践和经验。同城化是区域经济发展到一定阶段后，相邻的两个城市或多个城市为打破传统行政分割，促进区域市场一体化、产业一体化、基础设施一体化，从而达成促进区域经济快速发展的目的，提高区域整体经济竞争力和文化竞争力的一种区域发展战略。我们也可以把同城化理解为城市群发展过程中，城市之间达成的一种空间管制方式，其最终目的是使城市间产业结构、基础设施、管理制度等方面高度一体化。同城化的城市区域各方面都会融合发展，比如产业融合、社会融合、人文环境融合、自然生态融合等。城市间互相融通、互惠互利，从而促进共同发展。在经济全球化和区域一体化趋势不可逆转的背景之下，同城化提高了城市发展的质量，促进了区域经济的腾飞。同城化是时代的要求，实质上让城市之间的合作更加密切，为经济高质量发展提供了有效方式和有力保障。

欧美等西方国家没有与同城化完全对应的概念。1980年代，国外出现了一些类似同城化的城市发展形态，这是因为这些国家和地区经济充分发展，人口快速向大城市涌入，城市化进入飞速发展阶段。一些大城市周围城镇密集程度不断加强，公路、供水、供电等基础设施在空间上扩展，导致城市建成区在空间上连绵不绝，呈现大都市化的空间特征。当然，空间距离短、交通相对便利、联系紧密的城市，其同城化发展的态势愈加显著，美国同城化的典型代表是位于密西西比河流域的明尼阿波利斯与圣保罗、位于得克萨斯州的达拉斯与沃斯堡、位于美国西海岸的旧金山与奥克兰及伯克利，柏林与勃兰登堡州、孟哈姆与奈克则成为德国同城化的典型代表。

（二）同城化经典案例

（1）成德同城化

成都与德阳同城化。德阳距离成都45公里，两城之间地域连接口相距20公里，城际有国道、省道、县（市）乡级别公路等18个接口。此外，成都有丰富教育资源和高科技企业，德阳是重型装配基地，地缘上两城相邻，资源上两城互补，因此可以很好地对接。成都与德阳之间往来的人流、车流日趋频繁，物流、商旅、贸易联系愈加紧密，这些都是两地同城化的基础和环境。

2013年8月，成都与德阳共同签署了《成都德阳同城化发展框架协议》和《关于共建工业集中发展区的协议》，共同宣布了城市规划、工业经济、政府采购、多维交通、教育科研、文化和旅游、城市水源地保护、金融等8

个合作事项。经过多年的推进和深耕，目前两城在交通、产业、教育、医疗等方面都取得了突出成绩。可以说，在同城化发展方面，成德两地已经为中国其他地区的同城化发展树立良好的典范。

（2）厦漳泉同城化

厦门、漳州和泉州被称为闽南"金三角"，三座城市在语言、文化、习俗等方面非常相近，经济交往、人员往来日趋频繁，要素的密集度、发展的繁荣度、联系的紧密度，堪称全省之最，厦漳泉大都市区同城化顺势而生。

自2010年以来，随着厦门岛屿内外一体化建设进程的加快，福州－厦门动车开通、厦门轻轨项目启动，尤其是在联通湖里区与翔安区的翔安隧道、贯通西滨立交与沈海高速的翔安大道以及连接厦门与漳州的厦漳大桥开通之后，厦门正从海岛型城市向海湾型城市迅速转型，已经形成以厦门—泉州—漳州为中心的城市价值高地。根据《厦漳泉大都市区同城化总体规划》总体目标，厦漳泉大都市区目标范围包括这三个城市全域，面积约2.6万平方公里，2011年涵盖总人口1666万人，2020年涵盖总人口1819万人。从2011年颁布规划开始，厦漳泉同城化发展迅速，至2020年厦漳泉融为一城。

总体规划颁布的同时，厦漳泉大都市核心区概念也被提出，该核心区面积7772平方公里，总人口在2011年约1200万人，到2020年约1400万人，包括厦门全域，漳州、泉州两市中心城区，龙海市、漳浦县、长泰县、南靖县、华安县的部分区域，泉港区、惠安县、石狮市、晋江市、南安市的部分区域。2020年，厦漳泉核心区已经实现同城化，三城共建共享机制将进一步完善，实现产业经济、城市领域和社会空间的高度融合。

（3）美国东海岸大都市区同城化

华盛顿、巴尔的摩、费城、纽约、波士顿是美国东海岸大都市区的核心地带，其人口合计占该地区总人口的85%，约4200万人。在经济方面，高端制造业和知识密集型服务业在这个地区集聚，包括金融、保险、教育、医疗、信息等产业，这些产业交叉融合，资源共享，优势互补，共同促进该大都市区的同城化发展。此外，该地区不仅在华盛顿汇聚了联邦政府及大量相关公共部门，而且分布有众多管理和控制全球经济和政治的国际性机构。因此，该地区成为全球政治和经济的重要节点，一举一动都牵动全球政治和经济的神经。

（4）伦敦大都市区同城化

1970 年代开始，伦敦大都市区就形成了连绵区域，包括内伦敦圈层、大伦敦地区、伦敦大都市区和伦敦大都市连绵区四个层次。内伦敦圈层主要指金融城及内城区的 12 个区，组成了伦敦都市圈的核心区，面积为 310 平方公里；大伦敦地区包含了内伦敦和外伦敦的 20 个区，面积达 1580 平方公里；伦敦大都市区包含伦敦市及附近郊区，共 11 个郡，面积达 11427 平方公里；伦敦大都市连绵区包含了伦敦和邻近的伯明翰、谢菲尔德、利物浦和曼彻斯特等大城市，面积达 45 万平方公里，人口约 3650 万，占全国人口的 64.2%，其 GDP 占全国经济总量的 80%。特别是内伦敦圈层和大伦敦地区，作为核心圈层，该地区集中了多所世界著名高校和科技企业，通过伦敦地铁和郊区火车完美地融合在一起。泰晤士河又将伦敦塔桥、伦敦桥、国会大厦等中心休闲区域和商业街区串联起来。全世界各种肤色的族群在伦敦和谐工作和生活，伦敦大都市区可谓欧洲同城化的典范。

二　广佛文化产业 AHP 层次分析

（一）文化产业分类

1947 年，阿多诺和霍克海默提出文化产业（Culture Industry）的概念，他们特别强调文化产业必须和大众文化严格区分开来。文化产业并没有一个通用或严格的定义，不同的国家或地区对其有不同的表述。联合国教科文组织（UNESCO）关于文化产业的定义得到了全球范围内的认可：文化产业即是按照产业标准，生产、再生产、储存以及分配文化产品和服务的一系列活动。这是从文化产品的工业标准化生产、流通、分配、消费等环节以及再消费的角度进行界定。广东统计信息网显示，文化产业以文化为核心内容，为直接满足人们的精神需要而进行的创作、制造、传播、展示等文化产品（包括货物和服务）的生产活动。具体包括新闻信息服务、内容创作生产、创意设计服务、文化传播渠道、文化投资运营和文化娱乐休闲服务等活动；为实现文化产品的生产活动所需的文化辅助生产和中介服务、文化装备生产和文化消费终端生产（包括制造和销售）等活动。

基于以上对文化产业概念的界定，我国通行的分类方式是把文化产业划分为三类：①生产与销售以相对独立的物态形式呈现的文化产品的行业（如生产与销售图书、报刊、影视、音像制品等行业）；②以劳务形式出现的文化服务行业（如戏剧舞蹈的演出、体育、娱乐、策划、经纪业等）；③向其他商品和行业提供文化附加值的行业（如装潢、装饰、形象设计、文化旅游等）。本文将采用以上三种分类的方法，同时加入文化基础设施类别，例如文化馆、图书馆、综合档案馆、博物馆、广播电台、电视台等。因此，本文把广州和佛山的文化产业分为文化产品行业、文化服务行业、文化附加值行业和文化基础设施四大类别进行评价。

（二）AHP层次分析法

层次分析法（Analytic Hierarchy Process，AHP）指的是把与决策相关的所有元素分解成三层：目标层、准则层和方案层。当然，准则层有时还可以细分为亚准则层。以此为基础，就可以进行定性和定量分析。总体而言，层次分析法是一种结合定性分析与定量分析的综合分析评价方法。该方法是美国运筹学家匹兹堡大学教授萨蒂（T. L. Saaty）在1970年代初，在为美国国防部研究"根据各个工业部门对国家福利的贡献大小而进行电力分配"课题时，应用网络系统理论和多目标综合评价方法，提出的一种层次权重决策分析方法。此后，该方法在城市规划、能源配置、经济管理、科研评价以及旅游决策等多个领域广泛应用。

（三）广佛文化产业层次分析

（1）建立广佛文化产业评价模型

本文根据文化产业分类和广东省文化产业统计门类，分别构建广州和佛山文化产业评价模型。模型分为三个层次，如图1和图2所示。最高层为目标层——广州（佛山）文化产业评价；中间层为准则层，包括文化产品行业、文化服务行业、文化附加值行业、文化基础设施；最底层为方案层，广州文化产业共包括20个指标，佛山文化产业共包括22个指标。

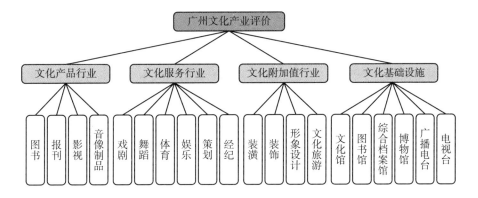

图1　广州文化产业评价模型

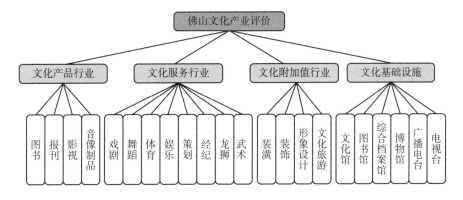

图2　佛山文化产业评价模型

（2）建立评价模型判断矩阵

在构建三层评价模型后，建立判断矩阵，以广州文化产业评价层次模型为例，中间层需要建立1个矩阵，最底层需要建立4个矩阵，此处列出中间层矩阵（见图1）。

表1 中间层判断矩阵

类别	文化产品行业	文化服务行业	文化附加值行业	文化基础设施
文化产品行业				
文化服务行业				
文化附加值行业				
文化基础设施				

建立好5个判断矩阵之后，需要寻找专家给矩阵中空白部分打分，阴影部分是相应的倒数。专家打分应遵循表2中对各个因素重要性的说明，其中1~9整数，表示矩阵纵列的因素比横列的某个要素重要，1/9~1的分数表示矩阵纵列的因素与横列的某个要素相比不重要。

表2 指标相对重要性标定系列

标度	含义
1	比较两个因素,认为它们重要性相同
3	前面的因素比后面的因素稍微重要
5	前面的因素比后面的因素比较重要
7	前面的因素比后面的因素十分重要
9	前面的因素比后面的因素绝对重要
2,4,6,8	上述判断的中间取值
倒数	如果因素 a 与因素 b 之比为 a/b,那么比较因素 b 和因素 a 时,它们之比为 b/a

（3）一致性检验

专家赋值打分之后，需要对矩阵进行一致性检验，要用到一致性指标（Consistency Index，CI）。$CI = (\lambda max - n) / (n - 1)$，CI 的数值越大，一致性就会越差；当 CI = 0 时，判断矩阵则具有完全的一致性，也就是填表者进行判断时前后逻辑是一致的。之后，要对一致性比率（Consistent Ratio，CR）进行检验，CR = CI/RI，通过计算 CR 来检验矩阵具有满意的一致性，如果 CR < 0.1，那么可以认为在对判断矩阵进行赋值时，其结果可被接受，可以相信所得各指标权重。

（四）结果呈现与小结

笔者把专家的赋值打分结果在 Yaahp10.0 软件上运行，各个层次模型的判断矩阵均通过一致性检验。以下是广州和佛山文化产业评价结果。

由表3可知，广州市文化产业评价中，各行业对评价模型的影响程度排序为：文化附加值行业、文化产品行业、文化服务行业、文化基础设施，权重分别为0.4146、0.3186、0.1992、0.0675，说明在广州市文化产业中，文化附加值行业的影响最大，文化产品行业的影响次之，两项权重相加为0.7332，占据广州文化产业绝大部分，构成广州文化产业的强势行业。

分析最底层指标，发现权重排在前10位的是：文化旅游、影视、形象设计、娱乐、体育、音像制品、装潢、图书、装饰、舞蹈。其中文化旅游、影视的权重分别为0.2390、0.2087，也就是说，这两项在广州市文化产业中占有举足轻重的地位。作为文化基础设施的广播电台、电视台等传统文化产业，排在整个文化产业底端，权重分别为0.0044、0.0028，可以看出这些基础设施行业日渐式微。这些行业一方面是走入瓶颈难以创新，另一方面逐渐被移动视频客户端和短视频软件等排挤和替代。

表3　广州市文化产业评价结果

最高层	中间层			最底层		
指标	指标	权重	排序	指标	权重	排序
广州市文化产业评价	文化附加值行业	0.4146	1	文化旅游	0.2390	1
				形象设计	0.0982	3
				装潢	0.0493	7
				装饰	0.0280	9

续表

最高层	中间层			最底层		
指标	指标	权重	排序	指标	权重	排序
广州市文化产业评价	文化产品行业	0.3186	2	影视	0.2087	2
				音像制品	0.0519	6
				图书	0.0404	8
				报刊	0.0176	13
	文化服务行业	0.1992	3	娱乐	0.0946	4
				体育	0.0535	5
				舞蹈	0.0211	10
				戏剧	0.0153	14
				策划	0.0086	16
				经纪	0.0060	18
	文化基础设施	0.0675	4	图书馆	0.0195	11
				博物馆	0.0195	12
				文化馆	0.0139	15
				综合档案馆	0.0073	17
				广播电台	0.0044	19
				电视台	0.0028	20

由表4可知，佛山市文化产业评价中，各行业对评价模型的影响程度排序为：文化服务行业、文化产品行业、文化附加值行业、文化基础设施，权重分别为0.4876、0.2434、0.2015、0.0675，说明在佛山市文化产业中，文化服务行业的影响最大，文化产品行业的影响次之，两项权重相加为0.7310，占据佛山文化产业绝大部分。同样，这两类构成佛山文化产业的强势行业。

分析最底层指标，发现权重排在前10位的为：娱乐、影视、文化旅游、体育、舞蹈、龙狮、形象设计、音像制品、武术、图书。其中娱乐、影视、文化旅游、体育权重分别为0.1845、0.1541、0.1161、0.1124，权重均超过一成（0.1），也就是说这四项在佛山市文化产业中占有重要的地位，权重之和为0.5671。作为文化基础设施的广播电台、电视台等传统文化产业，排在整个文化产业底端，权重分别只有0.0039、0.0027。与广州一致，这些行业在佛山市文化产业中面临同样窘境，越来越被边缘化。

表 4　佛山市文化产业评价结果

最高层	中间层			最底层		
指标	指标	权重	排序	指标	权重	排序
佛山市文化产业评价	文化服务行业	0.4876	1	娱乐	0.1845	1
				体育	0.1124	4
				舞蹈	0.0553	5
				龙狮	0.0493	6
				武术	0.0324	9
				戏剧	0.0250	11
				策划	0.0167	15
				经纪	0.0120	18
	文化产品行业	0.2434	2	影视	0.1541	2
				音像制品	0.0477	8
				图书	0.0279	10
				报刊	0.0138	16
	文化附加值行业	0.2015	3	文化旅游	0.1161	3
				形象设计	0.0477	7
				装潢	0.0240	12
				装饰	0.0136	17
	文化基础设施	0.0675	4	图书馆	0.0216	13
				博物馆	0.0209	14
				文化馆	0.0112	19
				综合档案馆	0.0072	20
				广播电台	0.0039	21
				电视台	0.0027	22

三　广佛文化产业融合路径

（一）"文化产品行业"强强联合

通过对广州和佛山文化产业进行层次模型的评价，笔者发现文化附加值行业、文化产品行业是广州市的强势产业，文化服务行业、文化产品行业是佛山市的强势产业。其中，文化产品行业都是广州和佛山的强势行业，权重

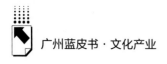

分别为 0.3186、0.2434。广州、佛山具有地缘上的融合优势，在同城化背景之下，应该促进文化产品行业跨地域融合与合作，实现两地文化产品行业的融合发展。

应特别促进影视行业合作。广州、佛山的影视行业权重分别为 0.2087、0.1541，都是强中之强。广佛两地的影视行业应当强强联合，实现融合发展，合作共赢。数据显示，受疫情影响，2020 年全年广州电影票房收入 6.84 亿元，全省第二；佛山电影票房总收入 2.12 亿元，全省第四。由于受到新冠肺炎疫情的剧烈冲击，2020 年广东省电影票房总收入为 25.93 亿元，占全国电影总票房的 12.70%。可见，作为票房收入全省第二的广州、全省第四的佛山在全国各地级市中也是名列前茅。2021 年 2 月 11～17 日，也就是大年三十到大年初七，仅仅一周时间，广东省电影票房为 8.57 亿元，其中广州市电影票房为 1.70 亿元，全省第二；佛山市电影票房为 0.69 亿元，全省第四。广州、佛山的影视行业在后疫情时代表现仍然强劲。

以上虽然只是讲述广佛两地电影票房收入，但是能反映出广佛两地影视行业作为强势文化行业的地位。广州作为粤港澳大湾区规划中的"文化高地"及核心城市，已经开始把影视作为抓手，积极融入人文湾区的建设中。佛山应该把握粤港澳大发展的契机，与广州深度合作，比如共同打造湾区影视特色文旅小镇，共同孵化影视产业基地，以实现广佛两地影视行业的强强联合，促进两地文化产品行业的联动。

（二）"文化附加值行业与文化服务行业"强弱互补

文化附加值行业是广州市权重最大的文化产业类型，权重为 0.4146，是广州的强势产业。然而，广州的文化服务行业则属于较弱的产业，权重为 0.1992。佛山的这两个行业则恰好相反，其中文化服务行业权重最大，为 0.4876；文化附加值行业较弱，权重为 0.2015。两地正好存在互补。因此，应分别加强广佛两地的文化附加值行业、文化服务行业的深度合作与交流。以广州较强的文化附加值行业带动佛山较弱的文化附加值行业；以佛山较强的文化服务行业带动广州较弱的文化服务行业。

首先是文化旅游的强弱互补。文化旅游作为广州文化附加值行业的强中之强，其权重最大，为 0.2390。相应的，文化旅游在佛山文化附加值行业中也排第一，属于弱中之强，其权重为 0.1161。因此，应加大两地文化旅游的相互融合与创新，将广州的文化旅游经验用在佛山文化旅游的发展上，带动佛山文化旅游乃至整个旅游产业的发展，以实现强弱互补、以强带弱。据统计，2019 年，文化旅游成为拉动广州文化消费市场的新亮点，全年旅游人数达到 2.45 亿人次，同比增长 10.06%；旅游业总收入为 4454.59 亿元，同比增长 11.14%。2019 年，文化旅游促进佛山旅游市场繁荣，全市旅游人数 6226 万人次，增长 14.79%，全市旅游收入 891.86 亿元，增长 10.23%。旅游收入排名，广州居全省第一，佛山排全省第三。但是，佛山旅游收入总量只占广州的 1/5（20.02%），旅游人数占广州的 1/4（25.41%）。佛山的文化旅游，乃至整个旅游产业跟广州都不在一个数量级上。因此，促进两地文化旅游的融合，带动广佛两城旅游经济的发展，进而促进广佛文化产业的融合成为必由之路。在现实操作层面，应继续加大广佛旅游联盟推介活动，比如实施广佛两地景区"门票互认半价促销"，也就是拿着广州某景区门票，可以享受佛山某景区门票半价优惠，反之亦然。此外，佛山应以顺德为基地，打造"广佛美食文化节"，带动佛山美食旅游，让广佛两地游客甚至外省游客感受到两地文化旅游的联通与互动，让老百姓获得实惠的同时，切实促进两地文化旅游融合，实现两地旅游就业的增长和旅游总收入的提高。

其次是娱乐行业、体育行业的强弱互补。娱乐、体育作为佛山文化服务行业排名第一与第二的行业，对于佛山来说属于强中之强，权重分别为 0.1845、0.1124。而对于广州而言，娱乐、体育处在相对较弱的位置，权重分别为 0.0946、0.0535，属于弱中之强。据统计，2019 年广州市娱乐、体育外商直接投资实际使用金额为 3480 万元，佛山市为 5800 万元。单从外商直接投资实际使用金额来看，佛山的娱乐、体育确实要比广州的强，所以也印证了其在佛山文化产业中的权重较高。因此，两地应加强娱乐和体育行业

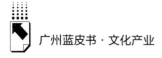

的联动，从而促进文化服务行业的发展与提升，特别是促进其在广州整个文化产业中的比重提升。

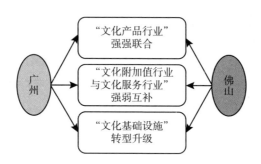

图3 广佛文化产业融合路径

（三）促进"文化基础设施"转型升级

文化基础设施，或者称为文化基础类行业，其在整个文化产业中的权重最低，在广佛两地的权重均为0.0675。这类行业包括文化馆、图书馆、综合档案馆、博物馆、广播电台和电视台等。这些传统的文化行业是提升国民文化素质和国民知识水平必不可少的文化产业基础。随着互联网、移动互联网的发展，网络音乐（网易云）、网络阅读（掌阅、小红书）、网络电视（爱奇艺、Bilibili）、短视频平台（抖音App、快手App）等大量新事物产生，这些传统的文化产业面临着前所未有的挑战。看网络电视和听网络音乐的人越来越多，传统的电视台收视率、广播电台的收听率变得极低。有了网络阅读工具，人们减少了去图书馆、文化馆的次数和时间。近两年火暴全国的抖音短视频App甚至占用了年轻人大部分的业余时间和零碎时间。

因此，对于处于文化产业最低层次的传统文化基础设施要进行转型升级。在可预见的未来，传统的广播电台将逐步转向短视频直播平台或网络音频直播平台；图书馆、综合档案馆将逐渐把图书资料数字化以适应大众的移动设备阅读需求，其实体更多充当一种存储场所。这类文化基础设施在某种程度上是绝处逢生。此外，文化馆、博物馆就有很大的创新发展可能。随着人们生活水平的提高和文化素养的完善，舞台剧、歌剧、音乐会、相声、脱口秀等文化项目和活动将会在文化馆、剧院演出，通过改造和设计这些空间，使其转型成文化空间，让老百姓充分感受文化氛围和艺术气氛。近年来，各博物馆都在创新转型，实体的文物已经不能满足参观者的文化需求，文物的动态活化以及文创产品的研发设计都是博物馆未来发展的必由之路。

参考文献

黄鑫昊：《同城化理论与实践研究》，吉林大学博士学位论文，2013。

高秀艳、王海波：《大都市经济圈与同城化问题浅析》，《企业经济》2007 年第8 期。

李红、董超：《对同城化发展的几点思考》，《安徽农业科学》2010 年第 13 期。

韦亚平：《国外城市空间研究发展态势的选择性综述》，《国外城市规划》2006 年第4 期。

胡刚：《共同开发：城市组合的途径》，《现代经济探讨》2006 年第 11 期。

尹晶萍：《基于层次分析法的黑瞎子岛国家级湿地公园生态旅游资源评价》，《西南林业大学学报》（自然科学版）2017 年第 5 期。

行业专题篇

Industry Chapter

B.10

广州珠宝产业发展现状分析及创新发展对策建议

秦瑞英　杨　勇*

摘　要：　在新发展理念引领的新发展格局下，珠宝产业作为融合第二产业和第三产业、横跨多个行业的经济部类，其自身发展不仅迎来转型升级的关键节点，也正在并将持续释放出巨大的动能，为我国经济由高速增长转向高质量发展做出应有的贡献。经过四十多年的发展，广州珠宝产业已经形成完备的产业链条，广州是全国及世界重要的珠宝产业基地，但同时也面临创新能力不足、抗击能力较弱、市场竞争力下降等问题，加快培育新动能，加强品牌建设，推进数字化转型，强化区域协作，积极融入国际国内“双循环”发展新格局，成为重振广州珠宝产业、推动高质量发展的必然选择，对于打造国际时尚之都具有重要的现实意义。

* 秦瑞英，广州市社会科学院现代产业研究所研究员，博士，研究方向为产业经济、城市经济；杨勇，广州市贸促会党组书记、主任。

关键词：　珠宝产业　产业链　创新发展

近年来，随着国民收入和生活水平的大幅提高，中国已成为全球最重要的奢侈品消费市场。2019年我国珠宝市场规模约占世界市场规模33%，是全球主要的珠宝加工和消费国，市场潜力巨大。随着国家"一带一路"倡议的实施，"双循环"新发展格局的开启，粤港澳大湾区建设的深入推进，珠宝产业对经济增长的拉动作用也将越来越明显。广州作为千年商都，以珠宝产业为核心的时尚产业已经成为其现代产业体系的重要组成部分，珠宝产业日渐成为广州打造国际"时尚之都"、加快建设"全球定制之都"的重要基础和强大支撑。

一　珠宝产业的经济学分析

（一）珠宝产业概念及分类

狭义的珠宝单指玉石制品，广义的珠宝是指由金、银以及天然材料（矿物、岩石、生物等）制成的，具有一定价值的首饰、工艺品或其他珍藏。[①] 珠宝产业是指将金、银及天然材料加工成为首饰、装饰品和工艺品的各种生产活动的集合。按照《国民经济行业分类与代码（2019）》，我国把珠宝产业归入文教、工美、体育和娱乐用品制造业（国统局代码C24）中的工艺美术及礼仪用品制造类，包括雕塑工艺品制造和金属工艺品制造两小类。广义的珠宝产业还包括珠宝资源的调查、开发与利用，珠宝加工和珠宝市场销售及相关的珠宝信息传播、珠宝教育及文化交流等方面。

从材质上来看，珠宝首饰有珠宝玉石、贵金属和珠宝玉石及贵金属产品

---

① 刘斯明、汤承萌、师立成：《我国珠宝产业发展的SWOT分析与对策》，《企业导报》2013年第2期。

等类型①，其中，天然珠宝玉石和人工宝石组成珠宝玉石；贵金属则包括金、银和铂族等以及合金；珠宝玉石及贵金属产品主要指以珠宝玉石或贵金属为主要材料的原材料、半成品和成品（见图1）。常见的珠宝首饰主要包括钻石、黄金、铂金、宝石、银、珍珠、翡翠、玛瑙、水晶、珊瑚、琥珀等。

珠宝产业的产品一般分为宝石、贵金属、珍珠、半宝石和人造珠宝五大类饰品。我国珠宝产品则以黄金、钻石、K金、铂金、翡翠、珍珠等为主。

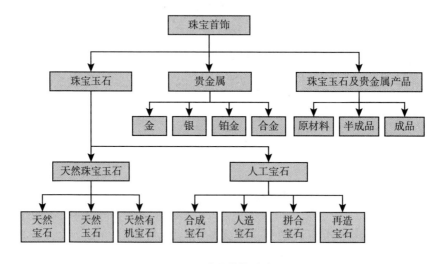

图1　珠宝首饰分类

资料来源：国土资源部珠宝玉石首饰管理中心、中国标准化研究院，《珠宝玉石及贵金属产品分类与代码》（GB/T 25071 - 2010）。

（二）珠宝产业链分析

由于珠宝原料及产品的稀缺性，加工的高工艺属性，消费的重决策性，以及贯穿第二产业和第三产业的经济属性，珠宝产业链的构成较为复杂，其核心链主要涉及原材料供应、加工制造、销售消费等环节，还包括物流仓储、检验

---

① 资料来源：国土资源部珠宝玉石首饰管理中心、中国标准化研究院，《珠宝玉石及贵金属产品分类与代码》（GB/T 25071 - 2010）。

检测、认证、广告、展览展示等相关产业，以及文化创意、环保、金融保险、贸易、旅游休闲、康养医疗、酒店餐饮、教育培训等衍生产业（见图2）。

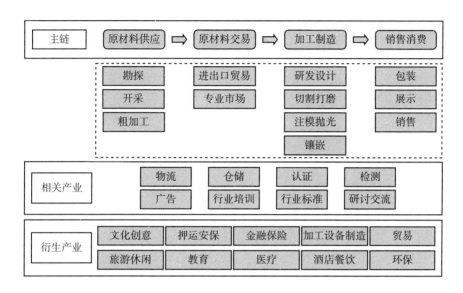

图2 珠宝产业链

由于黄金、钻石、玉石等原料的稀有性，珠宝产业链的上游具有极强的垄断性。比如钻石行业上游主要由澳大利亚、俄罗斯和南非的几家毛坯钻开采商控制，比利时、安特卫普、以色列及孟买则是世界四大钻石切割中心。我国消费者喜爱的翡翠饰品，其原材料则主要来自产玉大国——缅甸。原材料的交易也受到所在国家的管控，市场化程度较低。因而，大多数国家的珠宝产业链主要集中在加工、销售等中下游环节。

二 我国珠宝产业发展及其特点

（一）市场持续增大，是世界第二大珠宝首饰消费国和重要的加工出口国

当前世界珠宝产业呈现美国、印度和中国三足鼎立的格局，占据着珠宝

产业的半壁江山。随着国内消费升级加快，以及人民群众经济收入和文化消费能力的提升，我国珠宝市场规模逐年上升。2014年以来，我国珠宝首饰行业市场规模以年均5%的速度增长，2019年，全国珠宝首饰市场规模达7503亿元，折合1087.6亿美元，占全球珠宝市场（3239亿美元）的33.6%，我国已经成为世界第二大珠宝首饰消费国，仅次于美国。全国珠宝相关企业的新注册量呈现增长趋势，从2015年的10.16万家增加到2019年的40.8万家，全国共有171.9万家相关企业。珠宝首饰行业营业面积达204.95亿平方米，摊位数达2.2万个。① 即使在受新冠肺炎疫情严重影响的2020年，截至上半年，全国也新增31万家珠宝相关企业，同比增长48.4%②，市场活力持续提高。

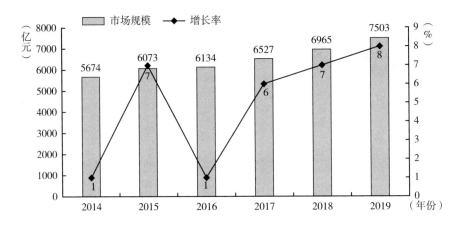

图3　2014～2019年我国珠宝市场规模及增长率

资料来源：Euromonitor数据。

（二）珠宝产业链主要集中在中下游环节

我国拥有较为完备的珠宝产业链，涵盖原材料开发、供应、加工制造和

---

① 数据来源：前瞻产业研究院，《2020年中国珠宝行业发展现状与前景分析》。
② 数据来源：《我国珠宝相关企业上半年新增31万家，同比增长48.4%》，新京报网。

销售整个链条。在原料开发供应环节，我国钻石原料主要进口印度、美国、以色列特拉维夫等地初加工的毛坯钻，95%的铂金原料来自南非。以黄金为主的其他大部分原料供应链比较完整，黄金原料的国产化率接近80%。在原料交易环节，按照国家相关政策法规规定，不论是进口还是国内开采的黄金和钻石原材料，都必须通过上海黄金交易所和上海钻石交易所以及具备交易席位的批发企业来获得，加工生产所需的其他铺料及设备则可以从国内外专业市场自由采购。可见，在珠宝产业链的原料供应及交易环节，国内企业的参与度相对较低，大部分集中在中下游的加工生产和销售环节，销售环节的相关企业居多。企查查数据显示，2019年，全国批发和零售业的珠宝相关企业达132.74万家，占比约为77.2%。

（三）产品结构以黄金和钻石为主

中国崇尚黄金珠宝的文化传统以及黄金兼具投资属性，使得黄金类产品一直以来是中国珠宝市场上需求量最大的品类，其次为钻石、K金、铂金、银、玉石等。2019年，全国黄金产量虽有下降，仍连续13年位居世界首位，黄金实际消费量依然超过1000万吨，仍然保持全球第一，占全球黄金需求量的30%。2019年黄金产品零售额占到珠宝首饰销售总额的53%，钻石类产品占到20%。我国已是亚洲最大的钻石市场，世界最大的铂金消费国，玉石、翡翠和黄金的第二大消费市场。

（四）珠宝特色产业基地建设助推产业转型升级

2006年起我国就开展了"中国珠宝玉石首饰特色产业基地"认定和培育工作。目前，全国已有29个珠宝玉石首饰特色产业基地。这些各具特色的珠宝产业基地的发展，促进了国内珠宝产业的集约化、规模化发展，我国加快形成成熟完备的珠宝产业链供应链，我国珠宝行业产业化快速发展。随着各地产业结构调整升级的步伐加快、供给侧结构性改革的深入推进，各珠宝产业特色基地纷纷将延伸产业链供应链、加强科技创新和模式创新、融合发展作为珠宝产业发展的重要方向，引入互联网技术、高新制造技术、金融

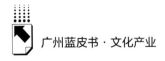

服务等，促进产业转型升级，推动珠宝产业向价值链上端转型，成为地方产业转型升级、促进经济高质量发展的重要推力。

（五）国内品牌占据中端市场，竞争激烈

目前国内珠宝市场主要由国际品牌、港资品牌和内地品牌三大部分组成。高端市场主要是卡地业（Cartier）、蒂凡尼（Tiffany&Co）和施华洛世奇（Swarovski）等国际大牌。以网络销售为主的品牌处于低端市场。香港品牌和内地品牌占据中端市场，竞争激烈。其中，周大福、周生生、六福、谢瑞麟等香港品牌处于领先地位，老凤祥、周大生、明牌珠宝、潮宏基等内地品牌市场份额则在不断扩大，龙头集聚效应持续加强，主要体现在龙头企业加速展店。目前，门店总数超过3000家的企业共计四个，分别为周大生、周大福、老凤祥、周六福。2019年底，周大生在中国拥有4011家门店，为最多；老凤祥、周大福和周六福紧随其后，分别拥有3893家、3699家和3070家门店[1]。

三　广州珠宝产业发展现状及特点

广州珠宝产业的发展起步于改革开放之初的"三来一补"模式，从承接港台等境外珠宝产业转移，到转型升级、自主创新，已经逐渐实现高度集聚化、专业化和规模化发展。经过四十多年的发展和积淀，其制造工艺、科技应用、创意设计、现代化管理等均居行业领先地位而闻名世界，广州已经成为粤港澳大湾区珠宝产业发展的核心城市，全国最大的珠宝产业集聚地之一[2]，在整个中国珠宝产业版图中占据极为重要的地位。

---

① 数据来源：前瞻产业研究院《2020年全球及中国珠宝首饰行业市场现状及竞争格局分析》，https：//wap.eastmoney.co。

② 资料来源：蒋亮智，《我国珠宝评估及珠宝产业发展的经济学研究》，中国地质大学博士学位论文，2015。

（一）世界重要的珠宝产业基地，全国三大珠宝产业集聚区之一

根据广州市市场监管局统计，2020年，全市珠宝首饰相关市场主体共有18.5万家，其中，企业16.7万家，占到90%以上，个体经营户1.8万家。从产业结构来看，批发零售类主体占据绝对比例，经营销售类主体18万家，占到97.2%；加工制造类市场主体5102家。从业人员13万多人，其中规模以上企业从业人员就高达2.7万人，专业设计师数千人。全市珠宝产业年产值占全国珠宝产业的60%以上，珠宝首饰产品长期占全球市场份额约三成，占港澳地区市场份额七成以上；广州番禺和广州花都是全国首批"中国珠宝玉石首饰特色产业基地"，广州是全国拥有2个基地的极少数城市之一，是"国家级外贸转型升级专业型示范基地"，也是广东省首批"省级外贸转型升级专业型示范基地"、唯一的"广东省火炬计划珠宝特色产业基地（广州）"，已经形成我国十分重要的、极具活力的珠宝产业集群，成为全球最完善的珠宝首饰加工制造、批发零售特色产业基地。

（二）具备完善的珠宝产业链条

经过四十多年发展，广州珠宝产业已经从最初的"来料加工"为主的"前店后厂"生产模式，从原来的批发、加工等相对集中和低附加值产业链环节，逐步向产品设计、工艺创新、文化注入、品牌打造等产业链前端以及产品展览、检测鉴定、销售、服务与传播等产业链末端高附加值环节发展和延伸，专业人才培训、咨询服务、保税仓储、通关、商检、产品鉴定平台与公共服务等专业性服务配套设施及服务功能不断完善，与珠宝产业相关的办公、会展、物流、零售、金融结算、酒店等商务配套服务设施以及餐饮、购物、娱乐等商业配套逐渐成熟，全市已经形成完整的珠宝产业链，既涵盖珠宝原材料销售、加工器械及工具制造销售等上游环节，也包括设计研发、定制和制造生产的中游环节，以及半成品和成品销售、新零售的下游环节，并有技术工人培训、电子商务、检验检测、会展服务、旅游休闲、金融服务等衍生产业。

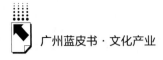

（三）产业集聚效益显著

当前，广州珠宝产业主要集中分布在番禺、荔湾和花都三大珠宝产业集聚区，从化区亦有小范围的集中，其他各区则有零散分布。三大珠宝产业集聚区的发展形成了特色各异、优势互补、分工协作的良好态势。其中，番禺珠宝产业集聚区规模最大，产业链最为完备，加工制造规模和水平居全国乃至全球前列，产品以钻石首饰、铂金、黄金等贵金属工艺品为主，全区已经形成沙湾瑰宝小镇、大罗塘珠宝小镇两大主要产业基地，辐射市桥、东环、钟村等镇街甚至深圳。荔湾珠宝产业集聚区以华林街为核心，集中分布华林街、逢源街、龙津街和昌华街的 6 个较大的玉器销售场馆及 1 条玉器商业街，产品以翡翠、珍珠、水晶、玛瑙、蜜蜡等为主，是全国最重要的翡翠玉器批发贸易中心之一。花都珠宝产业集聚区以现代型半宝石、K 金、纯银镶嵌类首饰加工、展贸为主，主要集中在花都珠宝小镇，集聚规模出现萎缩态势。从化仅剩一家毛坯钻石来料加工分选企业。

（四）品牌影响力日益增强

当前，广州珠宝生产、加工工艺精湛，切割打磨镶嵌技术水平全球首屈一指，各工序高度专业化，占据了珠宝加工领域的制高点，工艺精品享誉世界。仅番禺区每年镶嵌的有色宝石就超过 70 吨，超过世界珠宝业"龙头老大"意大利，是最具国际影响力的中国珠宝玉石产业代表品牌，享有"世界珠宝，番禺制造"的美誉。随着产业转型升级的加速，国内外发展环境的变化，全市很多珠宝企业已经在十多年前开始改变"贴牌生产"模式，积极适应市场需求，强化品牌建设，涌现出柏丽德珠宝（APM）、卓尔珠宝、元艺珠宝、嘉衡珠宝、亿钻珠宝、石头记等珠宝品牌，影响力不断扩大，市场占有率不断提升。

（五）服务体系日趋完善

全市拥有广州钻石交易中心、广东省珠宝玉石交易中心两个省级专业交易平台，它们是粤港澳大湾区独有的两大珠宝产业服务平台，是服务粤港澳大湾区及其周边城市，开展珠宝原材料和产品交易、展示、仓储物流、保险、信息共享、咨询服务、知识产权保护、品牌培育和推广、技能培训等综合服务的平台。2020年8月，广州钻石交易中心供应链金融服务中心成立，对缓解珠宝企业融资难题，稳定钻石外贸，稳定全市钻石供应链起到了积极作用。另外广州还拥有国家珠宝玉石质量监督检验中心广州实验室、广东省金银珠宝检测中心等珠宝检测机构。珠宝专业教育资源丰富，广州南华工贸高级技工学校、番禺职业技术学院珠宝学院等院校均设有珠宝专业，与中山大学、中国地质大学等知名高校开展多种形式的战略合作，产学研合作深度不断拓展。

（六）融合创新发展加速

随着新技术的不断涌现和应用，产业转型升级步伐的加快，广州珠宝产业也在设计创新、渠道创新、模式创新、跨界融合、转型发展等方面进行了积极探索，新技术、新工艺、新设备应用逐渐推广，新的生产模式、新的营销模式、新业态等不断涌现。CNC、3D打印、柔性生产等先进制造技术加快推广应用，先后引进国家级珠宝首饰先进制造技术应用基地和中国珠宝首饰先进制造研究中心，为全市珠宝产业科技创新和产品研发能力提升发挥着重要作用。积极运用互联网、数字化技术，推动珠宝产业数字化，加快转向知识密集型产业。营销模式也由传统的线下销售转变为线下线上销售相结合的新模式，许多企业纷纷加强与淘宝、抖音等线上平台合作，积极"触网"，开展"珠宝+电商""珠宝+直播"，拓展线上销售市场。深入推进"文化+""旅游+"，融合发展成效显现。花都区发挥产业和文化资源优势，积极发展"珠宝+文化+旅游"，融入时尚元素和文化创意，发展"珠宝+文创"，形成了珠宝与其他产业融合发展的新模式，花都珠宝小镇已成为集加工生产、文化创意、旅游休闲、品牌研发、展销于一体的珠宝文化创意产业基地。

（七）全球珠宝贸易的专业化集散地

广州是全球重要的珠宝贸易集散地，珠宝产业的国际化水平居全国前列，番禺区珠宝产业的年加工量、出口量均居全国首位。2019 年，全市毛坯钻石进出口加工量约占香港珠宝转口贸易量的 70%，占广东全省的 33% 以上，占我国首饰出口量的 25%。2015～2019 年，广州地区珠宝首饰进出口总值 2428.15 亿元，其中进口 939.5 亿元，出口 1488.65 亿元。2020 年前三季度，广州地区珠宝首饰进出口总值 178.97 亿元，其中进口 75.87 亿元，出口 103.1 亿元，加工出口贸易（来料加工）占 90%。贸易对象主要涉及南非、印度、新加坡、阿联酋、泰国、缅甸、中国香港等国家和地区。

四 广州珠宝产业发展短板

（一）转型升级较缓，行业利润率不高

当前广州珠宝产业的发展模式仍以来料加工为主，根据订单安排生产，进口原材料加工后出口珠宝首饰，处于产业链中端，既没有产业链上游的价格主导权，也缺乏对下游的消费终端的定价权，对上、下游两端环节都缺乏议价能力，导致企业利润率不高，产业附加值较低，处于世界珠宝产业价值链的较低端。虽然近年来部分企业也逐步尝试向产业链高价值环节转型，但绝大多数企业的发展模式仍未发生较大变化。随着原有加工贸易方式所依赖的劳动力、资源成本优势的不断削弱，国际珠宝产业向印度、迪拜等贸易更为便利的地区转移趋势明显，珠宝加工贸易的利润空间持续被压缩，珠宝产业对区域经济贡献越来越薄弱。

（二）对外贸依赖度较高，抗冲击能力不强

起步于来料加工的广州珠宝产业，形成了成熟的国外市场接单生产交易模式，到目前依然有很多企业生产还依赖外贸订单，需求市场仍以国外市场为主，抗风险能力相对较弱。尤其是近几年受中美贸易争端和 2020 年新冠肺炎疫情的影响，珠宝企业发展受到较大冲击，国外订单因疫情打击

大幅下降，线下展会被取消，市场渠道受阻，与境外客商业务往来受限，物流成本增加，全市珠宝首饰加工贸易持续低迷，产业发展面临瓶颈与压力。

（三）国际国内"双循环"渠道不畅，处于两难境地

钻石首饰产品是广州珠宝产业的主要品类，尤其是进出口贸易最为重要的珠宝类商品。随着产业发展环境变化，一些企业已意识到转型的迫切性，不断寻求加工贸易转内销或发展一般贸易，却面临进口环节综合税率较高以及需绕道上海、交易成本增加的问题。而高度依赖对外贸易的来料加工模式，导致在面临发展环境突变时，大部分企业缺乏快速转变思路和调整生产经营模式的能力，一方面对国际市场变化、订单减少、出口受阻，缺乏积极有效应对的意识和能力；另一方面，对开拓国内市场动力不足、准备不足，转销国内市场成为绝大多数企业面临的巨大挑战。

（四）创新意识和能力不足，市场竞争力下降

广州珠宝产业的发展模式仍相对固化，长期以来的代加工思维导致加工制造企业自主创新的动力不足，意识不强，珠宝加工工艺、技术僵化，技艺大多停留在传统层面，生产的产品单一雷同，一些精湛技术比如玉石的脱链、冷抛光等技术面临失传的危险。很多中小企业和个体户还是几十年如一日地依赖"前店＋后厂""来料加工"的模式进行生产经营，被动地随着市场波动而起起伏伏，主动创新、寻求突围的意识不强，市场适应能力较弱。

（五）本土自主品牌缺乏，知名度不高

随着国人生活水平的提高和对生活品质的追求更高，消费者的消费观念日渐趋于理性，在购买产品时，他们更加趋向于信任品牌产品所代表的质量。但是广州目前还没有区域性"叫得响"的本地名牌，更缺乏一批在国际国内知名度高的品牌企业。尽管广州，尤其是番禺以较强精密制造能力、精美的设计、精湛的工艺享誉国内外珠宝业界，其代工生产的很多都是世界

名牌产品，但大多数企业属于"为他人作嫁衣"的 OEM（Original Equipment Manufacturer），即代工厂。虽有一些企业积极探索创建自有品牌，出现了卓尔、元艺等地方品牌，但知名度不高。且由于品牌塑造耗时长、投入大，珠宝行业发展良好时，很多企业老板在订单能满足生产需求的情况下，无意也无暇做自我品牌，大多忽略了品牌内涵的提炼，普遍抱有"好酒不怕巷子深"的心理，忽视了品牌建设和宣传。随着时代红利的消失及在新常态的严峻经济形势下，想要继续做代工，时代已经不允许，想升级做品牌，却有心无力，如何培育广州的区域珠宝品牌，已成为政府和企业亟待解决的现实问题。

五　推动广州珠宝产业创新发展的对策建议

（一）提升产业创新能力，激发市场发展活力

创新是广州珠宝产业高质量发展的关键所在。要紧紧抓住新一轮科技革命和产业变革以及我国从高速发展转向高质量发展的重大机遇，在产品设计和工艺上创新，在品牌内涵和文化上创新，在营销渠道和手段上创新，在商业模式上创新，才能为珠宝产业占据竞争优势提供"原动力"。一是要提升创意设计研发能力。积极吸引世界和国内著名的珠宝专业机构和人才来广州设立珠宝设计中心或工作室，鼓励本土企业、行业机构打造珠宝设计工艺中心、研发中心、展示中心。支持和鼓励、推动企业与研究机构和高等院校加强合作，增强研发能力。二是要加大技术改造和转型升级力度。强化对传统手工工艺的保护和传承，引导珠宝企业利用新技术、新工艺和新设备加快对传统落后技术、工艺和设备的改造，促进传统手工工艺推陈出新。三是要强化科技创新。鼓励企业积极引进珠宝产业先进技术和工艺、新设备，建设先进的珠宝产业生产线，提高珠宝产品质量。鼓励和支持珠宝企业紧抓互联网时代特征，学习整合和利用大数据资源，迎合不同消费需求，研发不同层次不同类型的珠宝产品。四是要加强专业人才的培育。加大对技术人员学习培

训支持力度，加大对设计师的知识产权保护和原创获利保障，发挥核心技术研发、人才培养和成果孵化作用。

（二）培育区域珠宝品牌，提升产业影响力

坚持企业品牌建设的主体作用，引导企业提高创建品牌的积极性，以技术创新、产品创新、运营模式创新提升品牌核心竞争力。支持和鼓励有实力的企业收购国际知名品牌，或者采取与世界知名品牌联合的方式，借其知名度，较快渗透国际市场，快速提高广州珠宝产品的品牌知名度。加强本土品牌的孵化与培育。充分利用广州珠宝产业部分设计和工艺已达到世界先进水平甚至顶尖水平这一优势，引导企业不断提升珠宝产品质量，多渠道开展品牌营销，逐渐形成自主珠宝品牌。坚持政府推动，加大资金投入，通过税费减免、资金奖励、用地保障等优惠政策，优先扶持本土龙头企业做大做强，将资源更多地向优势品牌企业倾斜，快速形成广州珠宝产业的"金字招牌"，带动中小企业快速发展。

（三）促进产业数字化转型，培育发展新业态

实施"5G＋工业互联网"融合发展行动，打造珠宝数字化示范项目，支持"互联网＋文化＋旅游珠宝小镇"和"互联网应用示范园区"建设，打造工业互联网应用标杆示范项目，支持广东省珠宝玉石交易中心、沙湾珠宝产业园开展珠宝产业数字化转型，通过数字化转型提升产业生产效率，培育珠宝产业新业态。加强溯源技术和识别技术在珠宝产业的应用，促进产业运作体系透明化，让消费者能够放心购买产品，助力珠宝产业国内大循环。把握珠宝产业个性化需求发展趋势，强化珠宝产业个性化定制，加快实现打印材料的突破，推进3D打印技术在珠宝产业的广泛应用，打造珠宝产业定制中心。积极引导珠宝企业转变发展方式，改变单纯依靠来料加工模式，逐步向自主设计、自主开发的ODM模式（原始设计制造商）转变，向具有自主技术和自主品牌的内销模式转变。积极利用新一代信息技术、互联网技术创新营销模式，引导更多传统线

下企业开拓"直播＋电商"销售业务，实现珠宝产品线上线下相结合的销售模式。

（四）积极开拓国内市场，加快形成新发展格局

积极融入国际国内"双循环"新发展格局，对于广州珠宝产业来说，首要任务就要加快开拓国内市场。一是强化示范引领。以"政府引导、协会组织"的方式，选择有代表性的企业和园区率先拓展内销市场，打造能面向全球打通产业链条上下游的示范项目，引导更多企业和产业资源积极发展内销业务。二是为珠宝内销市场的转型创造条件。鼓励珠宝外贸企业开展内销业务，对外贸转型内销企业给予一定的税收返还和财政补贴，大力扶持内销的民营、中小珠宝企业。三是营造良好内销市场氛围。积极为企业提供相关产业信息，加强行业信息流通，引导企业把握国内市场动态，促其成功转型发展。在开拓国内市场的同时，还要继续发扬原有国外市场优势，提升国际开放水平，扩大全球市场份额。要用好用足惠企政策，为企业参加国外展销会创造有利条件，积极引导珠宝首饰企业通过参展、交流论坛等形式大胆走向海外，开拓市场，推动广州珠宝首饰等优势产品向共建"一带一路"国家及欧洲、澳洲等市场拓展。

（五）加强区域互动协作

一方面，要协同推进粤港澳大湾区珠宝产业高质量发展。牢牢抓住粤港澳大湾区建设重大战略期，充分发挥广州在国内外珠宝产业聚集和辐射影响力的优势，发挥粤港澳大湾区核心引擎作用，大力推进珠宝产业转型升级，提升珠宝产业发展规模和质量，深化与港澳、深圳、佛山等大湾区主要珠宝产业集聚区的分工协作，促进产业链上下游深度合作，建设具有国际竞争力的先进制造业基地。积极牵头搭建合作平台，促进大湾区城市之间的珠宝从业者文化交流，共同提高珠宝设计创新能力，推进珠宝品牌企业与文创设计师深度合作，提升珠宝产业的文化内涵和价值链水平，有力推动以广州为代表的粤港澳大湾区珠宝产业全面参与国际经济合作，推动珠宝产业高质量发

展。另一方面，要加强市域各区、各产业集聚区之间的合作。一是要加强番禺加工制造企业与华林珠宝专业市场之间的合作，加强番禺、花都、荔湾三区的协同合作，互通有无，促进优势互补；二是要加强华林玉器街与平洲玉器城的产业协作，如将两地的精品进行联合展览，两地技术专家定期举行交流研讨等，扩大珠宝玉器文化的普及和宣传，等等。

参考文献

《中国珠宝首饰行业消费需求与市场竞争投资预测分析报告》，前瞻产业研究院，2020。

《2020~2026 年中国珠宝行业市场行情监测及未来前景展望报告》，智研咨询，2020 年。

俞健业、丘志力等：《中国三大珠宝产业集群（区）的竞争力分析》，《宝石和生石学杂志》2011 年第 6 期。

广州番禺发布：《广州番禺：打造千亿级珠宝产业基地 迈向珠宝定制之都》，人民网，http://gd.people.com.cn/n2/2020/0905/c123932 - 34274020.html，2020 年 9 月 5 日。

吴珊珊、陈庆、朱华友：《珠宝产业集群省级研究——以广东省番禺珠宝产业集群为例》，《经济研究导刊》2014 年第 2 期。

蒋亮智：《我国珠宝评估及珠宝产业发展的经济学研究》，中国地质大学博士学位论文，2015。

B.11
广州市珠宝产业园区发展状况分析

——以番禺区大罗塘珠宝小镇为例*

陈 刚 莫佳雯 张 彦 高晓东**

摘 要： 目前，广州珠宝产业在全国占据重要地位，产业链条相对完
善，空间集聚效应显著，并逐步形成了以沙湾珠宝产业园、
大罗塘珠宝小镇、花都珠宝小镇、荔湾华林国际等园区为主
的特色珠宝产业集聚区。广州珠宝产业多数起步于"来料加
工"模式，其中大罗塘珠宝小镇作为香港珠宝厂商将"加工
制造"环节转移至内地发展起来的典型珠宝产业园区，经过
多年的发展，已经成长为以外向型经济为主导的优势产业集
聚区，拥有钻石、黄金、宝玉石等全门类的珠宝产品，具备
雄厚的产业基础、精湛的技术工艺、功能较为齐全的产业平
台，拥有一批区域性品牌企业，成为广州珠宝产业创新发展
的典型代表。但在发展过程中也存在着一定的制约因素，本
报告指出广州应从完善行业发展规划、加强珠宝品牌培育、
拓展产业链、推动珠宝产业与文商旅融合发展、持续完善平
台功能等方面，继续做大做强以大罗塘珠宝小镇为典型代表
的特色珠宝产业园区。

---

* 本文是第六轮广州市人文社会科学重点研究基地——"超大城市现代产业体系与广州实践研
究基地"的阶段性研究成果。
** 陈刚，广州市社会科学院现代产业研究所副研究员，博士后，研究方向为文化产业经济；莫
佳雯，广州市社会科学院现代产业研究所研究助理，研究方向为城市经济；张彦，广州市贸
促会党组成员、副主任；高晓东，广州市贸促会会务信息部副部长。

关键词： 广州珠宝　大罗塘珠宝小镇　转型升级

近年来，随着国家经济的快速发展，人民的生活水平有了大幅度的提升，使得人们对珠宝等奢侈品的需求显著增加，推动着高端珠宝首饰产业迅猛发展。目前，我国已发展成为在世界上地位举足轻重的珠宝产品加工大国，同时也是世界珠宝产品消费第二大国，并形成了以深圳－番禺为代表的珠江三角洲地区、以上海为代表的长江三角洲地区和以北京为代表的环渤海地区为主的三大特色鲜明的珠宝产业集群。

作为广东地区珠宝产业的重要集聚区，广州在全国珠宝市场中亦占据着非常重要的地位，广州珠宝具有产业链条完善、空间集聚效应显著等产业发展优势，并逐渐形成沙湾珠宝产业园、大罗塘珠宝小镇、花都珠宝小镇、荔湾华林国际等国内外影响力强和知名度高的特色珠宝产业园区，产品种类涉及钻石、黄金、宝玉石等全门类的珠宝产品。

一　广州市珠宝产业园区发展状况

（一）发展格局

广州珠宝产业园区主要分布在番禺、荔湾、花都、南沙四个区，拥有五大产业规模较大、市场知名度较高的珠宝产业园区，沙湾珠宝产业园和大罗塘珠宝小镇位于广州番禺区，华林街及华林国际位于荔湾区，花都珠宝小镇和南沙东涌珠宝文旅小镇分别位于花都区和番禺区，其中沙湾珠宝产业园和大罗塘珠宝小镇是广州黄金、钻石珠宝产业的重地，也是国外珠宝厂商来料加工的重要基地，产业链齐全，属于同一竞争细分市场。荔湾华林集聚区是广州宝玉石批发产业的重地，与广州市郊、肇庆四会、佛山平洲等加工厂形成协作关系。花都珠宝小镇是广州市"珠宝＋文旅"融合的转型升级的典型代表，五大园区基本情况如表2所示。

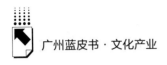

（二）发展模式

广州市珠宝产业园区因发展特性和形成因素各异，逐渐形成了不同的发展模式，其中产业集聚式发展和产业融合发展模式最为常见，产业融合发展是珠宝产业与其他产业的跨界融合。就产业集聚式发展而言，按产业集聚的形成机制可分为外资带动型和内生发展型，主要产业园发展模式如表1所示。

表1　广州市珠宝产业园区发展模式

产业园区	发展模式
大罗塘珠宝小镇以及沙湾珠宝产业园	外资带动型产业集聚式
华林街，华林国际 A、B、C、D、E 座	内生发展型产业集聚式
花都珠宝小镇	"珠宝 + 文旅"产业融合式
东涌珠宝文旅小镇	"珠宝 + 文旅"产业融合式

从发展历程来看，广州珠宝产业园区发展均经历了先有产业，政府再介入进行规划的发展过程。从产业园发展模式看，花都珠宝小镇、南沙东涌珠宝文旅小镇均属于产业融合发展模式，均在已有产业集聚度的基础上慢慢发展起来。番禺区和荔湾区的珠宝产业则属于产业集聚式发展模式，沙湾珠宝产业园和大罗塘珠宝小镇是以承接国外珠宝厂商来料加工为主要发展模式，产业发展属于外资带动型，荔湾华林产业集聚区的发展则是由宝玉石产品市场内销和批发需求带动而发展起来的，属于内生发展型。

二　番禺区大罗塘珠宝小镇珠宝产业发展分析

大罗塘珠宝小镇，位于广州市番禺区沙头街大罗村、银平路沿线一带，覆盖榄山村及小平村。与伦教、沙湾类似，大罗塘珠宝小镇早年承接香港珠宝厂商的制造加工转移，经历了产业自然聚集、园区化扩张和集聚成熟、转型升级和创新发展等三个主要阶段（见表3）。

表2 广州市珠宝集聚区及产业园区基本情况

产业园区	占地面积（平方公里）	主要珠宝细分市场	从业人数（人）	入驻企业数量（家）	市场规模	发展定位	现状
沙湾珠宝产业园	0.225	黄金、钻石	10000	100	2019年产值25亿元	以珠宝时尚为特色，以沙湾区全域旅游为依托，以工业景区4.0为路线，传承沙湾传统文化	面向全球的高值工业品原材料采购及成品研发设计、集藏珠宝加工、交易、鉴定、展贸、物流、零售、保税仓储、通关、商检、金融结算、生态、文化、旅游为一体的覆盖全生产链的一站式综合服务示范性园区
大罗塘珠宝小镇	1.75	黄金、钻石	60000	2800	2019年规上珠宝工业产值约5.2亿元	粤港澳大湾区全球珠宝首饰供应链基地、国内首屈一指的珠宝加工基地、全球珠宝贸易的专业化集散地，国内重要的珠宝创意设计引领者	以外向型经济为主导的优势产业，集合了"研、产、创、游、购、娱、赏、教、测"等产业链元素
华林珠宝产业集聚区	0.1	宝玉石	100000	5942	营业收入300亿元	综合性玉器批发市场	全国性的宝玉石批发综合市场
花都珠宝小镇	0.533	宝石、半宝石	—	24	—	珠宝+文旅	园区内（仅剩3家企业（石头记）曼谷产业园）在运营商户，其他均为销售商户
南沙东涌珠宝文旅小镇	8.09	黄金、宝石	—	—	—	珠宝展贸及延伸产业、文旅产业	规划建设中

说明：番禺沙湾珠宝产业园、番禺大罗塘珠宝小镇、荔湾华林街产业集聚区、花都珠宝小镇数据来自2020年调研资料。广东省珠宝玉石交易中心、南沙东涌珠宝文旅小镇数据来自《广州日报》。

表3 番禺区珠宝产业发展历程

阶段	时间	发展模式	特点
产业自然聚集	1985～1999年	与香港形成了"前店后厂"的发展模式	地理区位优势和自然禀赋吸引而产生的产业聚集,基本是代加工业务
产业集聚园区化扩张和产业集聚成熟阶段	2000～2009年	外资带动下的网状式企业集群模式	来料加工为主,企业规模普遍不大,缺乏行业龙头企业
产业转型升级和创新发展阶段	2010年至今	逐步向卫星式结构的共生模式发展	来料加工为主,部分企业规模逐渐壮大,开始出现一些行业前部企业,如卓尔珠宝

在广州众多珠宝产业园中,大罗塘珠宝小镇是香港珠宝厂商将"加工制造"环节转移至内地的典型代表,在多年的来料加工生产模式基础上,逐步形成了当前颇具规模的、具备全产业链、以外向型经济为主导的优势产业集聚区,珠宝产品覆盖了细分行业的全品类,加工环节的服务半径就在产业园区内,生产工艺能满足境外不同地区消费者要求,并且拥有一大批技术过硬的专业从业人员。2014年,大罗塘珠宝小镇确立了"珠宝、旅游、文化"相结合的发展道路,建成"粤港澳大湾区全球珠宝首饰供应链基地、国内首屈一指的珠宝加工基地、全球珠宝贸易的专业化集散地、国内重要的珠宝创意设计引领者"[①]。现阶段,大罗塘珠宝小镇具备产业基础雄厚、技术工艺精湛、平台建设较为全面、拥有一批区域性品牌企业等优势。

(一)园区基本发展情况

1. 产业规模

目前,大罗塘珠宝小镇产业规模相当,但与沙湾珠宝产业园相比,企业数量较多而整体规模偏小、产值规模较小。从企业数量来说,园区里拥有约

---

① 2014年,广州亚城规划设计研究院编制的《广州市番禺区沙头街大罗塘珠宝首饰产业发展规划》。

2800 家珠宝厂商，其中生产加工企业 1600 家左右，销售经营工商业户 1200 家左右①。从产销值看，2019 年规上工业企业产值约 5.2 亿元，较上年下降 15.99%。从市场占有率来说，全球市场占有率约 30%，其中港澳地区市场占有率约 70%，产品主要销往欧美、中东、东南亚、日本等地。

2. 从业人员

相关部门统计，当前大罗塘珠宝小镇从事珠宝产业人员总量超过 6 万人，约占番禺区珠宝从业人员 60%，生产研发各环节人才齐备，如珠宝素描、3D 设计等等。其中珠宝首饰设计师超 1000 人，中级首饰设计师约占 60%，设计师团队平均规模为 10 人左右。作为广东珠宝设计及工艺创意的重要交流平台，广东省中创珠宝设计创意中心人才集聚效应较强，已拥有 140 多位番禺本土设计师。

3. 技术工艺

针对珠宝产品的各个工序，在大罗塘珠宝小镇内均有高度的专业化分工，并且在切割、打磨以及镶嵌等方面的技术水平一流。多年的来料加工经验，使得大罗塘珠宝厂商能够满足境外不同企业以及消费者的需求。以元艺珠宝为例，除精湛的加工、切割、打磨、镶嵌等传统黄金珠宝工艺外，元艺珠宝与新一代信息技术深度结合，在订单接收、订单排期等各生产环节已经实现内部流程互联。

4. 平台建设

当前，大罗塘珠宝小镇建设有珠宝交易中心、检测中心以及销售中心的全平台服务体系，拥有知名度较高的国际珠宝交易中心 11 座②，珠宝行业淘宝直播基地 1 个，珠宝直播带货中心 1 个以及多家国家省级检测中心③。

---

① 数据来源：调研资料。
② 金俊汇国际珠宝交易中心、聚盈国际珠宝交易中心、金年华珠宝文化创意产业园、银建珠宝交易中心、大罗珠宝城、国际珠宝城、集利彩宝交易中心、勤艺银泰城、番宝珠宝交易中心、德莱创意产业园、宝汇珠宝交易中心。
③ 大罗塘国家省级检测中心主要有"国家珠宝玉石质量监督检验中心广州实验室"、"中国商业联合会珠宝首饰质量监督检测中心"、"广东省珠宝玉石及贵金属检测中心"及"广东省金银珠宝检测中心"等。

此外，为进一步提升产业市场知名度和竞争力，大罗塘珠宝小镇不断完善平台功能，推进平台与科技融合，探索产业发展新模式新业态。大罗塘珠宝小镇自2015年起每年举办大罗塘珠宝节品牌活动，积极参与番禺珠宝文化节。2020年，受新冠肺炎疫情影响，第五届广州番禺大罗塘珠宝节以"电商直播＋推广带货"模式开展，有近60万人在线观看。

5. 发展特点

当前，大罗塘珠宝小镇内的珠宝厂商之间产品分工协作，已经形成较为完备的产业链服务体系。从发展模式来说，大罗塘珠宝小镇已经由产业发展初期的典型的"前店后厂"模式，逐步转变成以外资带动为主的产业集聚区，随着部分区域性品牌的培育和壮大，产业集聚方式也从网状式企业集群模式逐步向卫星式结构的共生模式①过渡发展，发展趋势与深圳水贝珠宝产业集聚区类似。

6. 品牌企业

大罗塘现阶段拥有"元艺珠宝""卓尔珠宝""米莱珠宝"等区域性品牌。这些品牌在以来料加工为主的业务发展中逐步培育自主品牌，并开始具备一定的区域知名度。卓尔珠宝是大罗塘珠宝小镇的唯一一家上市公司，为了响应国家出口转内销的号召，"卓尔珠宝"品牌于1999年正式注册，开始以加盟连锁模式开展内销业务，发展成为集研发、生产、销售、传播于一体的现代化珠宝公司，目前市场主要覆盖国内二三线城市以及以下城市，主营产品包括镶嵌类钻石、彩宝、翡翠、黄金和高端银饰五大品类。

（二）政府大力支持

大罗塘珠宝小镇在发展过程中，也受到广州市各级政府的大力支持。广州市与番禺区委、区政府及沙头街道先后出台了多项举措，在知识产权保护、税收优惠、出口退税、人才支持、园区建设、平台建设、品牌建设等方

---

① 按产业集聚与内部企业的关系，可分为卫星式结构的共生模式和网状式企业集群模式，两者的区别在于是否出现"卫星"式企业来引领产业集聚区发展。

面给予重点扶持。

从广州市层面看,广州市政府相关部门从推动珠宝产业集聚、推动珠宝业信息化改造升级、打造时尚发布平台、打造珠宝交易平台、完善工业园配套等多方面推动番禺区大罗塘珠宝业发展。其中,大罗塘珠宝首饰集聚区被列入广州市 2014 年重点项目,大罗塘珠宝首饰交易中心被广州市发展和改革委员会列入 2015 年重点建设项目(见表4),这些政策制定和实施在一定程度上加速了大罗塘珠宝小镇珠宝产业的发展。

表4 市级层面对大罗塘珠宝小镇的政策支持

年份	部门	政策措施
2005	市商务局	重点抓好番禺和花都的珠宝首饰产业的配套
2009	市政府	加快推进皮革皮具、珠宝、服装、玩具礼品等专业市场信息化建设,发展"前店后厂"型网上商务平台
2010	市政府	珠宝玉石质量检验师行政审批事项下放
2011	市政府	提出推动珠宝等优势传统制造业积极应用信息技术改造提升,促进产业升级换代
2012	市政府	《广州市服务业发展第十二个五年规划》提出,加快发展珠宝等时尚新品发布活动,打造一批以时尚文化为核心的综合性、专业化高端时尚发布平台
2014	市政府	大罗珠宝城内交易中心建设及商铺改造纳入《2014 年广州市政府重点工作》
2015	市政府	着力打造商贸平台,组建国家级珠宝玉石交易所,设立华南有色金属交易中心
2016	市政府	《广州制造 2025 战略规划》提出,倡导发展专属定制珠宝首饰
2017	市政府办公厅	1. 利用广州时装周打造顶级专业发布平台; 2. 推动现有大宗商品交易平台做大做强,支持华南有色金属交易中心、广州商品交易中心等新平台建设,努力争取组建国家级珠宝玉石交易所、广州钻石交易所等高端交易平台
2017	市政府	1. 围绕提升广州制造业水平和辐射带动珠三角地区工业化发展,大力支持珠宝设计等本地优势产业发展; 2. 支持珠宝等广州传统都市工业构建"创意设计—生产外包—内容服务"商业模式,并向智能型、服务型转变
2018	市政府	大力推动珠宝设计等优势领域发展

续表

年份	部门	政策措施
2019	市政府	重点就村级工业园较为集聚、规模较大的区域进行试点,涵盖番禺区的珠宝产业等
2020	市政府	支持开展珠宝首饰等高端消费品入境维修养护业务
2020	市商务局、市发展和改革委员会、市文化广电旅游局	提升广州国际时尚周影响力,将其打造成顶级专业发布平台

从番禺区层面看,番禺区相关部门积极支持大罗塘珠宝发展规划编制,并设立专门发展领导小组来引导大罗塘珠宝小镇转型升级发展,利用环境整治提升来优化大罗塘营商环境(见表5)。

表5 区级层面对大罗塘珠宝小镇的政策支持

年份	部门	政策措施
2010	区政府	将珠宝设计、珠宝首饰纳入优先发展的现代产业导向目录中,指出要提升传统产业优势
2011	区政府	面向珠宝首饰等产业集群推广实施联盟标准,促进传统产业优化升级
2011	区政府	以万博购物中心、友谊购物中心为核心,以钻汇珠宝采购中心、易发商业街等为依托,打造以"番禺珠宝"为特色的时尚购物品牌
2011	区政府	重点提升珠宝首饰等十大主导产业的竞争力,培育壮大一批具有较高品牌价值、领先技术水平、良好市场前景的骨干企业
2016	区政府	"放管服"升级珠宝"一站式"通关,打造珠宝文化旅游基地
2017	区委区政府	加快发展珠宝首饰等重点产业领域,集聚产业领军人才
2018	区政府	成立珠宝产业发展领导小组
2019	区政府	从转型升级与效益提升、知识产权保护、市场拓展与产业推广等三大方面设立奖励,促进珠宝首饰产业转型升级发展
2019	区政府	调整番禺区政务公开领导小组及成员单位

从沙头街层面看,番禺区沙头街从行业统筹、营商环境、搭建推广平台以及人才培养等方面入手,来持续推进大罗塘珠宝小镇产业转型升级相关工作:一是成立统筹部门。在过去的八年里,沙头街珠宝首饰产业推进

管理办公室、广州市番禺大罗塘珠宝首饰商会以及大罗塘珠宝小镇管理办公室等部门及行业商协会在沙头街道的支持下相继成立。二是优化营商环境。利用"三旧"政策来对小镇内的老旧厂房进行更新改造，统筹推进环境综合整治工程。三是搭建推广平台。通过大罗塘珠宝节、番禺珠宝文化节等方式来为企业搭建珠宝推广平台，扩大企业和大罗塘区域品牌的影响力。四是培育人才战略。通过成立番禺珠宝工艺设计委员会，协办《番禺工匠》大赛，搭建校企精准对接平台，打造培育"番禺工匠"主阵地来实施人才战略。

（三）园区转型升级

为进一步壮大产业规模，持续提升产业市场竞争力，在产业创新发展方面，大罗塘珠宝小镇探索出了许多成功的经验，如创新打造珠宝展厅与工厂相融合的运营模式；开拓电商＋直播渠道，促进珠宝销售模式多元化发展；打造文商旅融合发展项目；以 3D 打印技术为支点，推动珠宝行业向智能制造转型发展；多元化布局，推动珠宝跨界合作。

1. 推进"珠宝＋文旅"深度融合发展

沙头街以全域旅游为引领，构建起"珠宝＋文旅"深度融合的产业生态体系。此外，结合大罗塘珠宝节、番禺珠宝文化节等重要的推广平台，推动大罗塘珠宝小镇实现多渠道转型升级，既要稳抓总部经济引领下的卫星式共生结构转型升级，又要推进"珠宝＋文旅"深度融合发展，积极打造珠宝旅游风景区示范。

2. 推进珠宝线上销售新模式发展

积极探索珠宝产业发展新模式新业态，不断提升园区对实体服务的功能，通过将原创、直播与市场结合的方式，推动园区内产业发展模式向"互联网＋"产业平台转变。目前，大罗塘珠宝首饰电商经营主体已过千家，米莱珠宝已占据宝石类线上销售的一席之地，宝石矿工等新型跨国珠宝品牌也开始崭露头角。

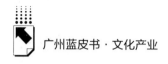

3. 推动向智能制造转型发展

2018 年 3 月 22 日，由广州迪迈智创科技有限公司和意大利 SISMA 公司携手打造的迪迈珠宝 3D 打印共享中心在大罗塘成立，该中心是全国首家珠宝 3D 打印共享中心，是一个集科普宣传、示范推广、加工研发、技术研发、设备销售、设备租赁、金属打印、教育培训等功能于一体的平台，成为向智能制造转型发展的有力推手。

当前，大罗塘珠宝小镇在发展过程中也面临一些问题：一是缺乏宏观层面长短中期发展规划指引，产业发展协同性有待提升；二是税收规模相对较小，对地方经济发展的贡献相对不足；三是产品仍以海外市场为主，对外贸易依存度较高，受全球经济不确定性影响较大；四是发展模式未发生根本性转变，仍然以来料加工为主，处于产业链低附加值环节；五是自主品牌培育相对不足，与深圳珠宝产业在发展过程中涌现的周大生、周六福等知名品牌企业相比，大罗塘珠宝小镇仅有卓尔珠宝、元艺珠宝、APM 等区域性知名品牌企业，产品市场竞争力和知名度优势不明显。

三 关于园区下一步发展的展望与思考

在国内大循环为主体、国内国际双循环相互促进的新发展格局下，大罗塘珠宝小镇将积极融入粤港澳大湾区，深入实施创新驱动发展战略，引导抓好产业协同发展，完善行业发展规划，加强珠宝品牌培育，进一步拓展产业链，与文旅实现深度融合，促进重要平台建设，为广州珠宝产业转型升级树立新典范。

（一）编制符合本行业实际情况的发展规划

根据《粤港澳大湾区发展规划纲要》以及《中共广州市委关于制定广州市国民经济和社会发展第十四个五年规划和二〇三五年远景目标的建议》对广州建设国际大都市的要求，广州市积极落实《广州市打造时尚之都三年行动方案（2020～2022）》，对珠宝产业做出明确的产业发展规划，由市级统筹各区珠宝产业园区进行协调发展，并建立起相应的绩效考核制度，提升规划落实的积极性。

（二）加强商协会作用发挥，调动行业发展积极性

积极发挥珠宝产业商协会的桥梁作用，协助政府制定产业发展规划、积极传达企业发展诉求、协调联通企业间以及园区间的协作关系。积极发挥珠宝产业商协会的监督作用，对产品和服务质量、竞争手段、经营作风进行严格监督，维护行业信誉，鼓励公平竞争，打击违法、违规行为。积极发挥珠宝产业商协会的统计研究作用，切实解决产业园区数据不互通问题，并对国内外珠宝行业发展情况开展基础调查，以数据、研究、报告等形式充分说明珠宝产业在广州经济发展中的重要地位，破解税收直接贡献不高、没有政府大力支持、行业发展缓慢的困局。

（三）加强珠宝品牌培育，扩大品牌影响范围

加强区域品牌树立意识，坚持政府推动、企业积极参与的方式，引导企业共同抱团宣传、推广、创建品牌，提高大罗塘珠宝小镇知名度、美誉度，开拓市场，增加销售。加强企业品牌的培育建设，鼓励企业通过产品设计、技术工艺、销售模式等方面的创新，或通过并购国外具有丰厚历史底蕴的珠宝品牌[①]，扩大企业自身品牌影响力。

（四）大力发展总部经济，拓展高附加值产业链

在以国内大循环为主体、国内国际双循环相互促进的新发展格局下，紧抓"一带一路"、粤港澳大湾区等建设机遇，通过发展总部经济、扩大品牌影响力等方式促使产业园区从网状式企业集群模式逐步向卫星式结构的共生

---

① 通灵珠宝于2017年2月收购比利时皇家品牌Leysen1855。Leysen1855是具有162年悠久历史的比利时王室御用珠宝品牌，通灵珠宝升级为"Leysen1855"莱绅通灵后，品牌历史由原先的创立年份1997年拓展到1855年，并成功嫁接了比利时王室资源，拥有了打造顶级奢侈珠宝品牌所必需的特质，也成为国内少数中高端定位的珠宝品牌之一。

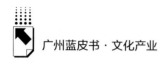

模式发展，通过加强对企业产品设计、销售渠道的能力建设，进一步拓展产业链中高附加值部分，实现从外销为主到内外销并重的产业集聚式发展，促进广州特色珠宝小镇发挥协同行业发展转型升级的积极作用。

（五）促进"珠宝＋文旅"深度融合，强化发展原动力

将珠宝、文化和旅游纳入一休化发展，利用大罗塘珠宝小镇加快开拓旅游资源板块，加快建设酒店等旅游业配套设施，规划建设番禺珠宝文化馆和大罗塘珠宝小镇地标性建筑物等；继续支持举办番禺珠宝文化节、珠宝旅游购物节，开发"珠宝工厂文化游"路线等，促进"珠宝＋文旅"深度融合发展。

（六）促进重要平台建设，营造良好发展环境

以推动广州珠宝产业转型升级为主线，研究制定相应的扶持政策，继续支持番禺国际珠宝节、大罗塘珠宝节等系列品牌活动定期举行，并持续推进广东（广州）珠宝宝玉石交易中心、国家钻石交易中心在广州建设落地，积极促成一般贸易项下的钻石（包括毛坯钻和未镶嵌成品钻）进出口政策在广州落地，为广州珠宝产业持续高质量发展提供良好的政策环境。支持并完善广州珠宝产业园区周边配套设施，搭建珠宝企业投融资、金融保险等平台，切实利用好现有政策更新改造现有产业园区，为企业提供良好的经营环境。推进国家珠宝玉石质量监控监督检验中心在广州设立更多的分支机构，严厉打击假冒伪劣产品，从源头以及销售终端严控产品质量，为消费者提供良好的信用环境。

参考文献

《聚合力 谋发展 共创合作新未来——粤港澳大湾区珠宝钻石产业发展现状》，《广东经济》2019 年第 11 期。

《珠宝产业园的繁荣与隐忧——珠宝产业园"遍地开花"的背后》,《中国黄金珠宝》2017 年第 8 期。

俞健业、丘志力、罗宇鹏:《中国三大珠宝产业集群(区)的形成、发展模式及其区域竞争力分析》,《2009 中国珠宝首饰学术交流会论文集》,2019 年 11 月。

沈运龙:《飞速发展的香港珠宝业》,《中国黄金珠宝》2001 年第 1 期。

张圆:《大罗塘珠宝小镇:珠宝出口名镇的转型》,《中国黄金珠宝》2017 年第 8 期。

鹏程:《第三届广州番禺珠宝文化节暨大罗塘珠宝小镇揭牌》,《中国黄金珠宝》2016 年第 12 期。

B.12
广州珠宝企业创新发展研究

——以广州卓尔珠宝为例

陈荣 郭贵民 王福春 刘万里*

摘 要： 本文以代表性珠宝企业广州卓尔珠宝为例，结合广州珠宝企业发展实际，全面剖析广州珠宝企业当前面临的挑战与困难。研究发现，当前广州珠宝企业不仅面临着珠宝行业整体增速放缓的困境，还存在企业自身规模偏小、缺乏自主品牌、产品设计专业化水准不高、生产经营模式单一等显著问题。基于此，本文提出广州珠宝企业要通过人才创新、产品创新、模式创新、品牌创新、营销创新、管理创新，培育核心竞争力，以实现创新发展的对策建议。

关键词： 珠宝企业 创新发展 卓尔珠宝

珠宝企业作为珠宝产业发展中最为核心和活跃的主体，对推动珠宝产业高质量发展发挥着不可忽视的重要作用。作为中国最主流的珠宝加工基地，广州拥有全国最多的珠宝企业。以珠宝产业为核心的时尚产业已经成为广州经济的重要组成部分，珠宝产业已经成为广州打造国际时尚之都、加快建设全球定制之都的重要基础和强大支撑。随着广州珠宝产业的深化发展和转型

* 陈荣，广州市社会科学院现代产业研究所研究助理，研究方向为产业经济；郭贵民，广州市社会科学院现代产业研究所副研究员，研究方向为产业政策；王福春，广州市贸促会党组成员、二级巡视员；刘万里，广州市贸促会一级调研员、会务信息部部长。

升级进程加快，消费者对于珠宝首饰的需求逐渐增高，对于个性化、品牌化以及珠宝行业创新创造的要求也日趋提高，国内珠宝行业的竞争愈发激烈。面对复杂多变而且竞争进入白热化的国内珠宝市场，本文以代表性珠宝企业广州卓尔珠宝为例，结合广州珠宝企业发展实际，全面剖析广州珠宝企业当前面临的挑战与困难，为广州珠宝企业创新发展提供经验参考和对策建议。

一 广州珠宝企业的总体情况介绍

历史上广州就是中国珠宝业加工和批发的集散中心，也是我国最具规模的珠宝零售市场和珠宝出口加工基地。经过近四十年的积累，广州已成为全球重要的珠宝加工基地，形成了以番禺、荔湾、从化、花都为主体的珠宝产业集群。

（一）规模

据广州市市场监督管理局统计，2020 年，广州珠宝产业领域市场主体共有 18.5 万家，年产值约 660 亿元。全部市场主体中，从事珠宝首饰加工、制造类市场主体多达 5102 家，其中企业 4374 家，占该领域全部市场主体的85.73%；从事经营珠宝首饰销售的市场主体为 18.023 万家，其中九成以上的市场主体也是以企业形式存在，专业化特征明显。全市珠宝产业从业人员13 万多人，其中规模以上企业从业人员达 2.7 万人，专业设计师数千人。

（二）区域分布

广州的珠宝企业主要分布在番禺、花都、荔湾、从化四区，珠宝企业集聚效应和规模效应较为明显，且各区珠宝企业发展特征明显，已经形成全球最完善的珠宝首饰加工制造、批发零售特色产业基地，奠定了广州发展珠宝产业的重要基础。

番禺区内集聚来自全球 30 多个国家和地区的珠宝加工制造企业 400

多家、销售经营企业 2000 余家，规模以上企业 32 家，从业人员近 10 万，其中包含珠宝设计师 800 多名，每年为珠宝产业输出 1000 名毕业生，每年产生 10 万 + 原创设计产品，拥有单个产品超过 70 万件的生产供应能力。珠宝企业主要集聚于沙湾镇、沙头街、市桥街、东环街和石基镇等 5 个镇街①。

花都区珠宝商会在册登记会员仅有 31 家②。其中有 5 家不从事珠宝产销，12 家在荔湾区营销（其中包括 3 家花都生产企业），在花都的销售企业仅有 10 家（其中包括 2 家生产企业），有 2 家在异地生产。在花都的生产企业 7 家，其中 1 家已经转产，1 家停产。花都珠宝商会会员单位，除生产企业外，销售企业大部分为老板档口，老板独自看店面，未雇用员工。从事珠宝生产的企业基本集中在珠宝小镇内，目前有 3 家，均为台资企业。会员企业主要产销 K 金、纯银镶嵌类首饰及天然翡翠、玉石、半宝石类产品。

荔湾华林街辖区内有 6 个较大的玉器销售场馆及 1 条玉器商业街，分别是：华林国际玉器城 A 馆、华林国际玉器城 B 馆、华美珠宝玉器城、广州华汇商业城（名汇）、华帮玉器工艺文化广场、荔湾广场以及华林玉器街。截至 2020 年 8 月，共有办理税务登记的玉器个体工商户 1968 户。此外，在街道境内还有未进行登记的档口和临时档铺上万家，从业人员总数估计在 2 万人以上，空间集聚效应明显。

目前从化区珠宝加工生产行业只有广州钊永钻石有限公司 1 家企业，该公司主要从事钻石加工、珠宝首饰生产制造，产品远销欧洲、美国、中东、东南亚及中国香港等地，具有一定的市场影响力。随着全球经济下滑和新冠肺炎疫情影响，该企业订单大幅下降，2019 年累计完成工业产值约 800 万元，2020 年 1 ~ 10 月累计完成工业产值约 700 万元，整体规模偏小③。

① 数据来源：广州市番禺区珠宝商会。
② 数据来源：广州市花都区珠宝商会。
③ 数据来源：从化区科工商信局。

（三）行业分布

近年来，随着广州珠宝产业的持续发展，珠宝企业已经由原来的批发、加工等相对集中和低附加值产业链环节逐步向品牌打造、产品设计、工艺创新、文化注入等产业链前端，以及产品展览、检测鉴定、销售、服务与传播等产业链末端高附加值环节发展和转移。

例如，沙湾瑰宝小镇拥有沙湾珠宝产业园及周边集聚的大量珠宝生产及产业配套相关企业，具备提供集审批、海关合同备案、核销、货物通关、查验、押运等于一体的"一站式"服务功能。大罗塘珠宝小镇依托金俊汇、大罗珠宝城等 11 个场馆建设，集聚了卓尔珠宝、三和珠宝等 2000 多家生产加工与销售企业和商户，从业人员 6 万多人，呈现出设计、加工制造与终端销售一体化发展态势，形成集原料销售、生产工具制造销售、技术工人培训、设计研发、定制、生产、半成品和成品销售、电子商务、新零售、检验检测、会展服务等于一体的全产业链发展模式，是全国首屈一指的珠宝首饰生产加工基地和全球珠宝首饰供应链基地。

二 卓尔珠宝创新发展情况

（一）基本情况

广州市卓尔珠宝股份有限公司（以下简称"卓尔珠宝"），始创于 1994 年，是一家集研发、生产、营销、传播为一体的现代化珠宝公司，旗下产品包括钻石、翡翠、黄金、彩宝、手表、高端银饰以及迪士尼授权产品系列七大品类，目前在全国拥有专卖店和销售网点 800 余家，覆盖全国 27 个省级单位的各级市场。2012 年至今，卓尔珠宝多次荣登"亚洲品牌 500 强"排行榜，排名 330 名，品牌价值 312.81 亿元。2018 年，卓尔珠宝与比利时百年钻石切工革新典范——德贝尔德家族合作，成为比翼钻全国大中华区独家代理。

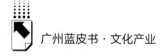

目前卓尔珠宝主要经营的产品包括镶嵌类钻石、彩宝、翡翠、黄金和高端银饰五大品类，钻石类产品全国独家代理比翼钻，主要面向国内发展潜力巨大的二、三、四线城市消费者（以追求时尚、爱美新女性为主）提供富有内涵、优质、价格中档、具有高性价比的各类珠宝首饰产品。

（二）生产及营销模式

公司通过上海黄金交易所的会员单位购买黄金原材料，通过上海钻石交易所的会员单位及广州钻石交易中心国内两家钻石交易平台购买钻石原材料，然后委托合作加工厂进行加工，合作加工厂按照公司给予的设计图纸进行加工，卓尔珠宝正在突破珠宝产业上游加工与批发环节，与江西省德兴市人民政府合作打造江西卓尔·德贤国际黄金珠宝文化创意产业园，进行产业联动，转型升级，整合矿产、钻石毛坯加工、生产、服务、批发等环节，再由公司通过品牌加盟商、自营店、网上商城和批发商进行销售，公司的营业收入主要来源于品牌溢价。

卓尔珠宝的盈利模式以珠宝首饰销售为主，包括加盟销售和直营店销售两部分，并以加盟销售为主，另外还向加盟商收取加盟费。经过20年的市场耕耘，卓尔珠宝已在全国范围内拥有800多家专卖店和销售网点，形成了覆盖全国市场的网络和服务体系，并在江西、福建、广西、河北等省域市场形成较强的品牌竞争优势，成为覆盖省会、地市、区县、乡镇四级市场的珠宝品牌。作为中国二三线城市珠宝品牌代表，卓尔珠宝更注重观察中小城市消费者的珠宝需求和市场特点，20年来总结出一套卓尔珠宝独特的运营模式和操作手法。近年来，卓尔珠宝又加快了市场开拓步伐，向西北、西南等省（区、市）快速扩张，在更广阔的市场上推广卓尔产品和经营理念。

（三）企业发展重点与创新做法

1. 注重自主研发与产品品质

卓尔珠宝二十多年来享誉市场，与其优秀的产品设计和过硬的产品质量密不可分。除了自主研发，卓尔珠宝还与深圳多个大型珠宝设计公司展开了密切的交流与合作，整合社会资源，保持产品款式的市场领先地位。卓尔珠宝先后与国内外优质供应商、机构平台和中国地质大学（武汉）、广西理工学院、广州番禺职业技术学院等专业院校合作，最大限度地保证产品品质，让消费者享有高产品性价比。目前公司拥有发明专利1项、实用新型专利15项，外观设计专利1项。2000年卓尔珠宝在全国率先推出"保换、保修、保养、保真、保质、保量、保值"的"七保"产品终身服务，为消费者提供最佳的售后服务体验。2020年12月，卓尔珠宝携古法婚嫁七件套《一镇一品——国色天香》系列展品参加2020首届广州国际时尚产业大会时尚珠宝秀场，展现广州珠宝产业的优势与实力，精致的展品以及背后蕴藏的深刻意义，充分展现出卓尔珠宝对于原创产品的追求和对产品质量的严格把控。

2. 注重专业人才培养与引进

目前，卓尔珠宝研发中心拥有多名资深珠宝设计师，通过引进国际先进技术，融入国际珠宝设计潮流。2019年，卓尔珠宝与广州鼎尖珠宝设计学院开展设计团队合作，引入优秀设计师，致力于为广大消费者呈现更优质、更精致、更吸引人、更有内涵的珠宝设计。广州鼎尖珠宝设计学院位于番禺国际珠宝城宝黄集团大罗塘珠宝产业园，是一家集珠宝雕刻技能培训、珠宝高端定制设计培训、珠宝加工工艺培训、珠宝销售培训、珠宝新媒体及电商培训于一体的专业珠宝培训学院。通过设计团队合作，卓尔珠宝可以继续为消费者提供多元化及性价比高的产品。卓尔珠宝还十分注重研发团队的未来发展，先后与中国地质大学等国内权威的教育机构达成长期人才培养战略合作。

另外，打造优秀店长也是卓尔的制胜法宝。优秀店长是珠宝店铺成功的关键，需要时间和经验的积累，更离不开不断的学习与培训以及思考、探索和总结。卓尔珠宝定期开展经营特训营，以"提高店铺成交率为核心"，采用模拟训练方式，全方位提高一线销售团队和管理人员的销售技巧和综合素质，旨在打造优秀店长、塑造店铺精英。

3. 坚持深耕以珠宝为核心的价值链战略

卓尔珠宝自成立以来，一直坚持"中国三四线城市珠宝领导品牌"的战略定位，即深挖三四线城市珠宝市场的潜力，把市场做得更细更透，探索最适合三四线城市市场的珠宝发展模式，从最初的钻石镶嵌单一产品线，发展到覆盖黄金、彩宝、银饰镶嵌等多个品类的综合性珠宝品牌，适应了三四线城市市场的发展需求。现在，卓尔珠宝开始进化到"中国三四线城市珠宝领导品牌2.0"阶段，在坚持"人性化""性价比高""一站式"原则前提下，往"产业价值链"方向发展，进一步满足中国三四线城市市场的需求。卓尔珠宝开始以"价值链战略"突破珠宝产业上游加工与批发、中游加盟与合作、下游品牌与零售，将眼光拓展到整个产业链条，并且让价值链上的每一环节都产生新价值。在新的"价值链战略"框架下，供应商、品牌商、分销商、加盟商都成为"价值创造者"，实现多方受益。未来，卓尔珠宝将以广州珠宝产业链为基础，以"千年商都"的历史积淀为依托，以"时尚之都"和"小蛮腰"为时尚杠杆，继续走"原创、品质、服务"的品牌发展路线，并将进一步把新一代信息技术与时尚产业深度融合，搭建时尚消费平台，强化时尚传播能力，坚持深耕价值链，打造占领价值高地的泛珠宝品牌。

4. 创新品牌运作模式和商业模式

卓尔珠宝在坚持以珠宝为主业和以品牌为核心竞争力的基础上，主动创新品牌运作模式及整合产业链，不断深挖珠宝行业上下游国际国内资源，培育产品市场竞争力。打造平台型企业就是卓尔珠宝最新战略目标。卓尔珠宝将以珠宝加盟连锁零售为基础，走横向、纵向整合的平台之路，全方位打造珠宝发展新动能。整合上下游资源是珠宝行业升级发展的必经之路，卓尔·德贤珠宝文化创意产业园项目的实施，是卓尔珠宝打造平台型企业、实施"独角兽"战略的重要步骤。卓尔·德贤珠宝文化创意产业园项目旨在打造"产学研+文商旅"双创平台，推动特色工业旅游发展，创新商业模式，延伸珠宝产业链，推动行业转型升级。通过整合黄金珠宝上中下游企业，整合珠宝与文化旅游，实现了全产业链发展和跨界融合，打造了珠宝行业新模式、新动能。卓尔珠宝还推出"智能珠宝机新零售经营模式方案"，凭借智能珠宝机创新商业模式，为购物中心、城市综合体类商场等大型聚集区域商家引流，吸引人气，助力营收运营，发掘全新珠宝礼品行业千亿市场。

5.重视新媒体宣传力量

卓尔珠宝创办的微信公众号"JURE卓尔珠宝"始终围绕社会主义核心价值观和企业价值观，积极利用自媒体并结合主流新闻传播渠道发声，通过创新表达方式，注重传播效果，对企业品牌进行多角度、全方位的宣传和塑造，其公众号被评为"2018年度全国黄金行业优秀新媒体平台"。此外，卓尔珠宝还借助微信顺势推出官方云服务小程序，贯通线上线下的最大入口，涵盖关键词搜索、地图定位、会员卡券、商城系统等13项智能服务，为卓尔珠宝的商家及顾客提供更智能、便利、全面的服务。卓尔珠宝还利用高铁广告全面扩大卓尔珠宝品牌宣传。自2018年卓尔珠宝高铁广告正式上线，已覆盖135个城市，贯穿5大线路各站点，覆盖一、二、三、四线城市，多类型全方位广告投放，扩大了卓尔珠宝品牌影响力，带动品牌凝聚力提升，助力卓尔珠宝市场版图扩展。未来，卓尔珠宝将在新闻宣传工作中创新传播方式方法，加快媒体融合发展，加强新媒体传播与传统媒体传播的有效互助互动互相支持，弘扬行业主旋律，传播黄金正能量，为推动中国黄金珠宝行业新闻宣传报道建设贡献力量。

三 广州珠宝企业目前面临的挑战

（一）珠宝行业整体增速放缓

1.珠宝行业的大环境不好

珠宝首饰业作为典型的高端消费品行业，呈现出与宏观经济运行高度一致的周期性特征。从国内外大环境看，全球经济与贸易环境等不确定因素增加，加之上游资源储量减少、消费力疲软等问题，导致全球珠宝行业发展面临诸多挑战。珠宝产业整体缩水，尤其是2020年，受新冠肺炎疫情影响，中国珠宝行业的增速有所放缓，竞争日趋激烈。在外需出现明显

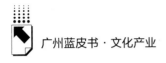

萎缩的情况下，尤其是中美贸易摩擦持续升级，中国珠宝出口继续增长的空间有限，贸易顺差规模将会进一步缩小，珠宝出口企业将会受到较大冲击。

2. 消费群变化导致产品需求变化

近年来，国内居民人均可支配收入有了较大幅度的增加，人们珠宝消费能力和消费意愿也随之增强，消费主力人群趋于年轻化。消费人群的变化直接带来消费市场的需求转变。新生代消费者对于珠宝首饰的定位不再是单纯的收藏、保值功能，更多是日常生活的佩戴装饰，对珠宝的需求偏向于能够满足其个性化需求和独特情感需求的造型新颖的、有设计感的珠宝设计。当下，经济新常态、供给侧改革是珠宝界的高频词。随着从众消费向个性消费转变，消费加速成为驱动经济增长的重要力量。对于珠宝行业而言，新兴中产消费主力的崛起以及对珠宝产品个性化、品质化需求的提升，对企业的产品创新和产品结构提出更高的要求，加剧了珠宝行业的洗牌。

3. 以直播电商为代表的新媒体电商异军突起带来诸多挑战

随着电商、互联网直播的发展壮大，线下实体企业发展受到诸多挑战，再加上突如其来的新冠肺炎疫情影响，如何变革拥抱互联网，跟上线上平台的脚步，再创辉煌，是珠宝人一直思考的问题。直播电商的兴起和新零售概念的推出为珠宝电商的发展环境带来了新的变化。随着越来越多珠宝企业试水电商新模式，珠宝电商的竞争会不断增大，营销成本必然上涨，对处于行业下行期的珠宝产业，尤其是出口加工型企业带来极大的挑战。在消费升级和市场规模扩大的趋势下，一些实力薄弱、品牌定位模糊、产品缺乏特色的珠宝企业将面临淘汰。此外，新媒体的快速发展分流了传统媒体的客户资源，品牌传播变得越来越碎片化，顾客越来越难以触达，品牌推广的难度加大。

4. 通关政策的缺失

广州珠宝产业中，以钻石为主的珠宝业务进出口占全市珠宝总体业务的70%~80%，但目前广州市尚未获得中国钻石交易权限。按照现行珠宝首饰进出口贸易政策，上海成为我国钻石一般贸易和加工贸易内销唯一的通关渠道，且只有注册成为上海钻石交易所的会员，同时支付高昂的会员费用，才能在交易所开展钻石进出口业务，且企业只有在上海钻石交易所办理进口通关手续，才能享受税收优惠政策。以广州企业一般贸易进口钻石为例，企业只能将加工后的成品钻石运至境外，再从境外运至上海，由所内会员企业办理一般贸易进口手续，流程中涉及多地代理报关，钻石企业的物流成本、时间成本和运输风险因此大大提高。

（二）企业自身的问题

1. 企业规模普遍较小，没有形成整体的品牌

当前，在广州珠宝产业中，中小企业占绝大多数，甚至夫妻店也是一个企业，而且这些中小企业以来料加工为主，不从事产品国内市场销售，往往对国内市场的拓展和自身品牌的培育重视程度不足，这种类型生产模式下生产企业往往不具备较强的核心竞争力。近年来，随着深圳、福建等地区珠宝业的迅速崛起，珠宝产业的国内外市场竞争日趋激烈，特别受中美贸易争端和新冠肺炎疫情的影响，中小企业由于核心竞争力不足，通常会受到更加严重的冲击。主要原因在于广州本土企业加工贸易产品无法直接内销，严重影响了企业和厂商培育自主品牌的意愿，企业只能为境外客户"贴牌生产"，没有培育出受市场认可的自主品牌，产品缺乏核心市场竞争力，无法与周大福、六福、周生生等著名香港品牌构成市场竞争。

2. 产品设计专业化水准不高，缺乏核心竞争力

当前，不少珠宝企业仍然以代工为主，对珠宝的技术研发重视程度不够，珠宝产品的技术含量和研发水平整体不高。在品牌产品的设计、开发、管理等方面缺乏专业化水准，与一线珠宝品牌还有一定差距。这在一定程度上导致了珠宝产品同质化，企业缺乏自己的特色独有拳头产品。在高技能人才方面，广州珠宝企业面临着珠宝制作技工人才储备相对不足的困境。一方面，随着国内人口红利逐步降低，青年劳动力显著减少，再加上新人多不愿

意进入制造业，导致珠宝制造业的从业人数受到影响；另一方面，专业的珠宝人才培训机构的培训效果与企业实际需求差距较大。此外，当前珠宝企业自身也不愿意大量培训新人，主要是成本较高，而且留不住。在直播电商兴起的新发展环境下，由于广州珠宝电商起步较晚，暂时没有形成系统的人才培训体系，而市场上专业的珠宝电商专业人才又极少，导致珠宝电商人才相对欠缺。

3. 生产经营模式单一

由于广州珠宝企业一直以来料加工方式为主，逐渐形成了长期"为他人作嫁衣"的发展状况，导致自主品牌培育力度不足，处于价值链中低端，获取的利润空间有限。以钻石进出口贸易为例，当前广州本地企业大多以钻石加工贸易为主，"两头在外"发展模式造成本土企业缺乏议价权和经营权，只能被动承接价值链低端的代加工业务，严重制约了本地企业做大做强。而且广州企业的内销成本相对较高，因广州不享有钻石一般贸易进出口和加工贸易转内销通关政策，不利于建立以国内大循环为主体、国内国际双循环相互促进的新发展格局，如绕道上海开展有关业务势必会大大挤压广州本土企业的利润空间。

4. 整体抗风险能力不强

当前，广州珠宝市场仍以国外市场为主，抗风险能力相对较弱。调研发现，新冠肺炎疫情对番禺珠宝产业发展产生了较大影响：一是国外订单大幅下降；二是线下展会被取消，由于行业需现场选版、材质把握要求高等特点，市场渠道受阻；三是多国采取限制入境或者强制措施，减少或取消航班，均影响企业与外国客户的业务往来；四是物流方面，由于停止了市区码头往来内地的客运航班，珠宝企业需改从深圳皇岗口岸陆路通关，物流成本增加30%。

四　对策建议

当前，广州珠宝企业面临着严峻的考验与挑战。珠宝企业要积极应对变化，转变发展思路，根据自身实际情况，着重解决当前影响其发展的问题，通过产品创新、模式创新、品牌创新、营销创新、管理创新，培育核心竞争力，以更好地拥抱双循环发展新格局。

（一）加大专业技能人才引进与培养力度，重视人力资源开发

注重人才培养渠道的拓展。一是注重企业内部人才的培养和晋升渠道的合理性，通过业务培训等实践活动提高员工的专业水平和综合素质，确保在职员工能够不断进步和发展。二是高度重视与知名院校、培训机构的产学研合作，构建人才培养、科学研究、社会服务等多元一体的合作培养模式，为企业培养具有较高专业实践能力、创新能力强、适应企业发展需求的技术型人才。三是加大人才引进力度，实现内部培养与外部引进相互融合，多方位满足企业高技能人才需求，使珠宝企业的人力资源结构朝着更加理想的方向发展。

（二）提升品牌形象，增强研发设计能力

珠宝行业的发展历程表明，行业发展初期，渠道建设是提升品牌影响力的关键。随着市场逐渐成熟，消费者对品牌底蕴深厚和辨识度高的黄金珠宝品牌将产生更强烈的品牌认同。随着消费者对产品设计、工艺技术、品牌内涵的理解日益加深以及消费层次的日益提升，黄金珠宝的工艺技术、设计款式、品牌文化日益被新生代消费群体看重。因而，对企业来说，在渠道建设发展到一定阶段后，产业设计和工艺技术的重要性将更加突出，产品原创设计能力将成为企业竞争的重要法宝。在珠宝行业竞争日趋激烈的今天，品牌运营乏力、产品缺乏特色的珠宝企业将面临市场淘汰。珠宝企业要通过增强研发设计能力，提升品牌形象和影响力，提高企业产品的市场份额。

（三）实施产品多元化战略，提高产品质量

消费人群的变化直接带来珠宝消费市场的需求转变，消费需求开始转向

个性化和多元化，人们更加重视珠宝的款式和工艺设计。产品是珠宝企业开展业务的源头，产品的质量决定着珠宝企业在行业中的地位以及竞争力。卓尔珠宝的成功与多元化的产品和高性价比密不可分。只有发展多样化、多元化的珠宝产品，才能适应不同层次人群的需求。不仅要发展产品多样性，而且要保证产品质量，才能提高产品的竞争力。珠宝本身价格高昂，而大多数消费者缺乏珠宝辨别的专业知识，一旦出现假冒伪劣产品，对企业造成的危害和影响是不可估量的。

（四）转变经营策略，加快国内市场开发

在构建"以国内循环为主体，国内国际双循环相互促进"的新发展格局背景下，珠宝企业，尤其是以外贸为主的珠宝企业，要转变经营策略，提升产品附加值，加大国内市场开发力度。不同城市的消费者又呈现出多元化并存的态势。这就决定了珠宝零售要从过去的"千店一面"升级为"千店千面"，做到服务模式的本地化。结合国内消费者需求，把外贸生产中的质量控制、成本控制等管理经验和先进技术工艺等融入内销产品中，开发适合国内不同区域市场的品类和样式，塑造适应国内市场销售的产品，做好市场营销和终端服务。

（五）加大营销网络建设力度，创新经营模式

打造线上线下一体化销售网络，珠宝行业经营模式迫切需要借助"互联网＋"的科技优势向"大众创业，万众创新"转变，从而破解产品同质化竞争、产业链原料端的价格高企、资金整合无门的困局。跟上线上平台的脚步，探索直播电商等新模式，加强珠宝产品网络营销。企业要建立起适应珠宝产品网络销售的运营服务体系，提高电商及新零售服务功能，完善企业线上线下的全网营销体系建设。构建信息化系统，进一步扩大公司的业务规模，并最终发展品牌价值高、声誉好的一流珠宝首饰公司。

参考文献

高耀宗：《广州珠宝产业定位与升级思考》，《中国外资》2006 年第 11 期。

才勇：《涵钰珠宝公司营销渠道策略研究》，东北大学硕士学位论文，2018。

吴烨：《互联网＋珠宝行业创新经营模式研究——以翡翠行业为例》，《吉首大学学报》（社会科学版）2017 年第 38 期。

区域专题篇

Regional Chapter

B.13
广州市天河区文化产业融合发展研究

顾乃华　谭小瑜*

摘　要：　天河区自1985年建区以来，一直作为改革开放的先导区，在
　　　　　诸多方面都是以勇立潮头的创新精神先行先试，在文化产业
　　　　　融合发展方面，天河区发挥着支撑、引领和示范的作用，承
　　　　　担着引领广州乃至广东文化产业与时俱进、创新发展的责
　　　　　任。本文通过梳理当前天河区文化产业融合的现状和发展基
　　　　　础，分析天河区文化产业融合的优势、特色、空间布局和主
　　　　　要领域，并分析其中存在的主要问题，提出进一步推动天河
　　　　　区文化产业融合发展的几点思考。"十四五"期间，为贯彻
　　　　　落实习近平总书记视察广东重要讲话、重要指示精神，天河
　　　　　区要继续发挥自身产业资源优势，持续推进文化产业融合发

* 顾乃华，暨南大学"一带一路"与粤港澳大湾区研究院常务副院长、广州现代产业新体系研
究基地主任、产业经济研究院研究员、博士生导师，研究方向为产业经济、文化产业经济；
谭小瑜，天河区协作办公室主任，天河区文化产业发展领导小组办公室常务副主任，注册城
市规划师，研究方向为城市经济。

展，促进天河区整体经济高质量发展，助力广州市实现老城市新活力和"四个出新出彩"。

关键词：　文化产业　文化产业融合　文旅融合　数字文化

天河区是广州经济实力最强、现代化程度最高、文化创新力最突出的中心城区，文化产业增加值占全市比重约30%，连续多年位居全市第一，游戏动漫、数字音乐、电子竞技等数字文化产业高度发达，以文化旅游商业为代表的文旅融合也取得累累硕果。2018年，天河区入选全国首批（13家）国家文化出口基地，也是广东省内唯一获此殊荣的城区。

一　天河区文化产业融合发展的实力现状和基础

天河区是粤港澳大湾区内文化产业集群和文化产业融合发展的重要增长极和策源地，在经济实力、产业结构和资源要素等方面优势突出。区委区政府在推动文化产业融合方面的工作可圈可点。在产业空间布局方面，已形成特色鲜明高水平集聚的五大片区。在文化产业融合的行业领域，天河区拥有若干高质量发展的产业集群。

（一）天河区文化产业融合的背景优势

天河区拥有作为国家重要中心城市核心城区得天独厚的区位优势，也是国家改革开放的主要"试验田"，创造了社会主义市场经济一个又一个奇迹。天河区现代服务业高质量集聚、文化产业价值链齐全和文化产业要素资源优渥等，为进一步实现文化产业融合奠定扎实的发展基础。

1. 国家重要中心城市核心区的优势突出

天河区作为国家重要中心城市核心区、广州第一经济大区，集聚全球高端创新要素，率先实现发展动能高位"换挡"，助力天河区实现从经济大区迈向创新强区。2020年，天河实现地区生产总值5300余亿元，已连续14年稳居地区生产总值全市第一，人均地区生产总值接近30万元。

在粤港澳大湾区建设和"一带一路"倡议背景下，天河区又作为广州国际科技创新枢纽核心区，将成为广深港澳科技创新走廊的核心节点和桥头堡，在建设文化产业合作平台、推进文化企业国际化发展方面优势明显。天河区一方面不断持续丰富文化产品和完善文化消费市场，实现国内循环供给；另一方面推动文化贸易和文化产业"走出去"，积极融入国际市场，参与全球文化产业竞争。

2. 现代服务业产业集聚化发展

高度发达的第三产业对于天河经济的"压舱石"作用十分显著，2020年，天河区第三产业占全区地区生产总值的比重高达92.5%，现代服务业增加值占比约70%，形成了金融业、新一代信息技术、现代商贸业和商务服务业等四大主导产业，高质量集聚了全球全国总部企业约150家。其中软件业营收规模接近2000亿元，位于全国第一梯队，金融业增加值已超过千亿元。

天河中央商务区云集了全球四大会计律师事务所、五大国际地产行、全市70%的金融机构以及人力资源服务机构，是华南地区文化产业总部企业的主要驻扎地，天河智慧城是天河数字文化产业技术领域的集中供能地，广州国际金融城羊城创意产业园区是创新创意产业的重要策源地，天河智谷片区是文化创意和科技创新深度融合的价值园区，沙河片区是广州演艺和文化资源集聚程度最高的地区之一。

天河路商圈、珠江新城商圈和天河北商圈等三大商圈拥有一批文化产品消费和购买力最强的群体，天河路商圈被誉为"华南第一商圈"，数十个中高端商业广场和优质的环境设施，为数字文化、首店经济、品牌消费、文旅融合等文化产业类相关的新经济新模式提供对接消费市场的高地。

3. 文化产业的价值链完整齐全

天河建区与"六运会"密不可分，天河区政府很早就意识到文化产业在经济发展中的重要性，并且始终坚持把经济体制改革成就引入文化产业领域，天河区的文化及相关产业增加值年均增速远高于同期国民经济的增长速度，文化产业发展水平长期位居全省第一方阵，在广州市名列前茅，已成长为广东、广州现代服务业经济的重要发展亮点。

2020年，天河区规模以上文化企业约750家，文化产业实现营业收入超过1600亿元，位居全市第一，文化产业增加值方面，天河约占广州市近三成份额。网易、三七互娱、四三九九、荔枝网络等入选2019年中国互联网企业100强，文化产业龙头和总部企业队伍庞大。天河区有15家企业入选广州文化企业30强，7家企业进入文化企业成长性20强，以及2个园区获评最具价值文化产业园区。此外，天河区还拥有国家软件产业基地、国家网络游戏动漫产业发展基地、国家音乐产业基地、国家文化出口基地、国家文化产业示范基地、国家数字服务出口基地、全国知名品牌创建示范区等涉及软件、音乐、游戏等文化领域的近十个国家级基地和示范区，凸显国家对于天河文化产业发展的重视和认可。

4. 文化产业发展要素资源优渥

天河区已发展成为广州市最具实力的科教文化中心和首个教育现代化先进区，拥有包括华南理工大学、暨南大学、华南师范大学和华南农业大学等"双一流"高校在内的65所高等院校，57家科研机构和全市60%的省部级以上重点实验室，以及全广州市约一半的各类高端专业服务业和创意人才。在市场主体方面，天河区拥有文化创意企业一万多家，规模以上文化创意企业300余家，从业人员超过6万人，从事文化相关产业的人才队伍庞大。

天河区拥有完善的创新创业生态，创新主体资源高度集聚发展，形成了广州市最完善的创新创业大赛、创业基地和创投基金等服务体系网络。2020年，天河区拥有国家高新技术企业总数超过3370家，孵化器和众创空间约210家，专利申请量和授权量分别达4.5万件和2.4万件，三项指标均为全市第一。技术合同交易额达700多亿元，全社会R&D经费投入占GDP比重约为3.4%，每万人口发明专利拥有数量超过100件。

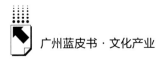
（二）天河区文化产业融合的特色亮点

天河区推动文化产业融合发展的路径具有鲜明的特色和亮点，通过以建设天河区国家文化出口基地为引领、完善扶持政策体系建设为保障、打造高品质文化活动交流平台为媒介的"组合拳"，加快实现文化产业的集群效应、品牌效应和融合效应。

1. 以建设天河区国家文化出口基地为引领

2018 年 6 月，天河区被正式授予"国家文化出口基地"称号，成为全国首批 13 家入选基地之一，也是广东省内唯一获此殊荣的城区。天河区委区政府通过积极推动天河区国家文化出口基地建设，引领天河文化产业高质量发展。一是制定基地建设方案、建立联席会议和规范统筹管理机制，完善了推动基地建设的顶层设计和制度保障。二是重点围绕国家文化出口重点企业和重点项目目录，着手建立示范企业和示范项目数据库，在资金、信息、金融等方面给予文化企业积极扶持。三是依托"一带一路"和粤港澳大湾区文化交流合作平台，广泛开展公共数字文化建设、文化科研交流、文化遗产保护利用等，全面深化对外文化交流合作，打造广东省重要的对外文化交流中心。

2. 以完善扶持政策体系建设为保障

天河区从行业类型角度制定实施政策、从市场主体角度明确扶持对象和从企业发展阶段设立扶持资金等，构建了全面完整的政策体系，保障文化产业类企业发展。一是先后出台《天河区加快发展数字经济若干措施》《广州市天河区软件产业发展规划（2020～2025 年）》《关于扶持游戏产业健康发展的实施意见》《关于印发广州市天河区产业发展专项资金支持文化创意产业发展实施办法的通知》《广州市天河区电竞产业发展规划（2020～2030年）》《广州市天河区国家文化出口基地建设三年行动计划（2019～2021年）》等一系列针对软件业、游戏业和电竞产业等数字文化产业发展的规划、计划和意见。二是重点针对数字内容的开发与传播，原创影视产品、动漫作品和设计作品，文化创意企业开展商业演出，文化创意园区发展，文创重点企业引进，文化产业孵化器建设等方面发力，明确具体的扶持对象。三是通过完善融资服务，给予在境内外新上市的文化创意企业资金支持，鼓励和支持社会专业投资机构成立文化产业投资基金，投资本地文化产业企业，完善国家、省市配套奖励资金等，在文化企业发展的不同阶段给予相应的资金支持。

3. 以打造高品质文化活动交流平台为媒介

高品质的文化活动交流是促进本地文化企业之间、本地文化资源和外地文化资源之间、文化产业与其他产业业态之间交流、互动和合作的价值平台，对此，天河区委区政府高度重视，积极支持各类文化活动在天河举办。一是积极推动举办文创产业大会·天河峰会、尚天河文化季，整合天河辖区内科技文化企业、专业演艺公司、各类艺术团体等文化资源，打造引领都市潮流的舞台、智慧创意基地，先后开展广州国际户外艺术节、广州国际美食节、"活力缤纷 CBD"、广州国际购物节、微电影大赛、竞技游戏比赛、国际音乐沙龙等各具特色的文化活动。二是推动广州国际演艺交易会、广州艺术节（戏剧节）、羊城国际粤剧节、广州纪录片节、广州大学生电影、中国音乐金钟奖等 6 项全国性、国际性的大型文化活动平台落户天河区。三是以传统文化和非物质文化遗产为媒介，打造"乞巧节"天河乞巧习俗、"咏春拳（广州天河）"、"车陂扒龙舟和猎德扒龙舟"、"客家山歌（天河区凤凰街）"等文化项目，形成独具天河特色的城市文化品牌活动。

（三）天河区文化产业融合的空间布局

天河区文化产业融合是广州文化产业融合的主要代表和核心力量，一直占据着引领地位和发挥重要作用。从空间布局的角度看，天河区文化产业融合资源和业态主要集中在五大片区，片区内形成了产业关联度较高、比较优势突出的分布格局。

1. 天河智慧城数字经济科技创新区

天河智慧城数字经济科技创新区位于广深港澳科技创新走廊节点，是基于天河科技园和天河软件园高唐新建区谋划建设的，致力于打造科技企业总部集聚区。2020 年，天河智慧城地区生产总值接近 700 亿元，过去 5 年年均增速接近 18%，集聚软件和信息技术服务业相关的企业约 2500 家，从业人员接近 15 万人，企业平均营收 1.30 亿元，拥有 28 个孵化器和 26 个众创空间资源，具备持续为数字文化产业发展集中供能的资源条件。以网易为龙头的数字文化企业，发挥园区游戏产业聚集优势，正在打造集全链条和全生态于一体的网游动漫和电竞产业集群。

2. 广州国际金融城羊城创意产业园

羊城创意产业园是国家文化产业示范基地，位于人工智能与数字经济试验区广州国际金融城片区，占地面积 17.1 万平方米，已入驻超过 100 家信息科技、创意设计、文化传媒和数字设计等文化相关类企业，不仅拥有羊城晚报报业集团、酷狗音乐、荔枝等文化科技龙头企业，也孵化诞生了超级课程表、礼物说、兼职猫和闪聘等一批"双创"企业。2019 年，园区产值超过 200 亿元，形成以文化为核心、科技为重点和金融为驱动的发展模式，助力天河数字创意、数字音乐和数字设计等数字文化产业创新融合发展。

3. 天河智谷片区数字生态示范区

天河智谷片区作为广州的"最强大脑"，定位为广深科技创新走廊重要科创与文创节点，坐落于广州城市第三中轴之上，具有显著的地理区位优势，天河智谷面积约 15.2 平方公里，重点布局发展高端软件、人工智能、数字文化创意等新兴产业，已聚集中国移动南方基地、太平洋网络等 2500 多家高科技企业和 50 家总部型企业，逐步发展成为天河区文化创意和科技创新深度融合的价值创新创业园区。

4. 天河中央商务区数字经济高端商务区

天河中央商务区是中国三大中央商务区之一，拥有甲级写字楼 121 栋，2020 年税收"亿元楼宇"超过 70 栋，已入驻企业超 7 万户，已形成以金融服务、现代商贸、总部经济等为主导的现代服务业体系。作为国家数字服务出口基地，天河中央商务区数字服务类企业近 2 万家，汇量科技、赛意信息等数字服务领域上市企业 8 家，规模以上软件企业接近 300 家。2020 年上半年，即使受外部环境和新冠肺炎疫情影响，天河中央商务区依然实现服务贸易出口额约 5.7 亿美元，同比增长 14%。天河路商圈重点打造广州国际商贸中心和国际消费中心城市的核心承载区，业态丰富度几近全国最高，拥有超过 240 万平方米的商业面积和华南地区唯一商贸类"国家 4A 级旅游景区"，300 多个国际品牌，日客流量峰值达 400 万人次。海心沙、花城广场、广东省博物馆、广州市图书馆、天河体育中心等完善的文体设施，也助力天河区擦亮都市时尚文化名片，打造全国文旅融合发展的典范区。

5. 沙河片区文化创意集聚区

沙河片区位于广州市核心城区，是广州最成熟的老城区之一，距今有一百多年的历史，总面积仅 1.47 平方公里。沙河片区密集分布从清末至新中国成立之初各个历史时期民族英雄的纪念文物保护单位，如越南抗法英雄刘永福兴建的刘氏家庙、革命家朱执信墓、十九路军淞沪抗日阵亡将士陵园、十九路军牌坊、新一军印缅阵亡将士公墓等历史遗址。沙河片区也是广州独一无二的演艺院团聚集地，拥有星海音乐学院、广东舞蹈戏剧职业学院等演艺类高校，以及广东艺术剧院、广东歌舞剧院、广东文化馆、广东现代舞团、广州话剧团、广州杂技团、广州歌舞团等 18 个省、市文化娱乐业重量级单位。同时，沙河片区也是全国最大的服装批发商圈之一，集聚了万佳服装批发市场、金马服装交易城等 33 个批发市场近 2 万个商铺，每天有十多万服装批零从业人员流动。

（四）天河区文化产业融合的行业领域

1. 游戏动漫产业

天河区已形成全国最大的游戏产业集聚地。2020 年，广州市有游戏产业类企业 2768 家，营收首次突破千亿元，同比增长 23%，其中 85% 均集中在天河区科韵路沿线的游戏商圈。以科韵路的盛达电子信息创新园为例，入驻的 130 多家企业中，有超过 100 家是游戏动漫相关企业，涉及游戏开发、影视制作、动画特效、音乐制作等全产业链要素。2019 年，天河区本地规上游戏企业数量超过 200 家，营业收入接近 500 亿元，占全国比例近 40%，创造了 7 家上市游戏公司。星辉天拓、三七互娱、百田信息、趣炫网络、凡拓等5家企业入选2019～2020年度国家文化出口重点企业，游戏产业已成长为天河区经济最重要的增长极。2017年，天河区游戏动漫产业联盟成立，促进天河区以游戏为核心的泛娱乐产业发展，涌现了云图动漫和百田信息等游戏开发、影视制作、动画特效制作的动漫企业。

表1　天河区知名游戏企业

序号	公司名	备注
1	网易	全球六大游戏公司之一
2	广州爱九游信息技术有限公司	国内游戏界10强(阿里游戏)之一
3	广东趣炫网络股份有限公司	申请上市
4	广州三七网络科技有限公司	2019全国互联网企业100强
5	广州市漫灵软件有限公司	《修仙萌主》单月单款流水超过1500万元
6	广州诗悦网络科技有限公司	2018年上市,2018年全国前50
7	广州谷得网络科技有限公司	十款游戏均被APPLE STORE推荐
8	广州游爱网络技术有限公司	2017全国互联网企业100强
9	广州百田信息科技有限公司	儿童互联网内容与服务全国领先
10	广东星辉天拓互动娱乐有限公司	2018年全国前50强
11	广州三七互娱科技有限公司	全球知名游戏平台
12	广州云图动漫设计股份有限公司	动漫领先企业,挂牌新三板
13	广州简悦信息科技有限公司	网易前COO詹钟晖等人创建
14	广州银汉科技有限公司	净利超过10亿元

2. 数字音乐产业

广州数字音乐在国内居领先的地位，羊城创意产业园已经形成较为健全的音乐产业体系，2017年，被国家新闻出版广电总局评为广东国家音乐创意产业基地广州主园区，拥有酷狗音乐、滚石中央车站、荔枝音乐等核心企业，以及北影培训中心、西山居、天闻角川动漫等数字音乐相关的上下游企业。酷狗是全国数字音乐服务巨头，已完成软件到硬件音乐全产业链生态布局，荔枝已登陆纳斯达克交易所，是中国在线音频第一股，形成了生机勃勃的UGC音频社区。金逸影视在深交所上市，是全国知名连锁影院和影视投资品牌。网易 CC 直播与网易游戏深度绑定，为用户营造沉浸式的互动体验。酷狗音乐和网易云音乐为代表的数字音乐 App 移动客户端总用户量稳居全国第一。

3. 电子竞技产业

在电竞产业领域，天河区是国内罕见的拥有全产业链条并加速形成产业闭环的地区，在国家电子竞技统计口径 10 个分类细目中均拥有代表性企业，并率先应用国家电子竞技统计标准进行科学决策，有条件和实力打造粤港澳大湾区世界级电竞中心。天河区电子竞技企业数接近 300 家，从业人数超过 2000 人，企业数量近五年平均增长幅度为 100%。科韵路依然是天河区电竞产业策源地，"网易《第五人格》职业联赛 IVL""《王者荣耀》KPL 俱乐部广州 TTG""趣丸 TT 电竞""玖的 VR 电竞""三七互娱与 AG 电子竞技俱乐部"等重大电竞项目相继落地天河区，涌现了一批现象级电竞项目。在平台方面，推动以天河路商圈为中心，辐射珠江新城、沙河片区的电竞泛娱乐发展，以天河智慧城、科韵路为链，紧扣电竞游戏研发、赛事制作等环节的电竞产业融合发展，以智谷片区、人工智能与数字经济试验区开发建设为契机，为电竞产业未来发展拓展空间。

4. 文旅融合产业

天河路商圈拥有 13 个大型商业综合体，年销售额超过一万亿元，已成为天河区打造文旅融合示范区的重要载体。天河体育中心不仅是传统体育赛事的主阵地，也是大型演唱会、电竞比赛的首选之地，正佳广场作为文旅综合体是华南地区唯一商贸类"国家 4A 级旅游景区"，成功打造了正佳极地海洋世界、雨林生态植物园和广正街等一批极具创新的文旅项目。太古汇、天环广场等高端市场，集聚了 LV、GUCCI、爱马仕、香奈儿等全球知名的 70% 的指标性一线奢侈品牌。天河城、万菱汇、维多利广场、广百中怡、时尚天河商业广场、天河又一城、天娱广场、摩登百货等商城各自特色鲜明，共同满足不同年龄层次、不同性别和不同消费阶层的需求。此外，超级文和友、方所、西西弗等特色生活美学文创空间，也丰富与提升了文旅的业态和质量，形成独特的风景线。

二 天河区文化产业融合发展中的主要问题

"十三五"以来，天河区文化产业高速增长，文化和商业、旅游、体育等产业融合发展，数字文化产业创新发展，涌现出多元的文化产业新业态、新模式、新产品。但是，目前天河区文化产业融合发展中仍存在一些突出的矛盾和有待完善的短板，一定程度上影响天河区文化产业高水平发展，亟须引起高度重视并积极解决。

（一）文化产业融合的顶层政策设计统筹不足

天河区文化产业发展进入文化产业融合的新时期，天河区在推动文化产业高质量融合发展中，在制度保障、产业规划、政策保障和平台建设等方面有待进一步统筹和完善。一是缺乏高级别的组织保障机制和部门之间的协调机制，如文化产业融合推进领导小组或联席会议制度，不能统一组织和指导文化产业融合推进工作，解决建设过程中遇到的问题和困难，统筹协调各项工作，制定和完善政策文件和执行政策措施。二是亟须制定文化产业融合行动计划，以锚定未来5～10年天河区文化产业融合的战略重心和方向，准确研判文化产业融合发展的时代节奏和发展趋势，深刻把握文化强区建设的天河逻辑。充分做好《广州市天河区国民经济和社会发展第十四个五年规划和2035年远景目标纲要》《广州市天河区文化发展"十四五"规划》以及其他区级文化产业相关规划的衔接，同时密切衔接市一级规划和"四规叠合"等规划成果，重点围绕定位、目标、重大平台、重大项目和重大工程等方面做好编制工作，明确工作重点和主攻方向，循序渐进推进。三是亟须完善文化企业、机构和单位层面的协同创新平台，天河区文化产业形式多元、业态丰富和总体质量水平高，但是在文化资源整合和利用上，还存在较明显的产业链断层，各个文化产业市场主体之间缺乏联动、互通和合作的平台机制，一定程度上阻碍文化产业融合协同创新，影响天河区文化产业更高层次发展。四是从文化产业融合政策制定和实施角度来看，推动文化产业加快与其他产业融合发展的金融服务政策、政府扶持政策、高新技术企业的认定政策、人才政策、减税降费政策、产业园区规划政策等配套政策体系都有待进一步提升和完善。

（二）文化产业融合的集聚效应尚未充分发挥

经过多年的发展，广州国际金融城、天河智谷片区、天河智慧城、天河中央商务区、沙河片区等五大产业片区集聚天河区主要的文化、科技、商业和金融资源，云集了各类在国际国内具有影响力的总部企业和龙头企业、创新科研资源和高潜力的消费市场。但从主要片区市场主体的集聚质量和效应来看，还存在较大的挖掘潜力空间。一是目前的集聚主要是空间上的集聚，集群效应、产业链关联效应还不够明显，尤其是资本、资源、空间、企业、服务的集群以及文化创意社群的集聚程度还有待提升。二是从数字文化的角度看，当前仍存在科技含量低和融合程度较低的问题，融合"夹生"现象较为严重以及文化产业与数字产业融合进入"深水区"等问题，凸显"孤岛效应"，富有文化创新创意能力的创意社群及其关联不够成熟，导致强势品牌的价值链无法有效传导，企业彼此间聚集突破、互生共赢的良性格局未能形成。三是五大产业发展片区的发展不够均衡，进一步发展受限于物理空间，优势市场主体的产业链和价值链功能没有得到充分发挥，如沙河片区产业空间已经几近饱和，如不进行城市更新改造，难以容纳更多产业，科韵路一带的互联网文化企业，因租金水平和运营成本的整体提高，存在一定程度的企业外迁流失。

（三）文化与科技融合发展的质量有待提升

以数字文化产业为代表的数字经济创新，在很大程度上源自文化产业与新一代信息技术产业融合发展，技术水平与技术创新能力是数字文化企业获得数字文化产业领域竞争力的关键因素之一。因此文化与科技的融合程度也是衡量文化产业发展质量的重要指标，科技含量、创意程度、附加值的含量是衡量文化产业创新发展水平的重要指标。在政府层面，大力支持推动新兴技术的发展与应用；在企业层面，数字文化企业在大数据、云计算、人工智能等技术领域投入大量的资源，并在资本市场进行积极战略布局。但是，与深圳南山区、北京海淀区和上海黄浦区等数字文化产业发达的城区相比，天河区数字文化产业还存在发展短板。一是文化产业的科技投入与产出的比例较低，缺乏对数字文化产业共性、关键和核心技术的基础性研发和应用型研发，有待进一步推动文化科技创新工程和"互联网＋"行动，促进文化产业与科技、网络深层次融合。二是数字文化产业的引领优势不够突出，数字文化相关的专利申请量和授权量整体规模较小，有待加强对文化和科技企业开展技术领域创新的扶持力度，鼓励文化产业市场主体增加对文化出口产品和服务的研发投入，开发具有自主知识产权的关键技术和核心技术，并支持文化企业积极引进国际先进技术，提升消化、吸收和再创新能力。三是缺乏文化科技融合的核心技术的研发能力，支持文化和科技融合发展机制不够完善，要从政府层面支持文化企业掌握关键核心技术，强化数字文化产业发展中文化创意的引领功能，积极培育文化产业公共平台，促进研发资源的高效配置。

（四）文化旅游融合发展仍处于初级阶段

2018 年，国家旅游局和文化部合并成立文化和旅游部，文化和旅游融合的进程加快，但在当下文化和旅游融合中仍存在一些问题：一是需进一步梳理及辨析文化与旅游、事业与产业的关系，需加大对文旅融合产生的新兴业态的引导及支持力度，加快搭建文旅智慧融合的统一平台，促进智慧文旅公共服务进一步完善。二是旅游公共服务体系不够完善，市民及游客享受旅游公共服务的便捷度不足，文化和旅游休闲消费氛围欠缺，公共文化空间供给与城市居民休闲需求错配，旅游景区的文化体验性内容创新有待提升，城市夜间经济也尚有较大发展空间。三是全域旅游有待加强引导、进一步融合发展，旅游集聚化发展程度不高，文化和旅游产业发展要素保障缺乏应有的力度，信息化管理方面仍存在许多无法互通共享之处。

（五）文化产业融合复合型高端人才缺乏

要推动文化产业融合高质量发展，对于"A＋B＋C"① 的复合型高端人才需求量大。天河区虽然坐拥多所名校，但具备这方面能力的领军人才仍相对缺乏，制约文化产业融合高质量发展。主要表现为：一是文化产业人才培养与产业发展脱节，虽然多所高校开设文化产业相关的专业，但与文化产业实践，尤其是文化产业融合脱节，供给和需求之间存在脱节。二是文化产业融合发展需要包括产品形式制作、高新技术应用、现代传播方式、营销策略制定等方面的专业人才，如文化经纪人、制作人、策划人等，而天河区缺乏文化科技跨界融合的复合型高端人才。三是对于区域间文化产业人才的竞争激烈，天河区在人才吸引力、引进力和激励机制方面存在欠缺。四是文化产业融合的人才流动频繁，以动漫产业为例，动漫人才的流失问题已经成为制约动漫企业发展最大的困难，在重复性的工作和高强度的压力下，当回报不能满足需要的时候人才便会流失，严重制约文化企业成长的持续性。

三 推动天河区文化产业融合发展的几点思考

"十四五"时期，天河区文化产业正在由"高速增长阶段"迈向"高质量融合发展的阶段"，文化产业的发展要围绕"创新、协调、绿色、开放、共享"的理念，并结合广州市和天河区的城市定位，从明确产业定位和完善政策体系、加强政府引导和促进平台建设、强化创新引领和扩大对外开放、优化营商环境和实施聚才战略等方面出发，找准天河区文化产业融合发展的着力点。

---

① "A＋B＋C"中，A代表艺术，B代表商务，C代表计算机，"A＋B＋C"人才是指具备以上三种技能的复合型人才。

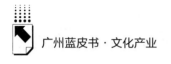

（一）明确产业定位，完善政策体系

围绕推动实现老城市新活力和"四个出新出彩"的目标，深入贯彻落实十九届五中全会精神，进一步深化改革，以供给侧结构性改革为主线，加快建设"文化天河"。围绕《广州市天河区文化发展"十四五"规划》，将天河区定位于全省文化内容生产集聚区、文化产业融合发展示范区和文化产业新兴业态开拓区，通过强化顶层设计、加快制度建设、明晰部门职责和明确工作日程，力争在"十四五"期间，推动天河文化产业融合发展，打造一批在全国全省具有示范效应的平台、企业和项目。

进一步加强天河区文化产业战略研究和文化产业融合发展研究，制定中长期规划，构建覆盖面广、可操作性强和系统完善的整体产业政策，细致有效地实施精准扶持和政策引导。结合三旧改造工程和九项重点工作等行动计划，推动老厂房、仓库、大楼、城中村闲置空间等建筑资源的改造，为五大文化产业片区梳理腾出更多发展空间和创新空间，助力完善文化产业融合空间布局。

（二）加强政府引导，促进平台建设

提高对文化产业融合发展的重视程度，探索成立文化产业融合发展促进中心，搭建文化产业的公共服务和宣传平台；探索建立文化产业发展中心，加强天河文化产业融合发展的产学研智力支持；成立文化产业金融服务中心，为文化企业提供完善和优质的金融产品和服务；成立文化产业新业态行业协会群，积累新业态的基础数据和整合行业资源；成立文化产业大数据中心，完善文化产业融合发展业态信息归集；强化对文化产业的数据统计工作等，对文化产业融合企业做到应统尽统。

树立"文化天河"的理念，围绕五大文化产业融合发展片区，加快推动平台建设，深化片区之间的交流互动，高质量发挥产业集群效应。天河智慧城重点推进文化科技融合创新区建设，鼓励在技术＋文化领域孵化新业态，催生新兴产业增长点。羊城创意产业园突出数字文化产业链优势，以探索促进金融（股权投资）＋产业龙头，支持龙头企业对外资本并购，对内依托资源环境，通过资源共享孵化新生文创品牌。智谷片区以集聚科研优势为主，营造产、学、研、商、文、居融合发展的文化产业氛围，打造新型数字文化创意价值产城融合示范区。天河中央商务区继续强化粤港澳服务贸易自由化省级示范基地的带动作用，推动文化产业以服务贸易的形式"走出去"，天河路商圈着力打造智能商贸示范区和创建离境退税示范街区，提升数字消费质量，打造具有国际影响力的直播电商产业集群。沙河片区在发挥爱国主义教育文化基地功能上，依托既有的省市文化单位，建立文化产业的政策咨询平台和人才培养基地，引导云演艺业态和文创沙河发展。

（三）强化创新引领，扩大对外开放

持续大力发展文化产业创客空间、孵化器和加速器，建设便利化、全要素、开放式、成本低的文化创意和设计服务众创空间，助力文化创客创意群体创新发展。密切追踪并引领全球文化科技前沿，培育具有自主知识产权的核心技术，在动漫游戏、数字媒体等文化领域，开展一批文化与科技融合重点项目，着力建构文化科技协同创新机制和以企业为主体的产学研技术创新体系。完善新一代基础设施建设，运用人工智能、云计算、大数据等技术对天河区传统文化存量资源进行数字化改造，通过技术扩散创新文化业态、技术附加提升文化价值链、技术驱动拓展文化市场、文化需求引领科技创新等路径，打通文化和科技融合的"最后一公里"。集聚推动电子竞技等新业态发展，围绕打造优质电竞场馆、顶尖电竞俱乐部、大型品牌电竞赛事与活动、电竞直播平台和 IP 以及电竞粉丝经济群等，强化天河电竞产业链。

推进天河区国家文化出口基地建设，建立健全文化出口基地各项数据库，探索文化出口数据统计方式，研究建立文化贸易数据统计工作站，提升天河文化产业效率及竞争力。积极用好"一带一路"倡议、21 世纪海上丝绸之路和粤港澳大湾区建设的契机，全面深化与沿线城市间的文化交流合作，将天河打造成为广东省重要的对外文化交流中心和桥头堡。发挥天河区领事馆、外资企业和商会资源丰富的优势，积极搭建国际交流平

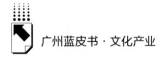

台，承办国际性文化艺术赛事、会展等，打造天河文化国际形象和文化产业辐射力。

（四）优化营商环境，实施聚才战略

通过深化"放管服"改革，深入推进政务服务的完善，实施营商规则国际化衔接工程。营造优质高效的要素供给环境，探索建立中小型优质产业企业联合竞买产业用地制度。积极承接市级下放行政职权，深入推进工程建设项目审批制度改革，深入推动"一枚印章管审批"，打造区街一体化政务服务体系。强化知识产权保护，推动知识产权保护政策和执法机制对接，建立知识产权保护信息共享机制和失信主体联合惩戒机制。对新技术、新产业、新业态、新模式等实行包容审慎监管，推行"有温度"的行政执法模式。全面推进"数字政府"建设，提供公共服务事项100%网上办理，推动各项业务全流程"一网通、半日办、一窗取、零成本"。推进"减流程、减材料、减时间、减成本"，实现"零见面、零上门"，实现政务服务流程革命性再造，将天河区打造成服务效率最高、管理最规范、综合成本最低的全球投资首选地和最佳发展地。

以文化产业融合总部企业、龙头企业需求为导向，编制人才开发目录，在招引高层次人才和培育本土优秀人才上同步谋划和发力。持续完善高层次人才政策，探索客座制、签约制等形式，吸引海内外高层次文化人才来天河创作。推进岭南文化名家、天河文化名人、文化科技人才、文化产业领军人才等推荐选拔工程。探索设立天河文化基金，孵化青年文化新人、文化创业者、文化技能人才、文化名家后备人才。与本地高校如暨南大学、广州美术学院等建立长期人才培养合作，在人才培养、决策咨询、科技创新、成果转化等各个领域全方位深度对接，完善高端文化智库建设。创新国际人才发展与自由流动机制，探索放宽外籍专业技术技能人员停居留政策，争取优粤卡、省市场监管部门登记企业人才引进入户审核权限下放，促进人才引进便利化。

参考文献

暨南大学新时代城市活力研究院：《广州市天河区城市文化综合实力出新出彩研究报告》，2020。

中共天河区委宣传部、天河区文学艺术界联合会、广州市社会科学院岭南文化研究中心：《创新之路——天河区文化发展纵览》，2019。

广州市天河区人民政府：《天河区国民经济和社会发展第十四个五年规划和二〇三五年远景目标纲要（草案）》，2021 年 3 月。

周君才：《泸州市文化软实力提升的理论思考》，《经济研究导刊》2019 年第 24 期。

谢家泉：《广州市文化产业发展对产业结构的动态影响研究》，《广东第二师范学院学报》2017 年第 2 期。

张晓明、秦蓁：《2020 年文化科技融合的前沿趋势》，《中国社会科学报》2021 年第 4 期。

任秀军：《旅游经济与文化产业相融合发展模式探讨》，《经济管理文摘》2021 年第 7 期。

潘狄嘉：《广州市天河区文化产业逆势增长连续多年独占全市鳌头》，《广东经济》2021 年第 4 期。

B.14
城市文化资本视角下老城区
更新改造的机制研究

——以广州市天河区沙河片区为例

陈新宇*

摘　要： 老城区更新改造符合新格局下构建紧凑精致型城市的趋势，是推动产业转型升级、人居环境改善和城市功能提升的重要举措。老城区在漫长的历史沿革中积累了丰富宝贵的城市文化资本，在老城区更新改造过程中保护和传承城市文化资本并进一步将其转化为经济资本和社会资本，对于城市高质量发展具有重要意义。本文在城市文化资本视角下研究推进老城区更新改造的机制，首先梳理老城区更新改造的要素并基于"五位一体"布局分析老城区更新改造存在的难点，提出老城区更新改造应坚持的原则。然后通过论证人、文化和城市之间的相互作用关系，分析城市文化资本的形成机理以及城市文化资本向社会资产和经济资产转化的机制，进一步对城市文化资本在老城市更新改造中创造的经济价值和社会价值进行总结。最后，本文以广州市天河区沙河片区为例，在梳理沙河片区发展背景和城市文化资本类型的基础上，分析城市文化资本驱动下沙河片区更新改造的实施路径，为实现沙河片区城市更新改造目标提供思路，推动广州实现"老城市新活力"和四个出新出彩。

---

* 陈新宇，暨南大学"一带一路"与粤港澳大湾区研究院助理研究员，研究方向为产业经济。

关键词： 老城区 城市更新改造 城市文化资本

一 老城区更新改造的核心机理

老城区作为城市的母体，历经多年的发展，在城市面貌、功能和环境等方面逐步老化衰退，主要表现为产业结构传统单一、业态模式和技术相对落后、城市载体空间逼窄且低效利用，交通路网、教育医疗卫生等基本公共设施建设不足，居住和办公的环境条件相对较差，城市缺乏活力和发展后劲。尤其是快速发展的轨道交通串联了新的城市发展片区，老城区的中心功能逐渐下降，导致部分产业、资源和服务加快向外流失。如果不推进更新改造，老城区很可能变成城市的破旧孤岛，制约整个城市的承载力、竞争力和驱动力。

2018 年 10 月，习近平总书记视察广州永庆坊时指出，城市规划和建设要高度突出地方特色，注重人居环境改善，更多采用微改造这种"绣花"功夫，注重文明传承、文化延续，让街区讲述自己的故事并给人留下记忆。广州市"十四五"规划纲要明确提出要建设精明增长的紧凑城市、精致城市，深化城市更新重点工作，推动实现城市资源充分利用，释放城市经济集聚效应，尽量实现以最低公共成本投入创造最高收益。

（一）老城区更新改造的要素梳理

老城区更新改造的目的不仅是改善物质空间和环境实体，还在于提升社会效益、经济效益和生态效益（见表1），寻求利益相关方的最大公约数。其中社会效益包括民生效益和人文效益，民生效益要求保障社区居民对公共基础设施及生活配套设施的需求；人文效益要求突显人文关怀和归属感、保留历史文化延续性和多元性、提升城市品位。经济效益要求更新改造项目具有合理性和可操作性，对老城区的经济结构调整和产业升级有支撑作用，能够创造经济增量。生态效益则要求建立完整的生态环保系统，提升景观品质，建设资源集约型社会。

表 1　老城区更新改造要素框架

层面	类别	要素
社会效益 (民生效益)	公共空间	公园、广场、社区活动中心等
	建筑载体	建筑物加固、修缮和活化，拆除违建，街巷整治，管线楼面整理等
	市政设施	教育、医疗、文体等公共设施，水电燃网、应急、老幼残服务设施，新一代基础设施等
	道路交通	主干道、内部路网、人行道、自行车道等
社会效益 (人文效益)	城市品位	文化信仰，党群关系，英雄城市等
	人文环境	历史风貌完整和延续、原居民规模等
	人文关怀	邻里交往、关怀和归属感、社区活动等
	社会分层	资源合理分配，满足多元群体诉求等
经济效益	投资环境	土地和空间等利用率，产业配套，产业结构等
	政府效益	地区生产总值，单位土地税收等
	投资商效益	项目整体投资回报等
	居民效益	商户收入，业主房屋出租收入等
生态效益	生态系统	空气质量，声环境，水环境等
	景观品质	环境绿化，景观美学和格局等
	资源集约	土地复合集约，空间集约等
	环保节能	垃圾分类，低碳出行，再生能源等

（二）老城区更新改造的难点分析

　　党的十八大提出"五位一体"的总体布局，要求统筹推进经济建设、政治建设、文化建设、社会建设和生态文明建设。基于"五位一体"总体布局，推进老城区更新改造的难点主要表现在四个层面的矛盾关系上：政府与土地产权人之间、产业发展与社区原住居民之间、投资回报和文化保护之间以及城市更新与生态环保之间的矛盾关系。总结起来，可以对应到经济发展与政治、社会、文化和生态环境之间的矛盾关系上（见图 1）。

　　土地产权人与政府之间的博弈。城市低效用地的更新改造能显著创造经济增量，对于政府而言可以提高单位面积财税产值，对于产权人则能够显著

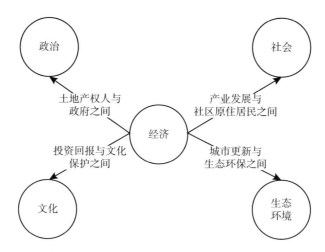

图1 经济利益与政治、社会、文化和生态环境之间的矛盾分析

增加其资产收益，但在现实中，双方容易陷入零和博弈①关系。一方面，政府以土地储备的方式实行土地资源的再开发，相关产权人一般不能直接参与改造项目，致使其更新改造产权的动力不足，而更愿意闲置或暂时通过转租获取瓦片经济②收益，等待政府高价收购。另一方面，如果低效用地的产权人要实施自主更新，则面临多元的价值取向和难以逾越的制度约束，推进更新难度更大。

产业发展与社区原住居民之间的矛盾。随着城市以老城区为中心向周边扩张，老城区逐渐成为地理位置上的核心区域，其土地空间资源用于发展产业的经济价值远大于居民居住价值，在市场自发形成的供需关系下，产业发展与既有社区居民之间争夺空间的矛盾日益显现。例如不少城市为应对旺盛的产业用房用地需求，不得不实施"住改商"，以致同一个小区或大楼内，既有住宅用地又有商业用地，而两个使用群体对于公共设施空间、环境质量和安保等诉求不同，容易产生利益纠纷。

---

① 零和博弈：也称"严格竞争博弈"。博弈方之间利益始终对立，偏好通常不同，如猜硬币正反面、田忌赛马等。

② "瓦片经济"：在城乡接合区域，老百姓通过出租房屋维持生计的一种经济方式，多为各家各户在自己院子里加盖房屋对外出租，赚取租金作为收入来源。

投资回报与文化保护之间的双窘。老城区文物建筑物和构筑物交错分布在片区的不同位置,要做好文物保护工作就不得不加大规划研究力度,或额外投入资金对其进行保护和迁移,这些都直接推高了项目更新改造的成本。相对于面积大且规整的新城地块,开发商参与老城区改造的投资回报率通常受到更多未知因素约束。此外,不少老城区还要求开发商预留公共文化和体育设施等配套空间,在一定程度上降低市场主体参与老城区更新改造的热情。

城市更新与生态环保之间的预期偏差。由于开发商缺乏城市更新工作系统的宏观统筹意识,可能导致老城区遭受"建设性"破坏,如建设强度、容积率和密度等严重超标,占用原有生态用地空间,绿化覆盖率更低,加剧城市温室效应等等;或者在更新改造中忽视了生态环保问题,导致原有的固废、噪声、粉尘和污水等环境污染难题未解决,以及忽略隐藏的地下排污管道和生活垃圾处理转运等问题,这些都将产生城市更新和生态环保的群众预期与实际成效之间的落差。

(三)老城区更新改造的重要原则

在城市增量土地有限的条件下,推进老城区更新改造是城市完善自身功能、废旧立新和重塑自我的有效渠道,改善和重塑老城区的文化、经济、社会和环境之间的关系,有利于进一步激发城市潜力,提高城市活力,实现城市复兴。对于不同地区、年代和规模的老城区,其更新改造应把握以下共性原则。

坚持论证规划先行,锚定总体改造思路。实事求是做好前期研讨和可行性研究工作,组织专家多方严格论证,做到控制性规划全覆盖。规划要充分考虑老城区实际情况、基础设施条件和既有产业布局,充分关注相关利益群体的利益,兼顾公共环境、空间形态和市政基础等核心要素,锚定更新改造的总体思路和开发时序,以宏观、全局和前瞻的视角,做好片区整体改造规划的引领工作。规划和更新改造思路要按制度程序公示,增强政府对项目的计划性。

坚持综合整治为主,局部实施拆建为辅。更新改造应着眼长远效益,避免大拆大建的旧模式,严格审批程序,把握好保护和改造的关系。通过采取修旧如旧、保用结合、异地重建和见缝插绿等手段，以微改造或混合改造的形式，综合整治环境面貌。因地制宜，充分发挥既有交通网络和配套设施的作用，强化成本意识，以较合理的投入实现城区空间功能和城市肌理的品质化提升。尊重老城区多元复合功能的特点，保留其多项机能特性，梳理老城区发展脉络，合理正确推进更新改造。

坚持保留产业空间，支持新经济业态发展。保障产业发展空间，鼓励文商旅融合发展和数字文化产业等领域创新发展，推动产业空间实现有效集聚和产业结构升级，加快形成现代服务业体系。研究实施新型产业用地政策①，推动老城区新经济模式创新发展。完善对老城区更新产业用地的政策指引，明确城区更新单元产业或融资地块产业建设量占总建设量的最低比例②，构建老城区新型产城融合关系。

坚持文化传承保护，争创全国文明城区。老城区的每一幢建筑物或构筑物都有其独特的文化符号，承载着独特的文化精神。尊重老城区的传统文化和特色文化，在保护传承文物、非遗等文化遗产的过程中，以新时代中国特色社会主义核心价值观为引领，与时俱进融入先进文化，推动全民参与，提高居民文明素质和精神文明建设水平，完善公共文化服务设施和公共安全保障体系，提升城区环境质量和绿化水平，延续城市文脉薪火，争创全国文明城区。

二 城市文化资本的形成与转化

（一）人、文化和城市的相互作用关系

人、文化和城市三者之间的关系是相互作用的循环过程，人对于文化和

---

① 新型产业用地（M0），是指融合研发、创意、设计、中试、无污染生产等新型产业功能以及相关配套服务的用地。

② 广州市 2020 年 9 月印发《广州市城市更新实现产城融合职住平衡的操作指引》，要求第一圈层（越秀区、海珠区北部、荔湾区东部、天河区南部等老城区，面积共 220 平方公里）城市更新单元产业建设量或融资地块上产业建设量原则上占总建设量的 60% 以上。

城市以及文化对于城市都具有主动作用，而城市对于人和文化以及文化对于人则存在被动的反作用。换而言之，一方面，人在生产和生活中，主动创造符合自身需求的多元文化资源和建造功能多样的物理建筑（空间），并在多元文化资源的塑造下以功能多样的物理建筑（空间）为载体构建了完整的城市。另一方面，城市物理建筑（空间）可以被动满足人所预设的居住发展需求，也能持续储存源源不断输入的文化资源，在城市空间和文化的共同影响下，反过来对人的习惯、素质和性格形成潜移默化的教化价值（见图2）。

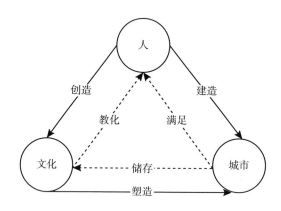

图2　人、文化和城市之间作用关系示意

城市始终被动接受人和文化的输入，其作为载体，具备文化存储、传播与交流、创造与发展三大基本功能，为城市文化发展提供所需环境。正如《城市发展史：起源、演变和前景》[①] 一书指出，城市具备容器的功能，又是一个储藏库，一个保管者和积攒者。在多方面作用下，城市成为人类文明的至高表现形式，它不只是建筑物的群集，更是各种密切相关并经常相互影响的各种功能归集的复合体。城市的生长、成熟和衰败的过程，也是城市文

---

① 〔美国〕芒福德（Mumford Lewis）：《城市发展史：起源、演变和前景》，宋俊岭、倪文彦译，中国建筑工业出版社，1989。

化孕育、壮大和熵增①的过程。

对于人和文化来说，人的主观能动性是创造文化和建造城市的动力源，缺少人的价值，文化和城市自然是无从谈起。文化不能主动对城市施加影响，而是作为媒介，将人施加的力与原有文化资源充分融合，作用于城市。优质的文化和优秀的建筑能够对人起到正面的熏陶和教化作用，而落后破旧和低品质的城市空间往往与低劣的文化共存，对人的身心健康造成深远伤害。

老城区的更新改造是对现存的文化资源和建筑空间的重新梳理和自我纠错，其目的在于实现文化资本价值的再激活、再释放和再创造。一方面满足人民对于高品质空间、新发展机遇和优质生活日益增长的需求；另一方面也是对糟粕和落后文化的扬弃，在批判性接受的条件下，注入时代精神和释放文化空间，达到让城市与时俱进、历久弥新的目的。

（二）城市文化资本的形成机理

19世纪波兰马林诺斯基在他的《文化论》中，根据城市的独特性将城市文化划分为六个范畴，即意识形态文化、商业经济活动文化、社会关系文化、行政管理制度文化、生态地理文化和市井非物质文化，由于城市文化本身的多样性、复杂性和整体性，以上几个方面的文化相互之间存在重叠关系。而在马克思恩格斯异化理论中，城市就是人类生存的空间载体，而城市文化是物质空间和精神空间所彰显出的文化样态。人是城市文化的灵魂，而城市文化作为城市人格的具体表现，是人格化的主题空间。

文化资本是法国社会学家皮埃尔·布尔迪厄在马克思主义经济学中资本概念的基础上扩展出来的新概念，分为具体形态、客观形态和体制形态三类，其中客观形态主要是指物化形态（书籍、字画、古董、劳动工具等物质性文化财富）。本文所指的城市文化资本又在这个概念基础上扩展，指带

---

① 熵增：常见于物理学和化学领域，熵增过程是一个自发的由有序向无序发展的过程（Bertz，1986）。在本文中借用其中有序向无序发展过程的词意来描述城市空间的混乱无序状态。

有一定历史文化价值的城市空间、建筑、设施和场所，以及古籍文物、民俗风情、生活场景、非遗传承等文化遗产方面的符号。城市文化资本能够凝聚储存当地历史、文化、生产和生活方式，并在一定时间空间范围内通过实体物质形态或载体传递、交易和共享。城市文化资本作为资本的一种，也能够带来剩余价值，并随着时间的积累广泛传承利用和创新，实现资本的保值增值，提升整体城市价值。

城市文化资源并不完全等同于城市文化资本，虽然所有城市拥有文化资源，但是文化资源要转化成为城市文化资本，形成城市的生产力与竞争力优势，存在先决条件。一是要有唯一性，通过创新与创造，形成独有的知识产权及品牌。二是要有历史价格刚性，只有具有传统性、地方性、唯一性或垄断性的永久性资源才会随着时间流逝而增值。三是要有人的参与，人通过主观能动性和创造精神能持续创新文化资本，使之取之不尽、用之不竭。

（三）城市文化资本的转化机制

在一定条件之下，城市文化资本可以转化为经济资本或者社会资本。一方面城市文化资本通过经济产业化，转化成文化相关的产品，繁荣文化产业，实现向经济资本转化，提高全社会的经济发展水平，创造社会财富，同时反过来推动创造转化更多城市文化资本；另一方面城市文化资本通过社会公共化，可以转化为各类公共文化产品或活动，提高城市公共文化服务能力和水平，满足群众的精神文化需求，实现向社会资本转化，提升群众整体文化素质和文明程度，同时反过来也积累形成更多的城市文化资本（见图3）。

城市更新改造的决策者、参与者和执行者对于城市文化资本的认识深度和高度，直接影响城市文化资本在更新改造过程中保留和转化的程度。例如，在一些城市推进更新的过程中，相关人员由于缺乏认知，将历史积淀传承下来的文化载体和符号直接夷为平地，妄想通过拆真建伪、拆旧建新实现所谓文化遗产"复兴"或产业"腾笼换鸟"，结果就是本末颠倒。

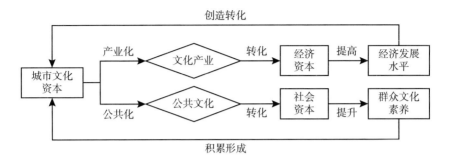

图3　城市文化资本和经济资本、社会资本之间转化路径

三　城市文化资本在老城区更新改造中的价值创造

在老城区更新改造过程中，保护城市文化资产会增加改造成本，从短期来看，直接减少了投资的回报收益。但是，从长期来看，城市文化资本在老城区更新改造的过程中也积极参与了价值创造，直接创造经济价值，间接创造思想政治教育价值和生态文明价值（见图4）。

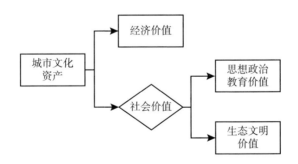

图4　城市文化资产对各类价值创造的传导路径

（一）创造经济价值

城市文化资产对于城市经济价值的创造体现在支持文化产业多元化发展

方面。一是支持文化旅游业发展，城市发展过程中保留下来的建筑、设施以及文物、古籍和非遗传承等资源，可以推动景区旅游、文化休闲和艺术摄影等行业发展，塑造富有区域特色的文旅产品。二是推动文艺创作和出版业发展，传统的音乐、戏剧和舞蹈表现形式，融入新时代的审美价值，能够创造性地融入电影、图书和音像之中，重新焕发光彩。三是助推文创产品和工艺生产，传统文化中保留下来的雕塑、漆器、花画和刺绣等工艺美术文化，可通过再创造再生产的形式融入现代服饰、珠宝和摆件等工艺作品和建筑、设施之中，进入寻常百姓家。四是助力数字文化发展，口口相传的历史典故、英雄事迹和文化作品，为数字文化提供宝贵的素材和灵感，化身为动漫、游戏、电竞和电子书等当下市场上受欢迎的数字化文化产品。

此外，商业文化和创业文化作为城市文化资产的重要组成部分，在包括文化产业在内的整个社会主义市场经济体系中创造更大的经济价值。比如历史上出现的商帮文化，其蕴涵的以商报国、团队协作、诚信经营、德才兼备和知人善用等文化内涵，对于指引现代企业健康发展、建设诚信社会、培育创新创业精神也具有深远的意义。

（二）创造思想政治教育价值

城市文化资产通过转化为社会价值，可以进一步创造社会性较强的思想政治教育价值。一是纪念碑、名人故居和陵园等文物保护单位和革命遗物为代表的城市文化资产，对于青少年体验认识红色文化、长征文化和抗战文化等革命文化具有重要的意义，在激发全民爱国主义热情、坚定人生理想、思想道德修养和增强社会凝聚力方面具有不可替代的作用；二是以儒家文化等传统思想文化为代表的城市文化资产，对于塑造新时代道德模范、孕育进取和经世致用的创新创造精神、提升个人道德修养品质、构建平等和谐和共享的价值观具有重要的指引意义；三是以茶文化、节庆文化和民俗文化等为代表的具有显著传统非物质文化遗产特色的城市文化资产，在引领当下青少年德育教育、坚定民族文化自信和塑造新时代"工匠精神"上意义重大。

（三）创造生态文明价值

城市文化资产创造的社会价值，也可以转化形成宝贵的生态文化价值。一是生态和谐的传统智慧，中国古代"天人合一、道法自然"的哲学理念以及马克思主义人与自然之间"一体性"的生态思想等城市文化资产通过中小学教育和日常公益广告传承，对于在现代生产生活中贯彻落实可持续发展的绿色理念、建设人与自然和谐共生城市意义深远。二是节约珍惜和克勤克俭等中华民族传统美德，这些传统美德当下依然保留在许多组织和家庭之中，并在公共场合广泛宣传，对于构建能源节约、绿色低碳和环保健康的生活方式具有传承价值。三是古典空间留白理念，古代强调空间治理，建筑和设施之间避免"过满"，对于规划绿地公园、河流湖泊和公共空间等用地，建设绿色生态城市具有指引性价值。

四　沙河片区更新改造的实施路径

（一）基本背景

沙河片区起源于 19 世纪抗法民族英雄刘永福驻军在广州城东郊设立的沙河墟，经过一百多年的发展，沙河片区已成为广州最成熟的老城区之一。沙河片区位于广州市核心城区，区位交通条件非常优越，仅仅 1.47 平方公里的范围内，存在多种历史文物资源，分布各类文艺表演院团和单位，拥有多家高校科研院所，集聚几十家专业服装批发市场，林立数十个老旧大院小区。

沙河片区和其他老城区一样面临城市老化的问题。例如，在空间方面，沙河片区承载的功能杂乱，基础设施老化，环境品质较差，人均公共面积不足。在交通方面，沙河片区早期缺少统一规划，路网服务体系不够完善，主干道交通负荷较大，内部微循环系统不通畅，通行效能偏低。在职住方面，沙河片区 20 世纪八九十年代建设的各类单位大院犬牙交错，普遍面积较小且相互间以围墙割裂，各类文化资源和文物隐藏在其中，不符合当下共享的新发展理念。在产业方面，沙河片区服装批发市场，大部分仍沿用传统的"三现"交易①模式，严重挤占其他生活性服务业的生存空间，影响周边居住和生态环境。据统计，沙河片区的建筑密度高达43%，低效建筑面积占比接近28%，然而2019年沙河片区GDP仅为约70亿元，远低于一路之隔的林和街的550亿元。

（二）城市文化资本类型

在城市发展过程之中，沙河片区形成了可识别度高、特色鲜明和价值水平高的城市文化资产，积累了包括商业文化、演艺文化、抗战文化和科教文化等核心文化。作为广州大都市的核心区，沙河片区的传统文化、岭南文化、都市文化、移民文化等亚文化类型也非常显著。在多种文化的融合衍生下，又形成了社区文化、创业文化、设计文化和企业文化等次文化群，这些宝贵的文化资源共同构成了沙河片区多层次、强抵抗力和高稳定性的文化生态圈。②结合沙河片区每种文化的社会性和经济性以及其总体价值进行整理，可以梳理出沙河片区内文化类型及其影响程度（见图5）。

文化兼具社会性和经济性，但不同类型的文化所产生的社会性和经济性价值有显著的差异，其作为文化资产转化为社会资产和经济资产的能力水平也有较大区别。例如沙河片区内浓郁的商业文化所形成的商业文化资产，具备形成经济资产的巨大潜力，对于推动片区内产业和经济发展动能巨大；而厚重的抗战文化资产，较难直接转化为经济效益，却对于当下文明城市建设和城市核心价值观塑造具有重大的社会价值和意义，其社会资产属性远大于经济资产属性。下文具体分析沙河片区的主要城市文化资产。

商业文化资本。沙河片区的商业文化资本特征显著，以服装为专业交易品种的市场历经40多年的发展，已成为广州三大服装批发集散地之一，

---

① "三现"交易是指现场、现金、现货交易。
② 文化生态圈中核心文化整体价值大于亚文化，亚文化整体价值大于次文化。

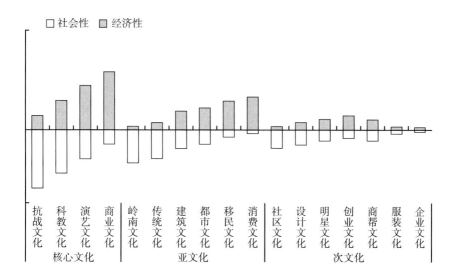

图5 沙河片区主要文化类型及影响程度

"沙河服装品牌"早已享誉全国，在女装领域发挥着重要的纽带性作用。先烈东路以北约三十万平方米内，集聚着三十余家专业市场和两万余家商户，旺季时进出人流高达五十万人次，年交易额超过三百亿元。密集的载体、商品、人力和资金等要素资源，以及吃苦耐劳、艰苦奋斗的企业家精神所共同构成的商业文化资本，蕴涵了丰富的商业价值和增值潜力，可以转化为高经济价值。

演艺文化资本。沙河片区拥有广州乃至全国集聚密度最高的演出艺术院团，省市文化单位多达 18 家，剧院群座位数量高达 2953 座，票务经纪公司、各类表演相关的服饰配套主体等上下游产业链齐全。在粤港澳大湾区建设中，沙河片区对于深化穗港澳表演、音乐、戏剧等文艺方面的交流合作和共建人文湾区起到排头兵的作用。在云演艺和在线视频等数字文化快速融合发展的当下，沙河片区具备先天的品牌、要素和创新优势，有助于擦亮新时代广州演艺文化品牌，实现广州演艺产业繁荣发展。

抗战文化资本。沙河片区完好地保留了 19 世纪到新中国成立之前，反映近现代历史上中华民族抗击外敌的文物、建筑和史料。比如与清末民族英雄刘永福相关的"刘氏家庙""永福街""永福路"以及出版的《刘永福和黑旗军图集》《岭海镇臣刘永福》等书籍，纪念近代革命家朱执信的朱执信墓，以及1933年建成的十九路军淞沪抗日阵亡将士陵园和牌坊等文物保护单位。这些独一无二的文化资产承载着广州的民族精神、爱国精神和抗战精神，具备难以替代的社会价值。

科教文化资本。以广东工业大学沙河校区（沙河科技园）、星海音乐学院、广东舞蹈戏剧职业学院等高校和科研院所为代表所形成的科教文化资源，是塑造沙河片区创新、创意和创业文化的有力支撑。尤其是在科技创新、工业设计、舞蹈创作、音乐创造等领域与黄花岗科技园和创意大道形成联动，具备形成广州乃至大湾区创新重要策源地的潜力，对于推动沙河文化产业升级、提高科技创新能力意义重大。

（三）城市文化资本驱动下沙河片区更新改造实施路径

实施沙河片区更新改造计划，要始终围绕片区内丰富的文化资源展开，在城市文化资本上做文章找突破口。利用好城市文化资本激活沙河片区的经济效益、社会效益和文化效益。

紧扣以"城市文化资本"为主线的更新改造思路。一是在更新改造之前，做好片区内城市文化资本的摸查和调研工作，避免为了拓展新的发展空间，不加分辨地大拆大建，要以"绣花功夫"保护和传承好核心的城市文化资本。二是在推进更新改造的过程中，除了发挥法律、制度和经济作用之外，也要充分调动和利用城市文化资本的力量，如在涉及老旧小区的拆迁中，发挥基层党员文化、社区文化和大院文化等在缓解矛盾冲突中的功能与作用。三是在完成片区更新改造之后，充分利用好经济性和社会性较强的既有城市文化资本，与新时代文化精神和价值观相结合，共同构建新的城市文化资本体系，为城市复兴持续创造新动能。

建设新时代高品质文明示范区。一是始终坚持以习近平同志为核心的党中央高度重视培育和践行的社会主义核心价值观为精神指引，充分发挥片区内基层党组织的引领作用。二是在硬件上，提升城市空间格局，改善人居环境，提升景观品质，完善新一代信息基础设施，优化内部交通路网，提升固废、空气污染、声环境、雨污等治理能力。三是在软件上，弘扬英雄模范故事，提升城市素养品位，优化人文艺术气息，传承岭南文化，凸显人文关怀，建设睦邻和谐关系，满足社会多元群体诉求，提升居民归属感和认同感。整体上推动沙河片区从吸引力逐渐降低的老城区，转变为宜居宜业宜游的新时代文明实践示范区。

打造活力迸发文化艺术新高地。一是擦亮沙河片区丰富的文化艺术资源名片，梳理近现代民族英雄故事和历史事件，发挥好革命文献、遗迹、文物、故事、口述资料等史料作用，结合当代所弘扬的爱国抗战价值理念，建设爱国主义文化长廊并创作一批反映革命文化的影视剧、主题展览等文艺作品。二是发掘片区内省市文化单位中知名且正能量的表演家、作词作曲家、画家作家等文艺人才，以及在国际国内具有较高知名度的沙河原创剧本、曲目、音乐、歌剧和画作等，研究建设具有影响力的沙河文化艺术博物馆或文化展览馆。三是梳理艺术文化的发展空间，推动片区内的文艺院团组建协同发展的"剧院联盟"，促进各类剧场、剧团、剧种跨界联动和合作，打造粤港澳大湾区演艺文化的重要策源地和核心展示区。

构建现代高质量文化产业体系。一是持续发挥"沙河服装"的品牌优势，引导和推动专业服装批发市场向云展贸、原创设计、直播电商等数字产业集群发展，打造终端消费群体验中心，推动价值链往数字化高端化转型升级。二是推动文艺演出剧团数字化转型，创作适合线上观演、传播、消费的原生云演艺产品，营造云演艺文化生态圈。三是结合广州游戏动漫全产业链优势，推动批发市场载体的资源和功能升级，促进电竞等泛娱乐发展。四是完善全域旅游服务和配套建设，优化特色旅游线路，丰富精品书店、酒店和餐饮等业态，促进文商旅深度融合发展，建设国际消费中心示范商圈，打造文旅沙河。

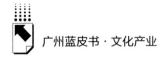

参考文献

姜琪：《政府质量、文化资本与地区经济发展——基于数量和质量双重视角的考察》，《经济评论》2016 年第 2 期。

黄怡、吴长福、谢振宇：《城市更新中地方文化资本的激活——以山东省滕州市接官巷历史街区更新改造规划为例》，《城市规划学刊》2015 年第 2 期。

唐源琦、周建威、赵红红：《广州旧城微改造全要素评价分析及更新策略研究——以恩宁路（永庆坊）微改造为例》，《西部人居环境学刊》2021 年第 1 期。

周秀梅：《城市文化视角下的公共艺术整体性设计研究》，武汉大学博士学位论文，2013。

贾辰：《城市文化资源资本化研究》，厦门大学硕士学位论文，2014。

张宇欣：《城市更新背景下老旧小区微改造实施机制优化研究——以广州市区越秀区为例》，华南理工大学硕士学位论文，2020。

欧阳卓：《存量开发导向下旧城片区更新策略研究——以西安市碑林区长安路片区为例》，长安大学硕士学位论文，2016。

罗以灿：《关于城市更新中生态环境建设的问题分析及策略探讨》，《智能城市》2019 年第 5 期。

李迅、张爱华：《生态文明视角下的城市文化重塑》，《城市发展研究》2014 年第 10 期。

李丹阳：《当代茶文化的思想政治教育价值》，《公关世界》2020 年第 24 期。

彭茂鑫、王梦凡：《沂蒙红色文化的思想政治教育价值》，《河北广播电视大学学报》2020 年第 6 期。

谭林婧：《儒家文化的思想政治教育价值分析》，《中学政治教学参考》2020 年第 3 期。

B.15
推动天河区数字文化产业
高质量发展路径研究
——基于电竞产业视角

黄思远　李江　潘荻嘉*

摘　要：　广州天河发展电竞产业具有高质量的城区发展、充足的要素
　　　　　资源保障、扎实的产业发展等基础优势，但目前面临竞争对
　　　　　手实力强劲、电竞产业氛围不够浓、技术和模式瓶颈明显、
　　　　　社会对电竞的认知不足等困难和障碍，未来天河电竞产业进
　　　　　一步的发展需要从打造电竞城市、提升产业结构、完善管理
　　　　　制度、壮大企业规模和集聚产业先发优势等方面入手，持续
　　　　　优化电竞产业的发展环境，增强天河电竞产业的竞争力，积
　　　　　极推动电竞产业和天河区文化建设高效衔接。

关键词：　电竞产业　数字经济　数字文化产业

以电竞产业为代表的数字经济在全球正处于爆发增长期，2020 年，全
中国电子竞技游戏市场收入超过 1365 亿元，同比增长接近 45%，用户规模
高达 4.88 亿人，中国已经超过北美成为全球最大电竞市场，电竞产业对于
我国经济的贡献日益显著。电子竞技产业链条长、渗透性强，与其他产业的

---

* 黄思远，广东省电子竞技运动协会研究员，研究方向为文化产业经济；李江，华南理工大学
公共政策研究院客座研究员，研究方向为公共政策；潘荻嘉，中共广州市天河区委宣传部理
论科，研究方向为文化产业经济。

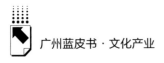

融合程度深，孵化诞生了形式多样的新业态、新模式和新产品。在这样的背景下，对于天河区而言，电竞产业发展既存在显著的基础性优势，也面临一些突出的难点和障碍，探索一条适合天河区电竞产业发展的路径，对于天河区未来一段时间推动电竞产业育新机、开新局，实现高质量发展至关重要。

一　发展电子竞技产业对天河区的战略意义

电竞产业在推动天河区加快实现老城市新活力，推动综合城市功能出新出彩、城市文化综合实力出新出彩、现代服务业出新出彩和现代化国际化营商环境出新出彩上具有重要的战略意义。电竞产业也将助力天河区实现科技创新强区、文化强区和现代服务业强区等发展目标。

（一）对提升综合城市功能的意义

电竞产业用户增长速度快，对年轻群体的吸引力强，助力城市发展版本升级和弯道超车，电竞产业与城市的融合达到了前所未有的高度。从某种意义上看，赢得了电竞产业意味着赢得未来发展的动力。一是在经济结构转型的大背景下，电竞产业对于推动城市经济增长、提升城市经济活力、带动城市其他产业发展和提高政府财政实力具有重要的现实意义。二是不少城市正通过大力发展电竞产业，打造多元赛事和俱乐部以及泛娱乐化的嘉年华活动，吸引年轻消费主力军，增强城市社会凝聚力和文化氛围，塑造优良的城市形象，提高城市品牌知名度。三是电竞产业从上游研发、中游赛事到下游直播的全过程基本不产生环境污染和生态资源破坏，总体能耗低，符合绿色经济的价值规律，有利于引领城市绿色发展。

（二）对提升城市文化综合实力的意义

电竞产业是城市文化产业的重要组成部分，也是城市新的服务产业发展点和文化品牌名片。电子竞技是文化与数字科技跨领域融合的时代产物，电竞产业的发展对于推动"科技+"与"文化+"相向而行、同频振动和协同创新意义重大。一是电竞产业在现代数字科技拓展媒体渠道和对接消费受众群体方面优势显著，而在电竞内容创作过程中潜移默化地融入中国先进文化元素，实现在科技与文化的有机融合下，推动形成具有显著时代特征、城市文化烙印和对外影响力的文化产品。二是电竞产业不同于其他分割的科技产业或者文化产业，而是以构建在线新型社区生态，将城市文化的内涵以更加贴近全国乃至全球消费者的全新方式展现，有利于提高城市文化品牌知名度。三是依托电竞产业所构建的技术、数据和算法等优势，推动传统的文化和旅游产品在国际上获得宣传优势，带动相关产业的高质量发展，整体提升城市文化的综合实力。

（三）对提升现代服务业的意义

电竞产业作为一个产业融合的新领域，直接和间接带动着近万亿级的产业市场，对于提升现代服务业的质量意义重大。一是电竞产业逐渐与硬件设备、直播经济、园区服务、城市运营、文化旅游、文化创意、体育竞技、现代商贸等现代服务业联动构成多种新型产业生态。二是在电竞产业从注意力经济版本升级为大拇指经济的产业联动和带动过程中，促进消费带动转型升级，诸多千亿支柱性规模市场均被带动，电竞产业将在未来持续发展并推动相关行业的发展。三是资本开始加大电竞产业的投入，对于金融投资行业的吸金能力持续增强，资本通过投资电竞俱乐部或品牌赞助商，提升了电竞的品牌价值，带来更加标准化以及体育化的产业理念，使得电竞向着一流的体育品牌迈进。

（四）对提升现代化国际化营商环境的意义

加快电竞产业发展对于倒逼提升现代化国际化营商环境，促进各类要素便捷高效流动具有重要的意义。一是有利于监管部门落实"放管服"政策，推动电竞管理部门进一步明确管理权限和职责，弱化行政色彩，下放赛事审批权，做好监管和调控，厚植电竞产业发展的政策土壤。二是通过在政策和制度层面为电竞产业正名，为电竞产业发展提供制度保障，鼓励社会资本进

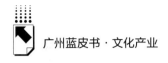
入电竞产业，有利于促进电竞俱乐部、社会团体组织发展，繁荣电竞市场。三是推动完善知识产权保护制度，电子竞技产业知识产权、著作权等权利的法律保护是市场良性发展的重要基础，通过对游戏著作权、版权和 IP 予以严格保护，为电竞产业发展保驾护航。

二 天河区电竞产业的发展基础

"十四五"期间，天河区将打造国家中心城市核心功能枢纽、现代服务业高质量发展先锋、社会主义先进文化展示窗口、现代化国际化营商环境样板示范，实现城区发展能级、综合实力、环境品质大提升，也为电竞产业的繁荣发展创造优质的发展环境。

（一）高质量的城区发展基础

天河区是广州市的经济大区和创新强区，整体经济实力雄厚，经济总量连续十四年稳居全市第一。天河区现代服务业发达，总部经济效应突出，科技创新活力强劲，营商环境优越。

1. 区域经济实力雄厚

天河区是广州市经济增长最大的发动机，2020 年实现地区生产总值 5300 余亿元，人均地区生产总值接近 30 万元。经济"含金量"高，税收持续稳定增长，"十三五"期间累计实现全口径税收收入约 3938 亿元，一般公共预算收入超过 363 亿元。仅 2020 年全年，新增企业数量约 12 万家，"四上"企业达千余家。经济增长的驱动力日益均衡，新经济、新业态驱动力逐步显现，即使在复杂国内外环境和新冠肺炎疫情的严重冲击下，天河区城市居民收入与经济发展仍保持同步增长，社会消费品销售总额达到 1781 亿元，网上商品零售额增长超过 28%。

2. 产业结构优势显著

2020 年，天河区第三产业占全区地区生产总值的比重高达 92.5%，其中，现代服务业增加值占比约 70%，高度发达的第三产业作为天河经济

"压舱石"作用十分显著,形成了金融业、新一代信息技术、现代商贸业和商务服务业等四大主导产业,其中软件业营收规模接近 2000 亿元,位于全国第一梯队,金融业增加值已超过千亿元,天河路商圈被称为"华南第一商圈"。天河中央商务区是国家级商务区,集聚了全球四大会计律师事务所、五大国际地产行、全市 70% 的金融机构以及人力资源服务机构。天河区高端要素聚集吸引力强,共计拥有总部企业约 150 家,总部经济规模集聚效应显著。

3. 科技创新能力强劲

天河区拥有完善的创新创业生态,多项创新指标保持全市领先。创新主体资源集聚发展,拥有完善的创新创业大赛、创业基地和创投基金等服务体系网络。2020 年,天河区拥有国家高新技术企业总数超过 3370 家,孵化器和众创空间约 210 家,专利申请量和授权量分别达 4.5 万件和 2.4 万件,三项指标均为全市第一。技术合同交易额达 700 多亿元,全社会 R&D 经费投入占 GDP 比重约为 3.4%,每万人口拥有发明专利数量超过 100 件。

(二)充足的要素资源保障

天河区拥有 4 所双一流高校,各类高校人才、创业创意人才云集,高新技术企业、创新资源和平台集聚发展,成熟和完善的消费商圈配套为新服务和新产品提供广阔的展示舞台,天河区是华南地区创新经济的重要"策源地"。

1. 高素质文创人才云集

天河区是广州市最具实力的科教文化中心和首个教育现代化先进区,拥有全广东省 70% 的高水平大学和全市 60% 的省部级以上重点实验室,集聚了华南理工大学、暨南大学、华南师范大学和华南农业大学等"双一流"高校、65 所高等院校、57 家科研机构和约 30 万家企业,合计拥有在校大学生和各类科技创新人才超 30 万人,现代服务业高端创意人才占全市一半以上。

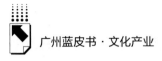

2. 高水平创新平台集聚

天河中央商务区总面积约 20 平方公里，拥有甲级写字楼超过 110 栋，是文化产业总部企业的主要集聚地。天河科技园和天河软件园有扎实的软件信息基础，为数字文化产业集中供能，集聚网易等大量数字文化产业龙头企业。羊城创意产业园区是数字音乐、文化传媒和创意设计等创新创意产业的重要策源地。天河智谷片区位于广深创新走廊和广州东部创新走廊的重要交汇点，是文化创意和科技创新深度融合的价值园区。沙河片区是广州市文化产业密集程度最高的地区之一，聚集广东省歌舞剧院、广州话剧团、广州杂技团等 18 家省、市文化单位。

3. 高品质消费商圈汇聚

天河路商圈、珠江新城商圈和天河北商圈等是天河都市时尚文化的名片，其中，天河路商圈是华南第一商圈，240 万平方米商业区集聚了 13 个大型商业综合体，日客流量峰值达 400 万人次。珠江新城商圈和天河北商圈拥有文化产品消费和购买力最强的群体。海心沙、花城广场、天河体育中心等文体设施为数字文化、首店经济、品牌消费、文商旅融合等新经济新模式提供展示高地。天河区因"六运"而起、"九运"而兴、"亚运"而强，体育竞技和体育消费一直是天河文化的重要组成部分。

（三）扎实的产业发展基础

天河区出台了推动软件、游戏和电竞产业发展的一系列政策和行动计划，已形成完整的数字文化产业链，尤其在电竞产业领域，天河区拥有国内罕有的全产业链条并加速形成产业闭环。

1. 完善的政策保障机制

以加快天河区国家文化出口基地建设为抓手，持续完善了对于数字文化产业相关的制度和政策保障。先后出台《天河区加快发展数字经济若干措施》《广州市天河区软件产业发展规划（2020～2025 年）》《关于扶持游戏产业健康发展的实施意见》《关于印发广州市天河区产业发展专项资金支持文化创意产业发展实施办法的通知》《广州市天河区电竞产业发展规划

（2020～2030年）》等一系列针对软件业、游戏业和电竞产业等数字文化产业发展的规划和意见。

2. 完整的数字文化产业链

天河区文化产业规模连续多年领跑全市，2020年规模以上文化产业法人单位约750家，文化产业实现营业收入超过1600亿元，拥有国家文化出口基地等多个"国"字头牌匾。天河区已形成全国最大的游戏产业集聚地，2019年实现游戏收入约900亿元（含在地注册及在地办公异地注册企业），约占全国40%。酷狗音乐和网易云音乐为代表的数字音乐产业均排名全国前五，App移动客户端总用户量稳居全国第一。游戏动漫全产业链涉及的游戏开发、影视制作、动画特效、音乐制作等要素齐全完善。

3. 厚植电竞产业发展基础

天河以科韵路为发展轴，形成了游戏产业的发展极和电竞产业策源地，发展出一批现象级电竞项目，率先应用国家电子竞技统计标准进行科学决策。"电竞+"产业实现多元发展，盘活腰部电竞游戏企业资源及老字号商号资源，以"电竞+商业"打造双赢联动，电竞产业泛娱乐化及赛事嘉年华化，文旅、体育、教育等领域已成为电竞的联动生态行业。天河已拥有包括上游内容授权、中游衍生内容制作和下游传播平台电竞领域全产业链条。

三　天河区发展电竞产业的主要难点和障碍

基于新一代通信网络、大数据、云计算等技术的飞速发展和文化消费市场的快速增长，电子竞技产业进入集中爆发期，多种新业态、新模式、新产品等发展迅速，但是从构建区域电竞产业发展优势和竞争力的角度来看，天河区目前在产业实力、产业结构、产业要素、产业技术等方面还存在一些难点和障碍。

（一）竞争对手实力强劲

在韩国电子竞技与足球、围棋并列成为体育产业三大支柱，美国电竞市场的年复合增长率超过 22%。在国内，已有超过 200 个城市正在发力电竞产业，北京在建设"国际网络游戏之都"，上海正在打造"全球电竞之都"，深圳也在构建"粤港澳电竞产业中心"，广州（天河）在发展电竞产业上面临诸多城市竞争和挑战。在政策配套上，各地对电竞企业及电竞俱乐部等平台的招引力度大、政策足，落户必给扶持。在人才配套上，对电子竞技技能和管理类人才开通落户、入学、购房、补贴等政策通道。在空间配套上，为电竞企业提供产业空间和租金补贴，最大程度激发产业联动和带动效应。在政策配套上，设立专项资金、税收返还和产业基金等，为电竞产业快速发展提供保障支撑。

（二）电竞产业氛围不够浓

天河区拥有较好的区域发展面，拥有覆盖赛事举办、内容制作、职业俱乐部、网络直播、电竞场馆等全产业链的市场主体，然而在头部赛事推广上有较大空间，腰部电竞氛围还不够浓厚，终端传播的龙头企业不够强。根据伽马数据报告，上海集中了全国 80% 以上的电竞产业市场主体，拥有电子竞技场馆约 35 家，全国有影响力的电竞赛事超过 40% 在上海举办，但天河还缺乏较为成熟的电竞社区、电竞体验馆和大型地标性专业电竞场馆。此外，天河拥有较多游戏产业园区，但在纯电竞产业园区方面，其与浦东、静安、南山等城区相比，在基础设施、配套和品牌等方面仍有较大差距。

（三）技术和模式瓶颈明显

和其他电竞产业优势城区面临的问题一样，天河区在电竞产业的信息技术和商业模式方面的发展瓶颈比较显著。一是硬件技术方面，受制于国外市场的"卡脖子"技术，国内自有的技术水平还不能满足海量数据的集中处理需求。二是软件开发方面，一定程度也受硬件的局限，在内容处理、界面处理和物理建模等相关算法和理论上尚不成熟。三是商业模式方面，功能性游戏和娱乐性游戏落后于国外互联网巨头，付费消费模式相对不够成熟，版权保护、消费者权益保障等方面的制度不够完善，一定程度影响了电子竞技的产业生态打造。

（四）社会对电竞的认知不足

电竞产业已实现快速发展，但是社会对于这方面的认知存在着一定的差距。一是不少家长视电子竞技如同洪水猛兽，尤其一些学生沉溺电竞荒废学业的事件屡被报道，导致人们对电子竞技形成了不好的印象，使得电竞产业的发展面临着较大的舆论压力。二是电子竞技行业在发展中出现的浮躁攀比之风、主播与运动员收入倒挂、为获取点击量不惜开挂作弊等现象，造成了较大的不良社会影响。三是不少社会资本对投资电子竞技行业持观望态度，不敢贸然或加大投资力度，也导致电子竞技行业在发展过程中缺乏资本市场的助推。

四 天河区电竞产业的主要发展路径

客观认识天河区在电子竞技产业发展过程中存在的难点和障碍，避免盲目简单地从规模和产值上去判断产业的发展状况，而是以推动电竞产业高质量发展为目标，从打造电竞城市、提升产业结构、完善管理制度、壮大企业规模和集聚产业先发优势等方面入手，持续优化电竞产业的发展环境，增强天河电竞产业的竞争力，积极推动电竞产业和天河区文化建设高效衔接。

（一）着力打造电竞城市

以电竞城市发展为着力点，推动电竞产业和天河城市文化资源融合。完善电竞城市建设年度计划，扎实推动电竞产业平稳、有序、健康发展。通过优化城市空间产业布局，促进各类资源要素便捷高效流动，支撑电竞产业集聚发展。

1. 推动电竞赋能老城市焕发新活力

将天河区老城市新活力行动计划和电竞产业发展紧密结合起来。一是打造"电竞天河"及"电竞广州"城市新名片，结合文物保护单位、非物质文化遗产和史料传记等，增强年轻化、时尚化、现代化元素，盘活天河区传统文化资源和文化场所。二是在电竞赛事活动宣传中，加强与行业协会、企业方、赞助方和电竞运营方合作，融入天河的城市宣传，将电竞赛事作为城市的政府工程，共同推出纪念品、文创产品、城市活动等，增强城市活动和电竞产业的贴合度。三是持续推动电竞产学研融合示范区落成，发挥天河高校、科研机构和电竞企业的科研优势，针对电竞产业的事业发展链条，强化基础性和应用型研究，保持天河竞技产业在全国领先的竞争位势。

2. 制定电竞城市年度发展计划

围绕高端电竞品牌、高端电竞人才和高端电竞行业平台，全面实施天河电竞城市年度发展计划。一是建立天河区电竞产业重点企业名录，每年重点筛选扶持若干个贡献突出，具有高成长性、强影响力的高端电竞产业品牌，以加大政府公共服务优先采购力度支持发展。二是编制年度急需电竞产业岗位目录，培育和引进一批具有前瞻性国际视野、前沿性创新能力和丰富电竞赛事运动经验及工作经验的电竞产业高端人才，完善专项补贴和优惠措施。三是以遴选一批国内国际一流电竞平台机构为目标，每年培育、引进国内领先、国际知名的电竞俱乐部、直转播机构、赛事执行/策划/运营公司等电竞产业高端服务机构。

3. 优化电竞城市整体空间布局

优化天河电竞产业的空间布局，加快形成规划合理和竞争实力强劲的电竞产业聚集区。一是打造天河路商圈、珠江新城和沙河片区为主的电竞泛娱乐发展中心，天河智慧城为核心的电竞产业融合发展中心，以及以广东奥林匹克体育中心为核心的未来电竞综合发展中心的架构，共同推动电竞产业群集聚发展。二是打造沿广州大道中发展带的电竞泛娱乐核心发展带，沿科韵路产业带的电竞产业重要发展带以及以绕城高速发展带为圈的电竞产业未来发展带，共同增强电竞产业资源要素的流动性。

（二）实施产业提质工程

通过大力推进一系列"高集聚、高辐射，强带动、强示范"的电竞赛事，繁荣电竞泛娱乐市场，实施电竞产业优才计划等一系列重点提质工程，形成天河区电竞产业发展体系，厚植电竞产业发展的根基。

1. 推进电竞赛事招引

加快完善天河电竞赛事的产业链建设和布局，推动电竞产业提质增效。一是重点发力电竞头部赛事落户、头部俱乐部或战队招引、本土大型电竞赛事培育以及特色体育电竞赛事落户。二是以电竞配套各产业环节为切入点，构建集赛事策划、赛事举办、内容制作、娱乐体验、人才培养、装备制造为一体的电竞赛事生态圈。三是持续跟踪关注国际级第一方赛事，对标国际重要电竞城市，梳理全球重要电竞项目赛事并评估其重要度，对全球重要赛事进行精准招引。四是通过引进专业孵化平台公司，全力推进电竞产业招商引资，形成引流增长极。

2. 支持电竞泛娱乐发展

电竞产业与文化、旅游、商业等领域的深度融合发展已形成电竞泛娱乐化趋势。一是重点发力泛娱乐电竞活动举办、电竞嘉年华举办、泛娱乐电竞新媒体节目开发、电竞泛娱乐峰会等，支持泛娱乐电竞直转播、泛娱乐 IP 商业联动等电竞泛娱乐重点领域。二是打造天河电竞泛娱乐平台，加快塑造以天河中央商务区 - 天河路商圈 - 天河体育中心 - 沙河片区为核心的泛娱乐电竞联动中心，以及泛广州大道中的珠江新城 - 体育西 - 天河北 - 沙河片区电竞娱乐核心发展带。三是鼓励电竞比赛与老字号商家文化 IP 联动，深化大型电竞赛事与商圈平台合作，创新电竞赛事与商场门店联动方式，推动电竞项目的在地化。

3. 制定电竞专才计划

聚焦电竞人才战略，推动天河汇聚高素质高水平的电竞人才队伍。一是结合电竞产业智力密集型的特征，建立多元化的审核评价标准，建立天河区电竞产业专才标准，鼓励电竞领域专才长期服务天河。二是探索建立"优秀电竞运动员人才储备库"高端电竞高级管理人才储备库"和"高端创业和服务专才储备库"等，在就业、落户、补贴、子女入学和社会保障等方面完善保障。三是对服务专才的创业企业（项目）进行长期跟踪服务，根据评估结果和企业意愿，实施资金扶持政策。

4. 提升电竞产业原创力

加强对电竞产业内容的监管质量，以弘扬时代主旋律为标志，持续提升天河区电竞产业的原创力水平。一是加强对原创内容的审核和监管，保护意识形态安全，严密防范和坚决打击关于暴力、色情、低俗和恐怖等负面内容，引导宣扬电竞文化的竞争精神、团队精神、人文精神，倡导社会正能量。二是增强游戏故事原创力，将平面的电子游戏立体化，把电竞游戏故事化，并改编成影视剧和短视频等配套宣传。打造一系列的原创形象，将用户喜爱的人物形象具象化、拟人化、可感化，通过IP周边衍生物和文创产品等方式进行推广，塑造出有情感、有血有肉、栩栩如生的人物群像。三是促进电竞产品与中国文化元素相融合，促进我国优秀传统文化的传承与传播，鼓励内容开发商从丰富的中国传统文化和流行文化中汲取营养，推出具有中国特色的原创内容产品，用中国故事为电竞产品塑造灵魂。

（三）完善制度保障机制

通过建立电竞产业发展领导小组，突出政府对电竞产业的领导，探索成立电竞产业专项发展基金，引导电竞产业市场繁荣发展，强化天河区对于电竞要素资源的统筹能力，为天河区电竞产业发展保驾护航。

1. 成立产业发展领导小组

加强组织保障，把推进天河电竞产业发展作为"书记工程"来实施，建立由电竞产业发展领导小组办公室召集、区属有关部门共同参与的协调工作机制。完善领导小组年度工作会议和月度联席会议制度，做好电竞产业发展战略的制定、重大项目审批、重大事项审议和绩效考核等工作，及时解决发展过程中遇到的突发问题。

2. 探索成立产业专项发展基金

强化财政保障机制，探索设立天河区电竞产业引导基金或专项产业配套基金，成立由"政府引导，社会资本参与"的天河区电竞产业发展基金会，形成产业发展的合力。通过"公益化平台，市场化运作"的非政府组织运作模式，为天河区电竞产业发展提供人力、物力、财力等方面的专业支持。通过政府行政模式创新，形成"少量政府资金引导，各种社会资本主导"的投资式扶持模式，引导电竞行业资源向优势企业集中。

3. 统筹全区要素资源

强化政府对电竞产业各类要素的统筹能力，发挥规划在产业发展中的引导作用，提高资源的利用效率和社会效益。一是结合前期"四规叠合"等规划成果，集中统筹规划，强化规划落实的科学性、系统性、可持续性和可操作性。二是强化规划任务实施的全程动态管理，建立全区统一的电竞产业发展要素资源储备机制（平台），形成覆盖"审批－监管－考核－清退－回收"全过程的电竞产业动态监管体系和良性发展体系。三是建立电竞产业专项数据统计系统，定期发布行业运行数据，辅助企业经营决策，引导行业良性发展。四是规范电子竞技运动产品开发的引导，塑造天河电竞产业新形象和正能量。

（四）壮大总部企业规模

重点推动龙头和总部电竞企业的认定体系标准建设，完善对于电竞企业、项目和平台的奖励和扶持机制，持续优化营商环境建设，推动金融业高质量服务于电竞企业发展，落地一批具有全国乃至全球竞争力的电竞总部企业。

1. 规范认定体系标准

充分发挥《广州市天河区总部企业认定暂行办法》《广州市天河区总部经济扶持政策及招商奖励政策暂行办法》等政策资源优势，进一步规范总部经济认定体系，吸引大型企业区域总部、龙头电竞俱乐部及战队集聚天河。加强总部经济备选企业的长期跟踪服务，把企业需求及时转化为扶持政

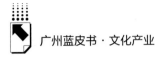

策。积极鼓励本土电竞企业走出去，形成若干天河区自己的电竞产业品牌全国（全球）总部。

2. 完善企业奖励机制

建立分类指导原则，按照总部经济的发展能级、经济类型和业务特点区别对待，确定不同的激励重点。探索优先提供土地增资扩产、优先享受优惠政策试点、优先合作发展重大项目等激励方式，加大对总部企业长远发展的支持力度。研究一次性奖励和长期激励并重以及对总部企业高级管理层的长期有效激励等政策。坚持全面推进与重点突破相结合的工作原则，有选择性地对总部经济企业通过"一企一策"进行针对性优惠扶持。

3. 拓宽企业融资渠道

支持天河区的银行等金融机构加强金融产品与金融服务创新，研发推广适合不同产业环节、不同发展阶段电竞企业的金融产品和服务。支持有实力的龙头企业、总部企业和旗舰企业，通过股票增发、企业债券、资产重组等多种方式筹措发展资金。鼓励符合条件的电竞企业积极进入资本市场参与股权融资。鼓励民间资本组建商业性金融机构，因地制宜服务天河电竞企业发展，不断优化电竞产业领域中小型企业的融资环境。

（五）集聚产业先发优势

通过全面确立天河区电竞产业领域的先发优势，积极融入粤港澳大湾区电竞产业合作，全面提升电竞产业的产学研实力和高频次举办高水平行业论坛，快速提升天河区电竞产业及电竞配套产业资源的集聚能力和对外影响力。

1. 融入大湾区电竞产业合作

率先研究建立能够代表粤港澳三地电竞行业发展水平、具有最广泛参与和认可的综合性电竞产业协会（联盟），重点推动细分产业的权威机构、认证组织和企业协作组织的培育建设。探索电竞教育的港澳留学输送机制，加强与港澳电竞教育方面合作，利用港澳电竞专业已经成立专门学科和本科预科制度且拥有独立的教学及培养方式的优势，鼓励天河电竞运动产业从业人员和行业管理运营人员出境进修，解决电竞选手低龄化及休学普遍化的问题。

2. 提升电竞产业产学研实力

推动电竞产业发展与电竞教育、电竞科学研究紧密结合，在理论、人才和创新等方面，为电竞产业科学发展保驾护航。一是积极与国家重点部委局委办公室、国内知名电竞企业、电竞俱乐部共同谋划重大项目，推进电竞产业专家研讨、课题研究等多项工作，推动成立粤港澳电竞发展研究院。二是积极承接省市区电竞产业专题报告、电竞团体标准、电竞活动规范等重大项目，打开天河电竞行业产学研一体化发展新局面，打造国家级电竞行业产学研一体化发展高地。三是积极发展电竞教育，推动产教融合，充实电竞产业师资队伍，将专业设置与市场需求相对接、将教学内容与职业标准相对接、将教学过程与生产过程相对接，服务于电竞产业发展，为产业培养并输送优质人才，引导青少年正确认知电竞，为电竞产业发展创造良好的舆论环境。

3. 举办电竞产业领域高水平论坛

通过探索定期举办电竞产业高峰论坛或大型主题活动，建立天河区在电竞产业领域与世界对话的平台。一是通过邀请国内外电竞产业领域的专家学者、企业高管和电竞优才等齐聚天河，聚焦前沿趋势研讨、产业规划论证、战略合作项目洽谈、城市管理和电竞产业发展新机制等前沿问题和对策。二是积极推动参与全国电竞产业服务和自律标准建设，推动电竞高质量发展和电竞行业标准化建设，打通上下游产业链，通过引领、示范传播电竞正能量。三是通过高水平产业论坛，汇聚电竞产业国际领先资源，保持天河电竞产业在全球范围的可见度和影响力。

参考文献

张晓欢：《数字文化产业发展的趋势、问题与对策建议》，《重庆理工大学学报》（社会科学版）2021 年第 2 期。

周建新、胡鹏林：《中国文化产业研究 2020 年度学术报告》，深圳大学文化产业研究院，2021 年 1 月。

孙勤燕、刘才金：《韩国电子竞技发展的特点及其对我国的启示》，《体育科技文献通报》2020 年第 6 期。

常任琪、薛建新：《美国和韩国电子竞技产业发展及启示》，《体育成人教育学刊》2020 年第 2 期。

俞健李、史曙生：《我国电子竞技运动的发展形势、困惑与路径分析》，《安徽体育科技》2020 年第 4 期。

程怡：《中国电子竞技文化传播受限因素分析》，《新媒体观察》2020 年第 19 期。

毕金泽、郭振、林致诚：《中国电子竞技与产业发展研究》，《北京体育大学学报》2020 年第 8 期。

企业案例篇
Cases Chapter

B.16
咏声动漫数字娱乐产业发展战略分析

古燕梅*

摘　要：　咏声动漫是国内领军的数字动画影视内容创作生产企业，以"为儿童与拥有童心的人提供最优质的娱乐体验"作为使命，成功开发了"猪猪侠""百变校巴""逗逗迪迪""疯狂小糖""核晶少年"等一系列知名原创动漫 IP。深耕数字文化娱乐产业十多年，咏声动漫形成了以动漫 IP 内容为核心，以3D 动画制作技术研发为基础，覆盖"动漫内容制作 - 动漫内容发行 - 动漫衍生内容、产品和服务"数字娱乐全产业链的业务体系，在市场中形成了显著的品牌竞争力。在未来，咏声动漫将围绕"深化多元 IP 布局""提升技术研发创新水平""多元业务体系协同发展""推进国际化运营"四大发展战略，推动数字娱乐产业新发展。

* 古燕梅，广东咏声动漫股份有限公司副总裁兼总制片人，研究方向为数字娱乐。

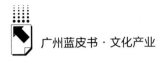
关键词：　咏声动漫　数字动画　影视娱乐　动漫产业

一　企业概况

广东咏声动漫股份有限公司（以下简称"咏声动漫"）创立于 2003 年 5 月，于 2016 年挂牌。咏声动漫以"为儿童与拥有童心的人提供最优质的娱乐体验"为使命，是国内最早拥有 3D 动画全流程制作技术的企业之一，拥有专业动画创作团队及技术研发团队，通过对动画制作技术和流程管理技术的研发持续提升自身动画制作水平及效率，推动动画制作产业工业化进程。同时，通过对内容的持续创新，咏声动漫不断丰富内容创意库，成功开发了"猪猪侠""百变校巴""逗逗迪迪""疯狂小糖""核晶少年""超学先锋"等一系列知名原创动漫 IP，并建立多元化产业支点，为其成为亚洲领先的动漫娱乐内容和动漫衍生品服务供应商提供了有力支撑。

咏声动漫深耕数字娱乐产业十余年，获得多项资质和荣誉，其作品荣获白玉兰金奖、广东省"五个一工程"奖、金龙奖、亚洲电视大奖、亚洲最佳授权项目大奖等一百六十余项国内外奖项。自 2012 年以来，咏声动漫连续多年经文旅部、财政部、国家税务总局审定为"重点动漫企业"；2017～2020 年，连续 4 年获得玉猴奖"年度十佳授权团队"；2018 年，在法国戛纳电视节荣获"中国优秀动画作品代表单位"称号；2019 年，获得由光明日报、经济日报评选的第十一届"全国文化企业 30 强"提名企业奖。经过多年发展，其旗下核心动漫形象"猪猪侠"已成长为国内著名动漫品牌之一，其 IP 形象及相关动漫作品荣获多项荣誉，包括玉猴奖"年度最具商业价值十大动漫 IP""年度优秀国产动画片""中国十大卡通形象""中国十大最具产业价值影视动画作品奖""广东第十届精神文明建设'五个一工程'奖"等。2019 年 10 月，咏声动漫全新打造的动漫 IP"百变校巴"系列成为国产电视动画至今为止唯一一部在法国戛纳影展入选 MIP Junior 全球五部评委重点推荐优秀作品。

二 发展历程

（一）2003～2006年：全面进军动漫产业，打破国产动漫收视纪录

2003年5月，咏声动漫成立，全面进军动漫产业，被国家新闻出版广电总局授予"广东民营影视制作优秀贡献企业"荣誉称号。《鬼马小精灵》幼教系列，成功走出国门打开东南亚市场。2005年，咏声动漫策划制作中国首部全3D系列动画片《猪猪侠》；2006年，《猪猪侠1 魔幻猪猡纪》被评为优秀国产动画，在金鹰卡通和南方少儿频道打破国产动画收视纪录。

（二）2007～2010年：头部IP持续发力，社会影响力不断扩大

2007年，猪猪侠作为广州青基会吉祥物，成为国内首个代言公益事业的卡通人物。同年，将中国独特的武术元素融入奥运竞技的《猪猪侠2 武侠2008》于中央电视台少儿频道首播。2008年猪猪侠再成先锋，贺岁电影版登陆广州公交电视，成为首部在户外数字电视平台播放的全3D卡通节目。2010年明星IP猪猪侠更成为"广州原创动漫人物亚运志愿者服务队"主要成员，为亚运助威。

（三）2011～2013年：开启IP多元化战略，全新IP再获市场认可

2011年，咏声动漫开始施行多元IP发展战略，推出继猪猪侠之后第二个原创IP"逗逗迪迪"，首部动画片《逗逗迪迪爱探险》于同年3月全国首播，并荣获"2011亚洲电视大奖最佳学前教育节目奖"，创下又一个国内首个好成绩。2011年12月，猪猪侠全新舞台剧推出，随即开启"广州优秀剧目全国巡演动漫巡演"，并受到广州市文广新局高度认可。2012年6月28日，猪猪侠首部3D大电影《猪猪侠之囧囧危机》登陆全国电影院线。2013

年 6 月，咏声动漫第三个全新动漫 IP"疯狂小糖"推出；12 月，咏声动漫通过国家重点动漫企业认定。

（四）2014～2016年：全产业链布局，构筑动漫泛娱乐生态

2014 年开始，咏声动漫以原创动漫 IP 为核心，构筑动漫泛娱乐生态，逐步完成了动画制作、影视宣发、IP 授权、舞台演艺、主题乐园、玩具开发及经销等全产业链布局。2014 年，咏声动漫成为中国内地首家夺得亚洲授权业大奖的企业，猪猪侠入选中国动漫授权业十大中国品牌。同年，猪猪侠第二部大电影《猪猪侠之勇闯巨人岛》全国公映，并创造了单日上映场次 1446 场、上座率 94.77% 的纪录，成为"端午六一"小长假排片量、上座率双料冠军。2015 年 7 月 13 日，猪猪侠第三部大电影《猪猪侠之终极决战》全国公映；年底，"梦想电话亭"全国巡展公益活动启动，联合多家公益机构、卡通卫视、视频平台、亲子机构等社会力量，为孩子的梦想插上翅膀。2016 年 3 月，咏声动漫在全国中小企业股份转让系统（新三板）挂牌上市。

（五）2017～2019年：推进国际化发展战略，加快全球化发展步伐

咏声动漫开放国际合作，实施中国原创 IP"走出去"以及部署创意资源全球化整合双轨战略，全面推进全球化发展，在 IP 多元化及动漫泛娱乐生态方面继续深耕，以动漫内容和动漫衍生业务积极开拓海外市场。截至 2019 年末，咏声动漫作品的海外播出平台已覆盖超过 50 个国家及地区，动漫衍生产品销售成功开拓韩国、越南、俄罗斯等国家及地区市场。2019 年推出的"百变校巴"系列动画片，首播当日在各大少儿电视频道夺得同时段动画收视率第一，上线首月全网点播量即超 1 亿次，并成为国产电视动画至今为止唯一一部在法国夏纳影展入选 MIP Junior 全球五部评委重点推荐的优秀作品。

（六）2020年至今：技术与创意双核驱动，提升数字娱乐产业竞争力

2020年，咏声动漫依托完整、成熟的动漫IP及内容开发、孵化体系，充分发挥内容开发的优势，打造成人向IP，并加强技术与文化的融合，推动4K内容制作，布局CG数字动画在5G场景下的应用。

2020年10月，咏声动漫推出全国首部4K超高清长篇3D原创电视动画片《百变校巴之超学先锋》，以创新技术为观众带来4K高品质视觉体验。同年，弘扬醒狮文化的《狮子学狮》斩获第七届伦敦国际喜剧短片电影节最佳动画短片等多项奖项；以中国神话故事为题材的作品《落凡尘》在网络平台引发热烈讨论，全网播放量超百万。

同年12月，咏声动漫在华为广州城市峰会亮相，首次向外界展示其动画制作流程管理数字化应用——Intelligent Nodes（简称"IN系统"）。秉承"创意需求驱动技术研发"的理念，咏声动漫通过该系统将有效提升动画制作的工业化水平，帮助动画制作端实现智能化数据追踪、在线艺术预览与审批、基于大数据的智能预判，在辅助咏声动漫动画制作开发智能管理需求的同时，向行业拓展，技术赋能创意，实现动画技术及管理流程的数字化革新。

三　业务模式

咏声动漫主要业务是以动漫IP为核心的动漫电视电影等内容产品的制作和发行，以及基于动漫IP的动漫玩具及其他产品、品牌形象授权等多元衍生业务，形成了覆盖"动漫内容制作－动漫内容发行－动漫衍生内容、产品和服务"全产业链的业务体系。

一直以来，咏声动漫凭借技术升级，持续创作优质动漫内容，建立起多元化产业支点，致力于成为中国优秀的动漫文化内容、服务和产品的供应商。目前主要涉及的产业板块如下。

图 1　咏声动漫产业业务板块示意

（一）动漫电视电影业务

动漫电视电影业务是咏声动漫的核心业务，也是其构建完整动漫产业链的价值源泉。咏声动漫电视电影业务收入主要来自电视台、网络视频平台等内容平台的采购收入及电影票房和网络发行收入。面向 0～12 岁年龄段的儿童，咏声动漫从 2004 年开始创作"猪猪侠""逗逗迪迪""疯狂小糖""核晶少年""百变校巴""超学先锋"等系列动画片和动画电影，成功打造了一系列知名原创动漫 IP。

自 2006 年"猪猪侠"第一季《魔幻猪猡纪》首播至 2020 年底，咏声动漫共推出 39 部"猪猪侠"系列电视动画作品，先后在中央电视台少儿频道、湖南金鹰卡通等电视频道多轮播出，其中《猪猪侠之深海小英雄》《猪猪侠之竞球小英雄》等优质动画片连续占据各大卡通卫视黄金时段榜首，取得了良好的收视率和市场知名度，"猪猪侠"已成为中国一线动画品牌。

而在 2019 年全新推出的"百变校巴"系列动画片在金鹰卡通、嘉佳卡通、优漫卡通等各大少儿电视频道首播当日横向对比同时段动画收视率排名第一，首月全网点播量即超 1 亿。同年，该系列动画片荣获第 4 届玉猴奖"2019 年度十佳新锐动漫 IP"，并在法国戛纳影展入选 MIP Junior 全球五部评委重点推荐优秀作品。

同时，依托经典电视动画片广泛的观众基础，咏声动漫累计制作推出 6 部动画电影。近年来，咏声动漫同步布局二次元番剧、成人向动画电影，向全龄段 IP 矩阵发起挑战。2020 年，咏声动漫投资设立了铁风扇动画工作室，致力于打造国内顶尖的 CG 动画技术服务团队。其出品的传统醒狮文化题材作品《狮子学狮》斩获多个国际奖项，投资制作的《落凡尘》未播先热，引起了强烈的市场反响。铁风扇动画工作室主营业务为动画、数字娱乐、AR、VR 等特种影视的高端制作服务，拥有成熟的动画制作团队、高端软硬件支持、丰富的项目资源以及标准化的 CG 动画制作智能管理系统，是国内领先的动画制作工业化团队之一。

（二）动漫品牌形象授权业务

品牌形象授权是指公司将自己所拥有的商标、著作权等（统称"授权标的"）以合同的形式授予被授权者用于商品的设计开发，被授权者按合同规定从事相关经营活动，并向公司支付相应的费用（授权金）。

咏声动漫通过优质的动漫内容带动衍生业务的发展，再以衍生业务提升动漫 IP 良好形象的知名度，形成可持续的良性发展模式。咏声动漫搭建了完善的品牌授权服务体系，通过自主经营和品牌授权的方式向玩具、出版物、儿童休闲食品、美妆产品、儿童洗护用品、家居用品、体育用品、文旅、舞台剧等 12 个产业板块进行延伸。目前，咏声动漫系列 IP 形象通过与上百家被授权商合作，授权业务涵盖衣食住行玩与学等多个行业，衍生品品类上百种。

通过多年的 IP 授权经验累积，咏声动漫在商品化授权业务板块建立了专业的授权团队，持续建立完善的品牌授权服务体系，并依托技术升级，构

图2 咏声动漫主要授权标的

建多样化的产业支点。2020年，面对新冠肺炎疫情的影响，咏声动漫及时调整市场策略，紧跟市场变化，运用猪猪侠虚拟IP形象进行线上直播带货等营销模式，布局全媒体矩阵，通过整合各平台、渠道资源，给予合作伙伴最优质完善的后续服务，为合作企业创造更多价值。

同时，咏声动漫积极倡导创新文化，强化知识产权创造、保护和运用，通过设立"知识产权维权打假部门"，全方位打击线上线下市场制假、售假等侵权行为，保障多方的利益免受侵害。多维度、全方位的授权合作体系，为旗下IP的品牌授权合作夯实基础。

（三）动漫玩具及其他衍生产品业务

为进一步完善以动漫IP为核心的产业链，咏声动漫从2014年开始介入儿童玩具领域，以设计研发产品和开拓市场销售渠道为核心，充分利用珠三角地区丰富的玩具生产资源，采用OEM生产模式，由玩具生产厂商按照公司的设计和技术要求生产产品，并主要通过经销商渠道销售实现"轻资产"运营。2019年7月起，咏声动漫通过在天猫、京东等线上电商平台设立"猪猪侠官方旗舰店"，逐步从以传统经销为主的玩具销售模式，向经销与直销相结合的模式转变，实现销售渠道转型升级，提升终端布销及对渠道的把控能力。

咏声动漫通过动漫玩具产品与动漫内容紧密结合，共同创造动漫IP的市场价值。同时，配合健全的知识产权管理系统，为合作方提供玩具及其他产品研发设计、营销策划、销售渠道资源配套等全方位服务。未来，咏声动漫还将以"线上推广+线下引流"等模式，不断拓展线下自营系统，例如通过在授权酒店打造"猪猪侠"生活馆销售场景等方式，提高咏声品牌在广大受众群体中的知名度与认同感，创造 IP 多元商业价值，推动全产业链创效。

在其他衍生业务板块，咏声动漫则主要涵盖了动漫舞台剧业务、动漫主题乐园业务等。截至 2020 年底，咏声动漫已在全国各地共开放 8 家大型主题亲子娱乐休闲项目，包括 7 家猪猪侠童话世界乐园、1 家动画科技馆。其次，咏声动漫共推出 9 部舞台剧，演出剧目主要包括"猪猪侠""逗逗迪迪"和"疯狂小糖"等知名 IP，在国内超过 133 个城市和地区演出超过 1000 场。

四　核心竞争力

（一）头部原创明星动漫品牌领跑儿童动画 IP 市场

咏声动漫自 2005 年制作第一部"猪猪侠"电视动画至今，每年至少制作一部"猪猪侠"系列电视动画，并自 2012 年起已推出 6 部动画电影。猪猪侠系列电影和动画剧集连续 15 年保持稳定增长的内容制播与收视成绩，在儿童动画市场始终保持领先。

2019 年上星卡通频道 TOP100 累计入围 IP 数共 18 部，其中在动画排名中猪猪侠系列动画片上榜 27 次，超越同类型动画片，成为上榜次数最高的系列动画片，领跑儿童动画 IP 市场。

随着大众生活水平的提升及国家生育政策的放开，市场对儿童娱乐的需求日益增长，且对优质内容的要求越来越高。基于"猪猪侠"IP 在儿童动画内容市场和衍生产品市场固有的品牌优势，咏声动漫通过后期品牌运营固化品牌和用户之间的情感连接和价值连接，并借助流媒体平台的传播，不断扩大"猪猪侠"IP 在市场上的受众范围，触达终端用户，通过私域流量积累，建立新的变现渠道。截至目前，"猪猪侠"在抖音、快手等流媒体平台的账号粉丝量近 600 万，形成了良好的受众基础。

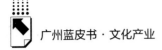

经过近16年的动漫IP品牌打造，猪猪侠作为长青的明星动漫IP已经在动漫市场占据重要地位，具有较为稳定的观众群体及较好的市场知名度、美誉度，其所形成的市场竞争壁垒是咏声动漫的"第一道护城河"。

（二）以超强的动漫IP孵化能力打造IP矩阵合力

打造成功的动漫IP需要对创意、设计、衍生品开发等多个环节进行不同角度的思考和打磨，动漫形象获得市场的认可、得到观众的青睐会受到观众喜好、时下热点等多种因素的影响。在发展和创新过程中，咏声动漫形成了一套高效、成熟的动漫IP及内容开发与孵化体系，由经验丰富的创意、技术、渠道、周边产品开发的人员组成创意委员会，从多个角度对拟塑造的动漫IP进行打磨，同时建立了完善的IP创意孵化、内容创制、渠道发行与宣发的管理体系与丰富的资源。

咏声动漫自创立之初即确定了"自主原创"的发展理念，经过多年的积累，成功开发了"猪猪侠""百变校巴""逗逗迪迪""核晶少年""疯狂小糖"等知名原创动漫IP，在头部动画的优势资源体系下，结合丰富的IP资源库以差异化的价值观定位、创作理念与传播策略形成了独特的竞争优势，在垂直细分IP领域形成了合力。其中"百变校巴""超学先锋""核晶少年"为近年来新推出的动漫IP，广受欢迎，创收成效显著，丰富和加强了咏声动漫在IP数量及质量方面的积累。

（三）专业数字动画创制作团队及自主研发技术支撑

动漫行业是知识密集型和劳动密集型行业，优秀的动漫企业需要优秀的创意、编剧、导演、后期制作、软件技术等员工团队以及复合型管理人才。咏声动漫拥有优秀的创意、编剧、导演、后期制作、软件技术等专业人才，组成了一支专业的3D动漫创作团队，形成了成熟的动画制作流程，不断更新制作技术，提升动画制作水平，提高制作效率，完善制作流程，丰富艺术表现力。

凭借专业的创作团队以及开发大量支持动画表演的参数工具，咏声动漫积累的在库资源超过 3 万分钟（包括儿童教育动画、儿童歌曲、动画长篇、动画电影等），并且在多年的技术积累和经验总结基础上，创立和建造了"3D 立体动画技术智能化系统服务平台"和"前台渲染操作界面工具"，其可以有效地缩短 3D 立体动画的制作时间，已被列入国家科技创新基金项目；而"前台渲染操作界面工具"则修复了三维制作软件在后台渲染读取的缺陷，从而提升了前台渲染的效率。

（四）全产业链覆盖打造数字娱乐产业生态圈

咏声动漫致力于提供优质的动漫内容，形成了覆盖动漫产业链上中下游的全产业链业务体系。产业链的上游是内容方，主要包括原创动画公司和漫画公司等 IP 内容的提供方。产业链的中游是渠道发行方，其中，动画的主要发行方包括网络视频播放平台、电视台以及电影院线等；漫画的主要发行方则主要是各类漫画杂志和网络漫画平台。而产业链的下游则是基于 IP 的衍生品开发公司，包括 IP 授权代理公司，也包括衍生品开发公司，而衍生品则包括游戏、玩具、服装、主题公园等。

咏声动漫打造了"动漫内容创制作 – 动漫内容发行 – 动漫衍生内容、产品和服务"的全产业链业务体系，采用"文化产业化"的经营模式，通过动漫电视电影发行播映实现动漫 IP 的内容变现，并在受众中形成品牌价值和影响力，从而促进衍生产品的销售，提高其商业价值；而衍生产品销售一方面能够提升消费者对品牌形象的认知度，另一方面产生的收益进一步投入影视创意、制作，形成了可持续的数字娱乐产业生态圈的良性循环。

（五）动漫内容及衍生业务协同发展提升品牌市场影响力

优质的动漫内容是数字娱乐全产业链布局和业务协同发展的重要基础。咏声动漫是国内为数不多的拥有动漫内容持续孵化能力、动漫制作技术研发团队、国内外动漫内容发行渠道，同时也拥有动漫衍生业务运营能力的动漫公司之一。基于"猪猪侠""百变校巴""超学先锋""核晶少年"等核心

IP，咏声动漫创作了一系列广受欢迎的动漫内容，随着原创动漫 IP 的不断积累，且动漫 IP 在市场知名度的提升，逐步建立了衍生业务支点。

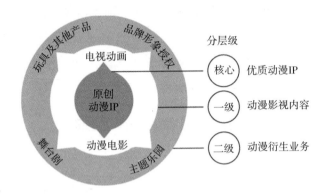

图 3　咏声动漫以优质动漫内容撬动广阔的动漫衍生品市场

自 2014 年开始，咏声动漫组建专业团队，通过自主或者授权方式进入动漫玩具及其他产品、品牌形象授权、舞台剧、主题乐园等领域，通过动漫内容与产业的结合，实现了动漫品牌在衍生业务端的变现，同时衍生产品和服务的销售也反向提升了动漫品牌的市场知名度和美誉度。而持续走高的动漫 IP 热度以及内容与衍生业务的协同作用使原有动漫 IP 持续发展，促进了动漫内容的不断更新以及产业发展的开拓能力提升。

五　企业发展前景

近年来，随着国家对国产动漫产业的扶持以及大量民间资本的注入，我国动漫产业展现了迅猛发展的良好势头。《中共中央关于制定国民经济和社会发展第十四个五年规划和二〇三五年远景目标的建议》明确，要实施文化产业数字化战略，加快发展新型文化企业、文化业态、文化消费模式。[1]《文化和旅游部关于推动数字文化产业高质量发展的意见》提出，要培育和

---

① 《中共中央关于制定国民经济和社会发展第十四个五年规划和二〇三五年远景目标的建议》。

塑造一批具有鲜明中国文化特色的原创 IP，加强 IP 开发和转化，充分运用动漫游戏、网络文学、网络音乐、网络表演、网络视频、数字艺术、创意设计等产业形态，推动中华优秀传统文化创造性转化、创新性发展，继承革命文化，发展社会主义先进文化，打造更多具有广泛影响力的数字文化品牌。[①]

截至 2020 年 12 月，我国网民规模 9.89 亿，互联网普及率达 70.4%[②]，超大规模市场优势为数字文化产业发展提供了广阔空间。数字文化产品具有高度传播性、网络化、个性化等特点，契合新一代年轻消费者消费观念。随着互联网和数字技术的广泛应用以及大众对文娱产品付费习惯的养成，数字文化产品的消费力和市场价值将进一步提升。在国家政策、资本、新媒体和消费人群的多重因素驱动下，我国动漫产业产值持续快速增长。根据艾瑞咨询《2020 年中国动漫产业研究报告》，得益于国内外优质动漫作品的涌现，二次元用户规模进入平稳增长期，并有望在 2020 年突破 4 亿用户大关。[③]

咏声动漫未来将继续坚持以动漫 IP 为核心的全产业链布局，夯实"IP运营＋产业"的商业模式，通过持续创造和利用不同的原创动漫 IP 资源，不断提高动漫内容、产品和服务的创意、创新性，促进动漫电视电影业务与动漫衍生业务良性循环发展。咏声动漫将继续致力于为儿童与拥有童心的人带来最优质的文化娱乐体验，以高效、卓越的盈利能力不断为股东、员工、合作伙伴和社会公众创造价值，发展有民族特色的动漫文化事业，以动画为载体传承、发扬民族文化，力争成为亚洲领先的动漫内容和动漫衍生产品及服务的供应商。在横向上，不断丰富公司 IP 库，产生 IP 聚集和叠加效应，形成品牌运营优势；在纵向上，加强优化动漫制作技术和制作工具，为公司未来的发展打下坚实的基础。

---

① 《文化和旅游部关于推动数字文化产业高质量发展的意见》。
② 2021 年 2 月中国互联网络信息中心（CNNIC）发布的第 47 次《中国互联网发展状况统计报告》。
③ 《2020 年中国动漫产业研究报告》。

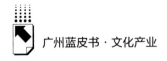
（一）强化儿童动画内容护城河，同步深化多元IP布局战略

优质的动漫内容是咏声动漫全产业链布局和业务协同发展的重要基础。咏声动漫将持续不断提升创新创意水平，完善内容孵化机制，在现有IP矩阵的基础上，从全方位、多角度考虑各细分市场用户群体的偏好和细分市场的需求，从而创作匹配不同发行范围、不同产业化方向、不同变现渠道的高性价比精品内容，加强细分品类头部IP的孵化和运营。

同时，每年针对"猪猪侠"等经典IP推出适应性创新内容，从创意和产业化角度出发储备和创作新的动漫IP，深化多元IP布局战略，深入挖掘中华传统文化的精华底蕴，保持动漫IP及内容常有常新，不断延续其生命周期，筑高筑宽动漫IP及内容的蓄水池。

（二）提升技术研发创新水平，驱动数字动画影视制作工业化提速提质

针对IP产业孵化周期长、产业链条广的特征，咏声动漫建立了CG动画管理系统、品牌授权管理系统，结构IP孵化链条的标准化环节，形成高效的管理协同体系、沉淀数字资产，形成了企业的数字化管理平台，为IP孵化提供在线管理协同、仪表导航中控系统，打造企业可复制的IP力。

未来，咏声动漫将加强与国内外动画制作团队的技术交流，紧跟国际市场需求和发展趋势，在内容制作和技术研发水平上始终保持领先。为推动自身动画内容制作的工业化体系进程，支撑公司未来更高品质及多元内容创制作需求，继续提升动画制作技术的自主研发能力，咏声动漫将继续加大科研投入及外部优秀研发人才的引入力度，不断优化升级技术研发流程，紧跟世界科技前沿技术，重点研究开发能够提升动画质量、优化工作流程、提高工作效率、有助于实现创意艺术的软件和技术。其中，咏声动漫将基于管理平台研究开发，着力解决数字动画电影电视项目周期长、制作工序复杂的痛点，继续优化自主研发的"IN系统"，以"使每一个流程节点变智能"为核心开发思路，使项目管理人员及创制作人员之间的协作更加便利高效，从

而提升数字动画制作的工业化程度。

咏声动漫对各项技术、设施设备、管理平台进行创新、研发、升级，优质影视动漫作品的爆发式增长十分可期，并将为咏声动漫拓展市场提供有力动能。咏声动漫将基于现有产业链，通过提高创意设计能力和新技术研发应用能力，进一步实现产品创新，不断扩大市场影响力，促进销售收入的增长，驱动数字动画影视制作工业化提速、提质。

（三）多元业务体系协同发展，探索数字娱乐新业态新发展

咏声动漫目前已经形成"动漫内容制作－动漫内容发行－动漫衍生内容、产品和服务"全产业链业务体系，具备多元化变现能力。未来将进一步拓展产业链布局，开拓空白或发展相对滞后的衍生品品类及产业板块；加强新业态的整体协同能力；尝试对自有 IP 在其他衍生产品上的开发和销售模式进行探索和创新，实现原创内容与衍生品的无缝连接，将优秀原创作品的制作、发行、产品销售等环节紧密结合，进一步提高产业协同能力，提高IP 变现效率。

动漫衍生品和服务一直是动漫产业中的重要环节，也是动漫 IP 品牌价值的主要体现。咏声动漫将以动漫内容为基础，深化数字娱乐全产业链运营布局，探索研究"动漫＋其他产业"跨界合作的形式，积极与互联网相结合，以创意设计为源头，围绕动漫内容拓展延伸上下游产业链，向更多传统产品和服务行业注入动漫品牌附加值，把动漫内容的内涵和教育意义渗透衍生品和服务，形成线上线下联动、虚实结合的立体化动漫内容、产品和服务渠道，让各业务在互为支撑的发展中形成良性发展生态圈，推动数字娱乐新发展。

（四）持续推进国际化运营战略，加速推动优质国产动画出海

动漫产品具有受众群体庞大、传播效率高、易于跨文化传播的特点，是传统文化进入海外市场的最佳呈现方式之一。这对具有自主创制作技术、研发能力，以及涉及"动漫内容制作－动漫内容发行－动漫衍生内容、产品

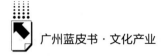

和服务"全产业链业务的国内动漫企业而言将是一个"走出去"的良好机会。近年来，咏声动漫充分响应国家"一带一路"倡议，不断加快国际合作和创意资源整合步伐，其动漫内容和衍生业务陆续开拓海外市场。

随着中东、非洲、南美等新兴市场经济发展的提速，其对动漫内容和动漫衍生品等文化娱乐产品的需求量在不断上升，欧美、日本、韩国等动漫大国也始终保持着旺盛的市场需求。咏声动漫将坚持中国文化"走出去"战略，加强对海外市场的开拓，通过动漫内容产品海外授权播映、动漫玩具及其他产品海外销售、动漫衍生产品海外授权等方式，扩大品牌及产品辐射范围，提升咏声动漫品牌国际知名度，在国际舞台讲好中国故事。

另外，伴随着动画创制作协同全球化成为趋势，咏声动漫将基于《超学先锋》《星途》等国际化合作 IP 项目经验，推进创意资源全球化战略，积极探索中国参与动漫全球化的方式，释放中国动漫产业和文化创意价值，以"中国内核＋国际表达＋全球传播"为行动指南，助力提升中国数字娱乐品牌的国际知名度和影响力。

参考文献

中国互联网络信息中心：第 47 次《中国互联网络发展状况统计报告》。
艾瑞咨询：《2020 年中国动漫产业研究报告》。

B.17
从舞台演艺设备制造到智能化文旅
服务转型

——智能场景（广东）科技有限公司的转型发展之路

吴春兰*

摘　要：　随着经济全球化的进一步发展，我国的传统产业受到了巨大的冲击，在这一波更迭中，许多企业纷纷转型，寻求向战略性新兴行业转变的道路。智能场景（广东）科技有限公司创始人从事舞台演艺设备研发近20年，凭借其多年来对声、光、电、控等技术的研发经验积累，毅然带领企业转型，向"智能场景"融合技术这一领域进军。在发展势头良好之际，该公司仍将创新发展放在第一位，坚持对技术的研发，推动行业更好发展，将中国智能化融合科技推广到世界的舞台。

关键词：　智能场景　产业转型　创新　新型文旅发展

一　基本情况

智能场景（广东）科技有限公司（以下简称智能场景科技）是一家专注于智能场景融合技术开发的公司，其技术应用在亮化工程、光影艺术、文

＊　吴春兰，智能场景（广东）科技有限公司总经理。

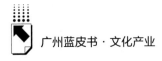

旅景区、舞台演艺及各类型文化展厅等综合场景中，汇聚中国科学院、城市规划研究会、建筑设计研究院、舞台设计研究院、舞美协会、光环境研究院众多专家、学者、环境工程设计师等，共同为推动智能场景融合技术发展建言献策。

公司目前拥有《梦想家园》《童童梦立方》《梦幻书屋》等数十项国家软件著作，其《一种户外广场多媒体智能光影控制系统》《一种可产生白光的激光光源装置》《一种光源组件及光源装置》等获得多项国家实用新型/发明专利认证，是广东省照明电器协会、广东省声像灯光科技促进会理事单位和广州市文化创意行业会副会长单位，是广东自然资源投资有限公司、广东龙投传媒有限公司的顾问单位，在行业内得到高度认可。

二 发展历程——十年磨一剑，一朝试锋芒

（一）初创期

舞台灯光最初仅为演艺娱乐应用，在艺术形式与创新上呈现出单一化的特征。尤其是对于国内而言，舞台灯光发展初期处于低端水平，缺乏美感，舞台的表演与舞台的灯光无法相辅相成。在技术上，国内没有先进的、成熟的灯光设备，一直采用进口的设备，公司的创始团队恰好在这样的大环境下进入舞台灯光这一领域。

（二）研发期

发展初期，团队所从事的仅为舞台灯光销售，他们发现国外的设备不仅价格较高，而且国内技术不成熟导致国外设备在国内市场处于垄断的地位，这对行业的发展与技术的进步十分不利，于是团队开始了对灯光设备积极的研发。公司一直致力于舞台灯光、文旅灯等声光电控设备的研发，发明了激光白光光源，在激光灯领域取得了重大的成果。

（三）转型期

公司创始人吴春兰从事舞台演艺设备研发近 20 年，凭借自己多年来对声、光、电、控等技术的研发经验积累，她毅然带领公司转型，向"智能场景"融合技术这一领域进军。吴春兰多年来一直从事市场营销的工作，她先后对公司周围的资源进行了整合，从而在品质上完善了行业的整体产业链体系，由单一的产品供货商转型变成了产品的集成商。她指出：智能场景模式是全球智能化发展最先进的体验商业模式，也是公司策划团队不断对传统商业模式探索创新的结果。智能化场景模式在未来将迎来大发展。

于是在 2015 年，团队决定投入智能场景这一新兴行业，将投影技术、舞台演艺、三维成像、人影互动、灯光音响、特效控制集合，让传统文化与新的表现形式结合，运用到文旅产业中。在经过三年对技术的研究与沉淀后，团队于 2018 年正式成立了智能场景（广东）科技有限公司。

十几年潜心研发不仅为企业的转型提供了有力的技术支持，同时也为企业奠定了实力。正是因为拥有这份耐性与毅力，公司才能在新的领域不断提升技术，积累实力，实现转型与升级。

三 转型之路——不沉溺安稳，不畏惧挑战

（一）转型的契机

文化娱乐产业的发展推动了国内灯光技术迅速发展，至 2015 年，国内灯光在性能、智慧、产品设计、工艺等方面都趋于完善，舞台演艺这一行业已经发展成熟，有限的设备需求导致市场竞争十分激烈，大部分企业利润逐年降低，单一化的产业无法完全满足市场的需求。

在进入互联网时代后，人们的生活习惯、消费观念发生了翻天覆地的变化，人们对精神文化的需求日益增长。互联网的发展在便利人民生活的同时，也拉近了城市间的距离，二、三线城市在一线城市的带动下，经济发展

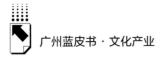
迅速，体验型消费需求不断扩大。

而科技的飞速发展打开了新的局面，人工智能、全息投影、物联网等技术的出现让传统行业焕发活力。投影技术、全息投影技术和三维成像技术在舞台、办公场所等面积较小的密闭空间使用，而户外场所、夜间场所、游乐场所、文旅产业等市场出现了缺口。

2015年，李克强总理提出的"互联网＋"行动计划启发了公司领导层，他们通过互联网技术与模式，让互联网与传统产业更好地融合，实现传统产业的优化升级。

居安思危，为了寻求更好的发展，团队在多番讨论后决定进行新的市场布局，推动"智能场景"融合技术成为全球智能化发展领先的体验商业模式，运用"互联网＋""科技＋""生态＋"的模式，走上了从单一的供应向多元化的融合转型的道路。

（二）转型的困难

1. 对互联网模式陌生

传统产业向互联网方向转型并不是一件轻松的事，转型不仅要转变思维，用互联网的思维进行大数据分析，紧抓消费者心理，更要投入大量的精力与财力。许多企业经营者对互联网产生误解，认为转型互联网就是将产品放到线上销售，或者经营企业的账号等，导致许多企业在转型路上走向失败。

互联网的本质是"大数据"，通过大数据对用户进行精准的喜好分析，找准产品定位，不断完善传播途径，从而生产出更适应市场的商品，这才是传统产业转型互联网应走的路。

但是明白"互联网＋"的含义并不等同于能够将它灵活地运用到企业中，怎样收集数据，怎样确保数据的准确性，怎样针对不同年龄、不同地域、不同收入水平的消费者的喜好进行全面分析，怎样在项目中根据分析成果定位客户人群和开发产品，这些都是公司在转型之际遭遇的问题。

2. 设备差异

舞台灯光属于照明产品，与真正用于光影特效的设备相比，不论是艺术设计、安装还是材质都有所不同。灯光主要通过颜色、亮度与角度的变化进行调节，不需要过多考虑动态曲线契合度等，而光影设备因为是直接将特殊制作的内容投射到物体上，需要时刻关注被投射物体的本色对画面的影响、环境光线对画面的影响，甚至是内容本身的色调与模型角度对观看效果的影响。

3. 人才问题

在灯光研发上，智能场景科技拥有很多优秀的人才，但是在转型初期，大家都是踏足一个全新的领域，古语说"术业有专攻"，光影投影不仅需要好的创意，而且需要好的审美，这两方面人才的缺失成为公司发展的一大阻碍。

4. 流程把控

公司虽然在转型后依然是采取企业与企业之间进行交易的商业模式，但是从方案的提出到落地其中的流程增加了许多，怎样才能把控流程，保证每一环都干净利落不产生混乱呢？无法直面消费者，产品的使用效果无法反馈到公司，后续的产品又要往什么方向改进？这两个问题也一直困扰着公司。

而这个全新的领域在国内起步较晚，当时行业发展只具雏形，因此大部分中国市场由技术优秀的国外团队把控着，这对公司来说既是机遇，同时也是巨大的挑战。

（三）克服困难，砥砺前行

探索一个新的领域，不仅要了解消费者的需求，而且要探索一个新的市场，其中的困难可想而知，但是公司领导始终坚信发展为第一要务，企业要发展、要进步，克服困难才是常态。

针对"互联网＋""科技＋""生态＋"的模式，智能场景（广东）科技有限公司通过对市场的调查，进行细分，推出了"互联网＋文化＋旅游"

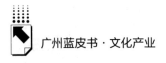

"文旅＋演艺""文旅＋科技""文旅＋教育"等模块，利用互联网的传播性、交互性，通过线上线下互动的方式，为传统文旅行业注入全新的内容，极大焕发了传统产业的生机。

其次，公司成立了由国内著名品牌策划专家、清华大学教授、美国"DISCOVERY"频道中国特别节目制作人、中国人工智能研究专家、国家级舞美设计师、广东中南声像灯光设计研究院、中科院北京分院等各领域高科技研发人员组成的专家团队。公司与众多国内外相关企业保持长期的互通互联，形成合作伙伴关系，不断完善智能场景项目所需的设备与技术。

同时，智能场景科技在管理上也融入互联网思维，以人为本，首创"PCS 创新智造"十二项闭环服务系统，即"文案创意 - 空间规划 - 舞美设计 - 视觉艺术 - 内容制定 - 软件开发 - 硬件配置 - 施工落实 - 使用培训 - 交付使用 - 设备升级 - 售后服务"，确保每个项目都是由专业的人才、反复的沟通、新颖的创意、优质的服务、清晰的分工合力而成。该服务系统不仅是支撑公司稳健运行的有力枝干，更是帮助公司在售后服务中即时获取消费者的反馈意见，从而做到更好的改进。

而流程的把控不只是局限在项目的实施落地中，在前期的工作中也同样十分重要，只有对项目全方面了解透彻，才能确保产品与项目适配，实现价值最大化。因此公司将前期信息采集与分析分为四个步骤：一是了解项目背景及项目行业性质，即了解项目需要光影亮化的原因及产品内容的方向性；二是了解项目所在地及地方文化，许多文旅景点中，光影内容场面宏大、色彩缤纷，但是与当地文化毫无关联，不仅失去了自己的特色，更是不利于增加消费者黏性；三是定位消费人群，产品为项目服务，而项目是为消费者服务，只有了解消费人群的喜好才能打造真正符合市场的产品；四是确定设计理念及主题元素，只有牢牢把控住以上四点，才能确定主题，开展下一步工作。

在转型路上，公司不畏艰难险阻，不畏困难挑战，始终坚持研发优秀产品，以提高核心竞争力为第一生产力。

（四）转型的意义

在科技飞速发展的时代背景下，高新技术企业不断崛起，国外企业也在不断抢占中国市场，极大压缩了传统产业的生存空间，传统产业转型升级已经成为必然趋势。

智能场景科技的成功转型只是经济大发展时代的一小步跳跃，可是对已经出现颓势却还在观望、犹豫的传统企业来说，无异于一针强心剂。这一次转型表明，传统行业向互联网方向、向高新技术方向转型是具有可行性的，企业的发展不能一成不变，与其在面对冲击时坐以待毙，不如主动谋求新的出路，着眼于更广阔的天地。

时代的发展、竞争的残酷迫使国家优化经济结构，在结构优化过程中落后的企业要被淘汰，公司的转型顺应了时代的发展，只有不断向上攀升才能看到更广阔的空间。

四　优化创新——登高望远，革故鼎新

（一）技术创新

科技创新驱动产业创新，也是制造业转型的必经之路，只有技术发展得好，企业发展之根基才能稳固。

公司联合物联网与互联网的技术，构建 BCCS 倍世特核心智控系统：依据场景不同的要求融合建筑、路灯、景观、灯光秀、水景雾森、影像音响等一系列核心智控功能实行全过程系统化管理，更有利于方案的实施。如今，在对市场进行调查与研究后，通过技术人员的不断研发，公司已拥有深受消费者喜爱的数十项光影表现技术。

1. 沉浸式体验

沉浸式体验是指通过影像技术在背景墙或实物上呈现，让观众不需要借助 VR 眼镜、传感手柄等外物就能感受到与光影完全融为一体的体验，光影

不仅可以根据对身形、手势、肢体的感应变幻出不同的效果，让观众参与互动，增强现实体验，还能通过呈现的内容与室内环境的设计，让观众体验到强烈的真实感受，如失重、摇晃等。

公司将沉浸式空间如通道、实景空间等用于主题乐园、文旅景点、宴会餐厅等场所，同时还将沉浸式体验与文旅产业相结合，进一步升级打造行浸式体验，让游客沿着游玩线路游览且被光影打造的剧情环境包围，用科技的方式更生动地将故事情景呈现。

2. 3DMapping

与沉浸式体验不同，裸眼3D技术不是简单地把物体当幕布，而是通过虚拟成像技术将三维立体的画面再现到真实的物体上并根据物体量身定做，营造出物体上的画面是真实变化的效果。

3DMapping包括建筑投影、交叉投影、平面投影、车身投影、多折幕投影等，公司使用最多的是建筑投影，且在大型商场、古建筑等上面多有运用，后述的案例"鄂尔多斯"正是采用了3DMapping技术，实现了非常震撼的效果。

3. 特殊显示

特殊显示是指将图像投影到特殊的介质，如水帘、雾幕、纱幕等，实现虚实结合的效果。白天在公园、广场有许多水幕瀑布等装置，但是随着夜间经济迅速发展，这些装置在夜间表现出的效果微乎其微。

公司团队将灯光与水幕、雾幕等不同寻常的介质结合，打造出效果震撼的水幕光影秀，成为公园、广场等地的夜间亮点，也是快速提升场地质感、活化水源的一大重要手段。

4. 舞美融合技术

虽然公司已经向智能场景融合成功转型，但是对于从事舞台灯光业近20年的他们来说，舞台灯光依然是继续钻研的一个方向。他们在研发智能场景时发现，如果通过全息技术将室外的、建筑的画面投影在舞台上，不仅可以打破空间、场地的限制，还能让舞美与表演更贴近现实，营造完美的感官体验。

对于一家企业来说，不论人员多少、规模多大，只有核心技术才是决定这家企业能走多远的关键因素，尤其对于依靠新兴技术发展的企业，不断发展技术才是不断进步的动力，如果技术停滞不前，企业终有一天也会被淘汰。

公司始终把"发展、人才与创新"作为第一要务，人才推动技术创新，创新推动公司发展，三者密不可分，走自主研发之路，不断突破现有技术就是公司永远的追求。

（二）形式创新

"文旅＋"的形式创新，通过将传统的文旅行业与新兴技术、艺术相互融合，让智能场景沉浸式体验深入文化旅游中，推动文旅行业高质量发展。文旅＋互联网，通过线上线下互动的方式，吸引流量，深化 IP；文旅＋科技，通过全息投影、沉浸式空间等新兴科技与文化主题相结合的方式，打造出一个个瑰丽的景象和梦幻的画面，丰富了游玩体验；文旅＋教育，在游玩中加入知识内容，不仅可以让年纪较小的游客了解课外知识，拓展眼界，也可以让其他人如海外游客了解到中国传统文化。"文旅＋"的形式，扭转了传统文旅行业出现的颓势，促进了相关产业不断拓展，展开了数字化文旅新业态。

比如文旅＋行浸式夜游，就是将景区规划出一条合理的游览线路，通过对中国传统文化故事的解读和编排，运用裸眼 3D 建筑投影技术、光影秀、剧情演艺、氛围灯光布置等多个方式的联合，打造出完整的剧情线，对情节冲突点、笑点、泪点、立意挖掘，不仅能让游客在游玩之中以沉浸其中的方式体验整个故事情境，还能引发游客的思考与分享，增强景区的可辨识度，打造景区的主题 IP。

2017 年，智能场景科技接触到江西省武宁县的鲁溪洞这一项目，鲁溪洞作为天然溶洞，景观优美，却因为没有自己的特色，一直没能为大众熟知。于是公司通过"文旅＋"的形式，借用了当地历史故事——鲁公奇遇，在保护天然景观的前提下，通过投影技术将几千年前鲁顺公被仙鹿指引来到洞中所看到的种种奇幻瑰丽的美景再现，在其中穿插人文故事线与游历探险线，打造一种行浸式夜游的体验，既能保证老年游客的心理需求被满足，又能吸引青年游客前来游玩。

在鲁公夜游大项目中，公司在入口处打造了一个由天幕投影、地面投影、四面投影共同组成的大型沉浸式空间，让游客一进入溶洞就能立刻沉浸于剧情当中；行至一半，则是运用全息投影＋真人抚琴的手法，通过虚实结合，展示中国传统文化；最后，在四季变化投影中加入鲁公舞剑、洒墨的动作，更是加深了游客对鲁溪溶洞鲁公夜游这一 IP 的印象。

2019 年 8 月，国务院办公厅发布《进一步激发文化旅游消费潜力的意见》，提出发展假日经济和夜间经济，同时大力发展夜间文旅，把夜间经济和文旅概念进行了融合。

在国家政策支持与倡导下，智能场景科技承接了广州市增城区大埔围国家 3A 级景区夜间亮化工程，升级打造文旅产业。同时挖掘出大埔围背后从民间美术、民间音乐、民间文学到民俗、传统技艺共 27 项非物质文化遗产，通过声光电、AI 科技、实景演出等技术对非物质文化遗产进行演绎，重新定位景区文化，呈现一个全新的视觉盛宴。

同时，公司全面发展"夜游花海"建设，打造"如画增城光影乐园"品牌。首次将增城区非遗项目运用智能场景融合技术在夜间光影中重现，这也是广东省首个以此为元素的景区，项目获得相关部门高度认可。

依托文创＋互联网模式，通过"线下参观＋线上购买"特产销售小程序，逐步实现增城特产的自有电商化营销，创建自有农副产品 IP，建立景区文创体系，全面贯穿产品设计、生产制作、推广营销等文创产业链的各个环节。推出景区文创周边产品、非遗周边产品等大众喜爱的消费产品。同期打造智能场景融合技术的"沉浸式网红景点"，结合时下热门的"互联网＋"开启"云游花海""旅游达人直播""线上农副产品直播"等项目，开发本地"非遗文创"周边产业及建立"大埔围花海"新文旅 IP 品牌。

打造发展特色民宿，依托农业、乡村、花海等元素，设计开发出自然景观与农业景观相结合的农林生态民宿旅游产品。构建"文旅 + 饮食 + 住宿 + 购物"一套完善的产业链，促使产业链不断突破边界，推动景区夜间经济极大发展。

"文旅 + 夜游"的形式，是响应国家发展夜间经济的号召而推出的，可以增加景区夜间收入、拉动连锁经济，形成完善的产业链，使传统文旅行业焕发生机，将成为目前最热门的旅游形式之一。

（三）经营模式创新

1. 合作创新——从南到北的跨越

智能场景科技虽然成立于广东，但从未止步于此，公司从不局限于一线城市，而是针对经济发展态势良好但娱乐产业未能同步发展的二、三线城市，积极寻求合作，高效实现突破。

同时公司告别了传统的甲、乙双方合作的模式，通过资源、项目互相置换的方式进行合作，用技术与后期系统升级作为入股投资参与合作，极大地解决了资金不足的问题，促进了双方的友好共赢，为公司争取到了更多的项目。

智能场景（广东）科技有限公司一直与周边各大旅游景点、主题乐园、宴会餐厅等进行合作，由于出色的技术与售后服务，很快就在市场站稳脚跟，也让光影秀、沉浸式体验、城市亮化等专业的词汇为越来越多人熟知。

公司虽成立于广州市，却并不只限于广州及周边省市，团队的发展要有长远的眼光，2016 年，公司将目光投向中国北方的内蒙古。

鄂尔多斯作为内蒙古的经济强市，毗邻黄河与古长城，历史悠久，文化丰富，是一颗草原明珠，因此在鄂尔多斯的项目中，公司虽然是运用现代化科技 3DMapping 来作为主要载体，但是将鄂尔多斯的历史发展过程作为主线来制作画面内容，在最终成果中展示了这座千年古城浓厚的历史积淀，向世人揭开了这座城市的神秘面纱，该项目实施也是智能场景（广东）科技发展道路上的一大重要里程碑。

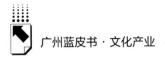

智能场景科技将在全国 34 个省、区、市与企业、高校合作共建智能场景融合技术示范基地，优质的服务与口碑也为其打开海外市场奠定了良好的基础，未来该公司将积极开拓国外市场，让中国制造走向世界。

2. 成本控制创新

多年舞台灯光的从业经验为公司与客户的合作提供了有力的支撑，凭借对灯光设备的足够了解，该公司在与客户合作中能够提供多套性价比高且最前沿的技术方案，通过整合行业资源，实施同等效果但成本更低的方案，为客户节省成本，同时通过制订数字二销方案，如消费者可以通过手机扫码等线上支付方式，个性化定制各种光影内容并与消费者产生联动，为客户持续创造收益，在极大程度上提高了公司的竞争力。

（四）产业创新

从上述案例中可以看出，智能场景科技始终是将提供优质服务、打造智能场景放在第一位的，公司一开始的转型是迫于市场饱和的形势。于是公司不再局限于为其他企业提供产品与服务，而是打造自己的文旅产业，直面消费者，更好地根据市场走向及时调整公司发展方向，推动技术与服务的创新。

2020 年，智能场景科技首次试水文旅产业，打造集光影、亲子、教育于一体的文旅品牌——童童梦立方。

童童梦立方项目通过文化创意、知识学习相结合，根据 14 岁以下少儿心智成长需求，在有趣的游玩项目中传授知识，寓教于乐，不仅丰富了游客的游玩体验，也能让小游客学习到更多的课外知识。

童童梦立方规划分为室内和室外两大板块，在室内项目中将运用沉浸式体验、全息投影、智能互动等方式；在室外项目中，除了配置常规游乐园主流的游玩机械设备，让游客在游玩中锻炼体能，增强手脚协调能力，还大大增加绿化面积，增设自然知识区，让孩子接触大自然、了解大自然，愉悦身心。

新产业的开发无疑是智能场景科技的又一次转型，通过与当地特色资源置换的政策，公司与客户达成合作，拉动当地经济发展，改善城市面貌，同时降低企业成本，企业流动资金增多，项目品质才能更高。这次的营销模式由 B2B 模式向 B2C 模式转变，真正打破壁垒，直接面向消费者，通过对市场趋向、受众喜好逐一分析，制定出受消费者喜爱的文旅品牌，这一次转型对公司更强更好发展无疑具有重大的意义。

这一次微转型，同样对公司的发展有着重要的指导意义，它标志着公司在智能场景这一领域的成熟，以及对更大产业的把控能力的提升，公司也是在不断发展中选择正确的路，才能更好地提升，公司做出了正确的选择，带领大家迎来了更大的发展、直面更大的挑战。

五　发展前景与战略目标

一直以来，智能场景融合技术作为新型技术，相关技术人才严重不足，研发成本高，光影秀内容质量参差不齐，同时由于普及度不高，尤其在非一线城市，许多人对全息投影等没有太多认知，也对市场的开拓造成了一定的阻碍。

但是目前，像沉浸式艺术、5D 电影等由智能场景分支而来的项目走进大众生活，逐渐成为新的消费趋势。2017 年，沉浸式戏剧《不眠之夜》为大众熟知，至今仍是沉浸式剧目的标杆。一直大火的环球影城就是凭借全息投影技术与影视文化 IP 打造沉浸式体验，吸引许多影迷多次游玩。日本预计在 2023 年完工的东京影城更是依托哈利·波特 IP 打造纯室内沉浸式游玩体验，引起了广泛关注。2020 年，巴黎光影博物馆不放置任何展品，仅通过以沉浸式技术打造的梵·高主题艺术展，同样在网上引发观看热潮，包括之前故宫博物院通过沉浸式技术让国画走出博物馆，将《清明上河图》展现到各个其他地区，也收获了大家的一致好评。沉浸式体验与文旅产业、公共文化产业的融合推动着这两个传统行业更好地发展，在餐饮行业、房地产等其他行业也逐渐运用了起来。沉浸式技术发展得越来越好，相信不出 10 年，沉浸式体验将完美融入各个行业，为人们的生活增添便利，为人们在精

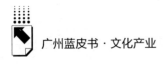

神物质上提供更好的体验。

智能场景科技始终积极响应国家政策号召，推动行业高质量发展，推动国内科技创新，推动智能场景融合技术成为全球智能化发展最先进的体验商业模式。在创新发展中不断传承优秀传统文化，正如上述大埔围花海、鲁公夜游项目和鄂尔多斯 3D 建筑秀项目，公司始终将我国的传统优秀文化作为主线来设计方案，坚持在项目中对优秀文化进行更好的传承与发展，运用科技的手段，让传统文化适应时代，焕发新的活力。

同时，智能场景科技紧跟党的脚步，始终坚持三个核心竞争力：发展、人才、创新。发展为第一要务，"专研产品 + 市场拓展 + 人才培育 + 伙伴精神"是其坚持发展的第一要务，是不断增强企业核心竞争力与经济效益的中心。人才为第一资源，构建多维度人才开发培养体系，从图纸的精确描绘到项目落地施工的全过程，公司严格要求施工人员对各类智能设备的使用做到准确无误，为项目保驾护航。创新为第一动力，在视频制作中公司追求建模的精细度，以及从多维度视角审视产品设计，注重程序开发，不断突破现有技术，走自主创新之路。

中国制造一直以来都是国人的骄傲，但是因为一些不良商品的影响，曾经被贴上"劣质""低廉"的标签。作为一家在大时代下不沉溺于过去的荣誉、勇于突破升级的企业，智能场景科技紧跟国家政策，立志要撕下这些标签，将中国制造变成中国创造，真正打造让中国人引以为傲的高新技术产业，始终朝着成为引领中国创造的标杆企业这一目标奋勇前进。

参考文献

马翔：《"互联网 +"战略对传统产业转型升级作用机制研究：理论与案例》，《贵阳学院学报》（社会科学版）2018 年第 4 期。

刘勇：《新时代传统产业转型升级：动力、路径与政策》，《学习与探索》2018 年第11 期。

王娟：《创新驱动传统产业转型升级路径研究》，《技术经济与管理研究》2016 年第4 期。

陆志刚：《浅谈舞台灯光的历史与发展》，《神州民俗·艺术版》2011 年第 176 期。

交流互鉴篇
Mutual Exchange Chapter

B.18
文化产业生态的创新发展

——以腾讯公司和角川集团为例

文远竹 *

摘　要：　文化创意产业可以作为一个商业生态系统统一于产业组织学研
　　　　　究中，并基于创意产业集群和高科技产业生态进行深入探讨。
　　　　　以产业生态学的视角去观察和研究文化创意产业的发展情况，
　　　　　可以较为清晰地梳理文创产业当前发展模式及今后趋势。对中
　　　　　日两国文化创意产业的代表企业腾讯公司和角川集团的生态发
　　　　　展历程、生态发展理念以及在特定文化生态内的跨界经营与媒
　　　　　介融合经营等情况进行深入研究和比较分析，可以总结出我国
　　　　　文创产业在产业生态系统中的发展路径、战略着力点和未来的
　　　　　生态发展趋势，以期对广州文化产业发展提供借鉴。

* 文远竹，广东财经大学大湾区云商直播研究中心主任、高级记者、传播学博士，研究方向为
文化产业、新媒体。

关键词： 产业生态学 腾讯公司 角川集团 文化创意产业

"生态发展"已经成为当前文化产业，尤其是文化创意产业转型发展的方向。在文旅商融合、产业集中、新媒体经济迅猛发展的背景下，以产业生态学的视角去探究文化创意产业的发展情况，可以较为清晰地梳理该产业当前发展模式及今后趋势。而以产业的代表企业，即代表全行业的优秀企业作为案例进行研究，可以解剖其内部的业务结构、发展布局、战略方向，从而洞察整个产业发展的内在驱动力和宏观产业生态。本文以产业生态学的视角，基于文献研究和实地访谈的方法，分析我国文化创意产业的代表企业腾讯公司的生态发展历程和生态发展战略，并将其与日本文创产业的代表企业角川集团进行比较分析，总结出我国文创产业在产业生态系统中的发展路径和战略着力点，以期对广州文化产业发展提供借鉴。

一 文创产业生态学的相关理论与研究综述

自 19 世纪末英国经济学家阿尔弗雷德·马歇尔的《经济学原理》强调产业集群的概念以来，国内外学界不断拓展产业研究的深度和广度。"产业生态"的概念，顾名思义，是"产业＋生态"，是经济学与生物科学交叉的学科领域。随着经济社会发展，"创意"概念开始加入这一研究领域中。下文以三个递进的层次进行阐述，介绍该领域研究从单一学科到交叉学科、从点线面再到网络状发展的过程以及近十年国内研究状况，并探讨其发展趋势和方向。

（一）产业生态学理论发展

产业生态学（Industrial ecology）也被称为产业组织生态学或工业生态学，对这方面的研究兴起于人类工业生产高度发展的时代。工业运作引起的环境问题及环境变化让学界开始注重工业和其周边外部环境的关联和相互作用关系。因此，关于产业生态学的探索整体上分为两个大的方向，一是针对自然生物圈以及生态圈特质在工业生产过程中的类比研究，二是针对组织生态，即针对人类在产业中的社会性以及经济行为等的研究。

1. 生态学、生态位和系统循环

"生态学"（ecology）这一词汇源于希腊语中的"oikos"，即生物及其栖息地。"生态学"还和另一个希腊词语"logos"有关，即对于自然环境的研究和讨论。1866 年，德国博物学家恩斯特·海克尔（Ernst Haeckel）首次提出生态学德文词汇"Oikologie"，并将其解释为研究生物及其环境相互作用的科学。生态学首先诞生于生物科学领域的理论研究，随着研究的深入开始出现人类生态学、社会生态学等概念。"生态"一词也越来越广泛地用于解释人类生产行为及其模式。

"生态位"是生态研究中的一个重要概念，也是其重要领域，与生物所处环境的定位或位置相关，展示了一个生命单位在种群、集群中的角色或相对位置。20 世纪 70 年代，迈克尔·汉南（Michael T. Hannan）和约翰·弗里曼（John Freeman）首先用生态位概念解析企业在集群中的位置和机理，并在 1970 年后首次将生态学基本原理融入组织研究，开启了学界对组织生态学的研究。

国际产业生态学会将产业生态学的发端确定为 1989 年罗伯特·福布什（Robert Frosch）和尼古拉斯·加罗布劳斯（Nicolas Gallopoulos）在《科学美国人》上发表的文章《可持续工业发展战略》。该文指出工业系统可以模仿自然生态系统建立工业生态系统，在这样的系统中每个工业企业必须与其他企业相互依存、相互联系，从而构成一个复合的大系统，以便运用一体化的生产方式来代替过去的传统生产方式，减少工业对环境的影响。此理论经由国内学者席酉民、厉无畏、杨忠植、刘友金、张运生等的梳理和发展，将产业生态理论引入国内，强调工业环境中的有机循环原理，即注重循环经济的研究。根据林德曼定律，能量或价值在系统内部传递的过程中具有不可逆的递减过程，国内外学者将自然生态理论中的新陈代谢原理引入产业系统研究，尝试加速物质或能量的利用以此提高经济发展的规模质量。

2. 组织生态中的产业代谢和产业共生

产业代谢即工业代谢（industrial metabolism），伴随工业革命以及质量守恒定律的发展而诞生。基于人类生产污染和环境保护的矛盾，学界以及官方机构开始量化污染源及工业产出，作为工业生态系统中被分解和利用的一部分加以研究。产业代谢理论作为产业生态学的首要发端不断深化。

产业共生是基于产业集聚所产生的概念，强调了产业中各单位在环境中的集中、协作以及竞争。在产业园区的特殊背景下，产业共生的研究大多基于产业链的价值流动特性以及自组织特性，突出了产业内部生态的自我进化特点。在我国学界的研究中，有学者结合生态学观点创建了 CCIEM 模型，侧重区分第一、第二、第三产业的特点以及相互间的作用和融合，用"小生境"（Niche）① 的生物学概念来概述文创产业内部的从业单位竞争共生环境。

（二）产业生态学在文创产业中的运用

自工业革命以来，人类社会的第一、第二产业不断高速发展，产业过剩、环境污染、产品低增值等问题不断出现，因而寻求高增值、低污染、高创造性的产业，即发展第三产业成为社会发展的一个必然趋势。文化以及创意概念由此开始融入产业研究中，并从价值链、价值网到价值生态等方面不断发展。

1. 创意理论和创意产业

创意发展理念由德国经济学家约瑟夫·熊彼特（Joseph Alois Schumpeter）于 1912 年出版的《经济发展理论》一书提出，他认为现代经济发展的根本推动力并非仅是资本和劳动力，还有形成于知识信息生产、传播、使用中的创新。创意理论经过不断的发展并最终催生创意产业。创意产业（creative industries）这一概念由英国政府创意产业特别工作小组（CHF）在 1998 年出台的《英国创意产业路径文件》中正式提出。被称为创意产业

---

① 小生境（Niche）是来自生物学的一个概念，是指特定环境下的一种生存环境。生物在进化过程中，一般总是与和自己相同的物种生活在一起并共同繁衍后代。

之父的英国经济学家约翰·霍金斯（John Howkins）在其 2001 年出版的《创意经济》一书中把创意产业界定为：其产品在知识产权法的保护范围内的经济部门。此定义率先将知识产权保护运用于创意产业中。

有关文化创意产业的定义，在各国有所差别，分别被称为文化产业、创意知识产业、内容产业、版权产业等。文化创意产业兴起于创意产业，强调创意和创新，是创意产业的核心部分，又是文化产业的重要分支。其概念由正式提出发展至今，内涵和外延不断得到国内外各界学者的解析和补充，从基于各种媒介形式的艺术活动，到展演、设计、咨询、策划等智力活动都被划入创意产业的范畴当中。

2. 创意产业生态

约翰·霍金斯在《创意生态》一书中提出创意生态系统至少包含创意经济环境条件、生产者、消费者、分解者等 4 个部分，当前发展创意产业的首要问题是必须从"以物为本"的传统工业产业生产理念和生产关系中脱离出来，进入"以人为本与环境永续"的创意产业双赢发展新阶段。这些观点和 1989 年罗伯特·弗洛什（RobertFeosch）、尼古拉斯·加洛普洛斯（Nicolas Gallopoulos）提出的产业组织生态学概念吻合。因此可以证明文化创意产业可以作为一个商业生态系统统一于产业组织学研究中，并基于创意产业集群和高科技产业生态进行深入探讨。

文化创意产业及其消费是一种基于信息创造的符号生产和符号消费，相比日常使用物品，生产者和消费者均看中附着于媒介产品或者实体制造物品之上或是隐含其中的符号价值和意义。在符号生产和消费的编码和解码过程中，受限于技术条件，经常会出现生产者—消费者身份，或者是传播概念上的传受者身份互换或者界限模糊的现象。因此，传统意义上基于此种身份模式的价值能量传导将会产生变化，文创产品的价值损耗或再增值会随着产业生态中的细微变化而调整。

（三）我国文创产业生态研究现状及趋势

我国对于产业生态学的引入和研究开始于 20 世纪 80 年代，随着《环境保护法》的颁布和实施，中科院院士、著名生态学家马世骏首先提出经济生态学的概念，强调运用生态学基本原则及其视角研究经济现象。其后，结合我国政策环境、法规制度以及社会文化风俗，研究者运用组织生态学等理论分析和总结当前产业发展的圈层环境，创新性地提出了许多产业生态系统圈层环境图示。

近 10 年来，针对文化创意产业的研究呈现多样化的态势，研究者结合不同地区、不同媒介、不同创意园区以及细分产业的情况，各自对文创产业生态学理论以及产业现状进行了创新性研究。比如郑志等[1]提出创意产业生态系统构建主要是基于两类视角：自然循环和技术创新协作过程，并绘制出系统结构模型；曹如中[2]总结了区域创意生态的六大特质并同时结合生态演进特点提出了创意系统知识链、技术链、产业链的演进模型；李春发、王向丽[3]将自然和产业两种生态系统进行对比分析，创造性地提出创意产业生命系统和创意生态等理念；邢志勤[4]强调科技创新为文化产业生态化系统的核心发展动能。

以案例研究的典型性和样本统计的科学性为前提，针对文创产业生态的案例研究大多以企业或者以企业集群为主体或研究基础。在 UGC（用户生成内容）蓬勃发展、提供者身份界限日益模糊的当下，个人创作商业产品（如动漫产业中的个人志）正在深刻影响着文化创意产业，并作为产业生态系统的一部分影响着市场选择以及产业链条的拓展。基于此背景，面向产业生态中的用户个体研究仍有待发掘。此外值得注意的是，在个案研究的领域中，对于文创产业中的代表企业的研究仍有待深入。代表企业在产业结构及全产业链中占有十分重要的地位，其商业辐射力和影响力往往代表着一个产业的未来发展风向标。代表企业往往是一个较大型的企业集团，其内部分子

① 郑志、冯益：《文化创意产业协同创新生态系统构建对策研究》，《科技进步与对策》2014年第 23 期。
② 曹如中：《区域创意产业创新生态系统演化机理研究》，上海远东出版社，2014。
③ 李春发、王向丽：《基于生态学的创意产业生态系统基本架构研究》，《武汉理工大学学报（社会科学版）》2015 年第 5 期。
④ 邢志勤：《文化产业生态化系统的实现路径》，《重庆社会科学》2015 年第 1 期。

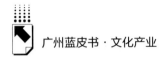

公司之间的结构也构成了一个集团内部生态系统，对这些内部生态系统的研究也有助于管窥整个产业宏观生态环境，为产业内其他企业提供借鉴。以腾讯公司为例，企业内部所涉及的业务涵盖了互联网、媒体、视频、金融、游戏、搜索、电商、智慧城市等多个方面，并在文创产业发展历程中率先提出"生态发展"理念，引领全行业开始调整结构和产业升级。由此可见，对文创产业中的代表企业进行研究具有重要的理论和现实意义。

二 腾讯公司的产业生态发展路径及战略

腾讯公司1998年创办至今，其发展轨迹是一条从即时通信产业到互联网社交平台再到互联网相关产业多元发展的路径，从发展战略来看，是从狭缝生存到野蛮扩张再到生态发展。

（一）个性化创新设计体现文化和创意元素

腾讯公司成立之初为了投标广东电信一个网络寻呼系统的项目，开发了一个名叫QQ的客户端，设想通过互联网把信息发到寻呼机上。但最后却没有中标，只好自己去经营QQ这个项目。早期QQ在基础服务方面没有局限于通常的通信产业范畴，而是非常好地体现出了文化和创意元素，项目中有很多个性化的创新设计，用户体验较好，很快形成用户黏性。例如在软件设计上给用户提供了很多可爱的卡通头像。早期上QQ聊天，上网认识的大多是陌生人，那时也没有数码照片，无从知道对方是长什么样子。QQ平台的卡通头像，给用户提供了很好的想象空间。

（二）从"生态位"角度确定公司战略定位

2000年前后金融危机，美国纳斯达克崩盘，99%以上的网络股破产消失，全球互联网行业遭受很大冲击。那时互联网虽然吸引了很多用户，但商业模式不够成熟。由于网民数量不大，也没有在线支付，在互联网上售卖广告的模式还没有得到广泛接受。因为没有很好的商业化模式，草创之初的腾讯公司也面临很大的压力，一度打算将公司整体出售给广东电信。此时腾讯公司依靠无线增值业务，即从 QQ 上发短信到手机，从运营商中国移动赚得第一桶金。但腾讯公司对自己的营收完全来自另外一家巨无霸电信运营企业，仍然感到很强的危机感。于是经过认真的战略规划，腾讯公司将发展方向定位在文化创意产业，力图错位发展。从产业生态学"生态位"的概念来看，腾讯公司对本企业在整个通信产业以及互联网相关产业宏观生态系统中的角色定位有了较清醒的认识，并率先将互联网相关产业从通信产业中独立出来，通过增加创意元素，提升用户体验，谋求在文化创意类企业集群中占有一席之地。这是腾讯公司对组织生态学的自觉实践。

为此，腾讯公司 2003 年推出极具创意元素的 QQ 秀等互联网增值服务。腾讯公司互联网事业部负责人接受笔者访谈时说："那时候 QQ 聊天基本上不知道对方是长什么样子的。而 QQ 秀可以让用户有虚拟的头像，可以买衣服装扮自己，还可以开通会员，贴上星星月亮等级标签，让自己的名字排在其他好友前面，让他们觉得很有面子。这个服务抓住了人性的需求，一经推出，备受年轻人喜欢，因为他们有炫耀的需求。"QQ 秀一推出来就取得了巨大成功，用户为了展示自己的形象愿意把钱充到 Q 币账户里面购买这项增值服务。QQ 秀成为腾讯第一个自营收入较高的业务，也是第一个用户愿意为它付费的业务，让腾讯摆脱了对中国移动的依赖，得以从通信产业的企业集群中脱离出来，进军文创企业集群。据介绍，QQ 秀让腾讯公司尝到了互联网增值服务的甜头，并意识到只有好的创意元素才能增加用户黏性，用户付费服务这一块市场前景广阔。这也为腾讯公司下一步拓展产业链、发展网络游戏打下了重要的基础。

（三）多元化发展体现产业链、生态链、产业代谢理念

产业链是产业经济学中的一个概念，是各个产业部门之间基于一定的技术经济关联，并依据特定的逻辑关系和时空布局关系客观形成的链条式关联关系形态。产业链的本质是用于描述一个具有某种内在联系的企业群结构。一个完整的产业链是由一个主产业附带许多相关产业组成的经济模式。腾讯

公司的产业链发展，突破了上下游产业间价值交换、产品和服务输送、信息交流与反馈等线性关系，而且呈现辐射状多元产业集群化发展的状态。腾讯公司的产业链有着自身的内在逻辑，即围绕QQ平台向文化创意各个业态衍生发展，有着企业种群生态系统的特点。公司主产业和相关产业之间、分子公司和内设部门之间进行的物质交换、能量传输、价值转化和信息交流，类似于企业生态链中的竞争关系、共生关系、寄生关系等等。

腾讯公司的主业是起源于QQ的社交网络服务，即SNS（Social Network Service）。2003年底，腾讯公司推出了腾讯网，开始发力媒体和广告业务，并在各地与主流媒体机构合办区域性细分新闻网站，如大粤网、大沪网、大浙网等。腾讯本身是即时通信公司，那时的三大新闻门户网站是新浪、网易和搜狐。腾讯公司转型做新闻网站面临的一个最大问题便是点击率问题，为了吸引用户，腾讯创新性地开设了QQ弹窗，弹出腾讯新闻，在QQ平台上导流用户。因为有QQ平台的巨量用户打底，腾讯网一经推出，没过多久便跻身四大新闻门户网站之列。一些区域性的子网，如大粤网实现了当年创办当年盈利。

2004年网络游戏在中国开始蓬勃发展，腾讯公司既自主开发"斗地主"等棋牌游戏，也代理游戏，只用了一两年时间便成为棋牌类游戏中国第一。网络游戏业务奠定腾讯商业模式的基础。2004年至今，公司超过一半的收入来自游戏，因为它依托QQ平台的巨大用户群体，商业转化非常成功，用户体验也很好，一个很轻量的消费就可以获得很好的娱乐体验。

2005年，腾讯公司布局WEB2.0（用户参与网站内容生产的第二代互联网），推出新的业务"QQ空间"，这是QQ的延伸。2005年数码相机开始在国内兴起，越来越多的用户开始有数码照片内容，他们有很强的分享欲望。QQ空间专注做好一件事——QQ相册。QQ相册而今日均上传照片约1亿张，QQ也成为中国第一大社交网络平台。2005年，腾讯公司还推出了搜索引擎"搜搜"（后来与搜狗合并）和电子商务平台"拍拍"。2009年，智能手机开始兴起，腾讯公司敏锐地意识到产业生态即将发生巨大变化，无线化、移动化将深刻改变传统的信息传播方式和网络社交方式，将是互联网产业，尤其是互联网+文创产业的大势所趋。从手机 QQ 开始，到手机腾讯网等产品，腾讯公司全面开启产品无线化工程。腾讯公司平台与内容事业群浏览平台产品部负责人接受笔者访谈时说，当时腾讯所有部门 99% 的人在 PC 互联网工作，开发的所有产品是基于 PC 互联网的产品。这时候公司提出所有 PC 产品要实现无线化，意味着原有的产业定位和生产模式都将全面颠覆。到 2011 年，小米公司推出了基于手机的社交客户端"米聊"，腾讯公司将这一产品当成危及公司生存的"头号大敌"，动员公司几个尖端技术开发部门，同时开发出微信和 Q 信等几款同类产品。经过一番内部竞争和比较测试后，腾讯改进和完善了微信当时推出的语音对讲、微信群等创新功能。腾讯公司调动所有的力量强推微信，把 QQ 的用户引导到微信上去，在几个月时间里迅速超过了米聊，最终奠定了微信作为移动互联网第一入口的地位。从产业代谢的角度来看，系统内部的产业代谢不仅包括物质流的流动，也涵盖生产模式和商业模式的创新和更替，尤其是当前媒体融合和产业融合的大背景下，产业代谢和循环经济理论更应考虑物质流在产业融合中的资源优化配置的问题。腾讯公司的多元化发展和产品更新、商业模式改进都很好地体现了产业链、生态链、产业代谢的理念。

（四）生态发展战略和竞争共生环境

2009 年之前，腾讯公司基本上是内生增长模式，QQ 空间、游戏、新闻、音乐、在线支付等产品都是自己做，这些业务的特点就是价值链很短，把内容做好，再加上腾讯的巨大流量，就能迅速占领市场，没有太多长尾问题。那时很多同行都在骂腾讯"帝国心态"，什么业务都要自己做，让别人没活路。一些做风投的，在投资项目前都要打听腾讯有没有做，如果腾讯做了，他们就不投。2010 年爆发"3Q 大战"后，腾讯开始走向开放。2014 年以后，腾讯开始专注核心业务，剥离长链业务。腾讯集团原高级执行副总裁吴宵光在一次演讲中表示："我们发现腾讯要有所为有所不为，有的东西你能做好，有的东西你做不好。很多新的领域价值链越来越长，相比外面一些创始团队，腾讯原有的组织架构和企业文化并不匹配。我们开始尝试搭建一个新的生态

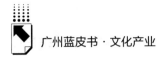

模式慢慢走向开放，跟合作伙伴一起合作，大家一起共赢。在我们投资京东之前，京东估值不到 100 亿元人民币，今天最新统计已经过了 400 亿元。腾讯的战略是越来越清晰了——专注做'连接器'和内容产业。"①

腾讯公司经过前期的快速发展，达到一定的规模，逐渐意识到以前的发展模式存在不少问题。"所以我们就改变思路，转换成生态模式。我们讲的是一片森林，生态里面有很多类似企业，大家都是平等互惠互利的状态，这个生态可以做得更加繁荣，走得更远。我们并不是抢别人的饭碗，反而给他们更好更新的工具，让他们能做得更好，这里面有大量的新的创业机会。"腾讯公司董事会主席兼首席执行官马化腾在 2018 中国国际大数据产业博览会发表演讲时提出"数字化生态"布局，表示今后腾讯将布局全产业链的数字化，重点关注 5 个"生"：民生政务、生活消费、生命健康、生产制造和生态环保。②

腾讯公司在发展战略上，从帝国心态走向开放共赢。通过公司旗下微信公众号平台、应用宝、腾讯云、广点通等产品扶持中小企业创新创业。越来越多的创业者利用微信公众号来连接线下的商业，孵化新的行业。腾讯公司一方面在业务上通过打造开放的生态系统，将互联网跟传统产业相结合，通过提供接口、资源共享将竞争对手转化成合作伙伴；另一方面在企业内部鼓励创新，颠覆自己，也扶持外部的创新创业项目，通过参股和直接投资等方式，实现合作共赢。腾讯公司战略的调整很好地体现了产业共生的理念。产业共生理念特别强调产业中各企业的分工协作，自我调适，有序竞争。基于互联网的文创产业，以自媒体和中小企业居多，企业发展中的野蛮生长和无序竞争现象比较严重。作为平台型企业的腾讯公司在经历自身原始积累和快速发展之后，在完成企业内部产业链的扩张和完善以及企业生态的自我进化后，率先提出"生态发展"和"新文创生态"理念，带动了整个文创产业的生态发展，营造了企业间良好的竞争共生环境。

---

① 吴宵光：《腾讯史上 14 个关键点》，腾讯新闻，https：//xw.qq.com/tech/20150612019667/TEC2015061201966700.
② 姚晓岚：《马化腾：腾讯七八年前已告别帝国心态，不是要抢别人的饭碗》，澎湃新闻，https：//www.thepaper.cn/newsDetail_forward_2157473，2018 年 5 月 28 日。

三　角川集团在特定文化生态内的跨界经营与
媒介融合经营

（一）跨界经营与角川商法

日本角川集团（KADOKAWA）的发展历史始于 20 世纪中叶，日本文学家角川源义在东京创办了角川书店，当时的角川书店注重文学出版业务，通过不断出版推理文学名家的作品在 20 世纪 70 年代确立了其在文艺出版界的地位。角川书店关注文化出版产品的艺术性及商业性的结合发展，是从其第二任社长角川春树开始的。日本在 20 世纪七八十年代经济快速发展，推动各行业不断调整产业化格局，文化出版产品背后的市场需求也随之扩大。结合更多媒介方式，拓宽宣发渠道抢占更多注意力市场，成为角川书店维持业界地位的必由之路。角川书店于 1976 年发布了首部电影《犬神家一族》，1982 年创办《电视节目》杂志，并在 3 年后涉足漫画市场，1988 年开始推出一系列针对青少年读者的口袋书轻小说，将其读者范围进一步扩大。90年代日本经济开始衰落，出版业经历 1996 年的销售顶峰之后开始走下坡路，角川书店趁机转型，收购了大映等几家制片公司，开始打通图书和电影两条产业链，将其强力整合。配合角川春树策划的"看书和电影配合观看"的媒体宣传，角川书店成功联动了读者和观众两大受众阵营，在业界创造了举世瞩目的成就。1998 年，角川书店在东京证券交易所二部上市。业界和学界将角川春树社长的跨界融合经营理念以及营销手段总结为"角川商法"，强调各种媒体形式在文创产业链上的互相联动和深度合作，围绕同一个版权作品推出不同形式的媒介产品。

此后，角川书店不断接收时代变迁的最新信息，并配合潮流改变企业发展形态，开发出各种新形态事业版图。角川书店作为日本文化产业并购重组的成功代表，不断运用其原有市场和资金链扩大产业范围，包括 IT 业务、游戏制作、影视娱乐、视频网站等。2003 年角川 HD 设立，次年大映公司增加娱乐艺人业务并上市。2006年角川书店更名为角川集团HD，并在次年设置了角川杂志集团，2012年媒体工厂问世，业务涉及实体书店、中古二手图书、杂志以及游戏业务。2013年，在并购有关玩具生产、弹幕视频网站等企业之后，角川集团合并旗下9家子公司，集团名称更改为罗马字"KADOKAWA"。

（二）特定文化生态内的媒介融合经营

根据2018年度日本动画产业报告，日本动画产业市场8年连续增长，连续5年刷新了最高产值，比上一年增长8.1%，并首次突破2万亿日元，电视、网络配信、海外市场三大板块均呈现增长态势。① 动漫产业作为日本文化创意产业的支柱，在互联网时代仍不断刷新产业纪录和相关成绩，在全球文化市场占有重要地位。角川书店自1985年开始涉足ACGN（二次元文化中关于动画、漫画、游戏、小说的统称）文化产业之时，以《跨越时空的少女》的成功案例在日本动漫及文创产业中产生强大影响力。这部1967年由筒井康隆创作的科幻小说在20世纪80年代被角川书店改编成真人版影片，经由动画电影改编、网络配信等相关宣发和制作，其知名度不断提升，至今依旧在日本网民中有着极高的热度。

2017年3月，角川集团专务执行董事井上伸一郎接受访谈时介绍了"内容的生态模式"。他举例说，角川旗下有一部优秀作品《刀剑神域》，原本是作者在网络上自行发表的连载小说，角川将其出版成小说，后来在漫画、动画、音乐、游戏、电影、衍生商品等领域进行全媒体展开。"我们所说的'内容的生态模式'，就是将小说作品更深度、更广度地全面媒体化。此外我们也尝试一些新事业，比如动漫旅游。在动画、动画电影里出现的场景，会吸引很多粉丝前往这些场景的实地。"

日本的动漫产业因其发展历史较长，产业形态较完整，影响力大，辐射面广，其发展触角涉及日本整个文创产业的方方面面，甚至辐射相关工业制

---

① 郭子川：《动画产业报告2018出炉，产值首破2兆亿日元》，日本新华侨搜狐号，http://www.sohu.com/a/280313819_100203250，2018年12月7日。

造业。具体说到日本动漫产业对文化创意产业的影响，涉及的方面包括出版业，影视业，表演行业中的舞台剧、声音剧、偶像声优见面活动，游戏制造行业，音乐行业等。角川集团在不断合并重组扩大企业规模的过程中，扩张着其在动漫产业及整个文化创意产业中所能发挥影响力的范围，并逐渐形成具有良性循环的产业生态系统。

动漫产业的产品发展始于每一个原创作品，即 IP 的发掘。自 20 世纪 80 年代角川书店开始推出针对青少年的口袋轻小说系列，到 2019 年初，角川集团已经垄断日本九成左右的轻小说市场。这代表着角川集团本身占有着大量的原创 IP 以用于漫画化、动画化，以及剧场或电影化的改编制作。另外，从出版行业的视角来看，日本出版业包含了出版社、印刷厂、经销商和书店四大板块，而角川集团在此链条的所有环节皆有业务涉及，这代表着企业本身具有通过一个产业链生态自我代谢的良好循环。

在 2013 年角川集团重组改制之前，其旗下各家子公司都是独立核算的，各自的管理模式和发展模式皆有不同，控股集团的内部管理架构和经营机制较为复杂。在这样的框架下，集团内部各分子公司在动漫及文创产业中的竞争关系使得各自能够在其细分领域发挥所长，并基于东京的动漫和文创企业集群条件得到良好的共生环境，从而形成一个集团内部独特的生态环境。而这样的一个内部生态因其产值和影响力，直接代表了这一大产业在特定时期的一种发展生态。2014 年 5 月，角川集团与当时风头正劲的 N 站母公司多玩国合并成立控股公司，这是角川集团跨媒介数字化经营的重要布局，也是竞争共生关系从集团内部向外部扩展的体现。2015 年 4 月，角川集团内部生态系统再次做出重大调整，废除社内分公司制度，按照品牌类型整编为事业部制的"局"，实现组织改编。角川书店、富士见书房、中经出版等分子公司全部解散，以品牌的形式并入母公司。据井上伸一郎介绍，此举主要是考虑到人才资源在文创产业中的极端重要作用，"有时一个好的画家或作家可以撑起一系列好的文创作品，甚至一个企业"，事业部制可以打破公司制的条块分割，加大企业内部资源整合力度，增加研发和创新设计人才的内部流动，营造良好的企业内部生态。

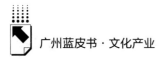

四　腾讯公司与角川集团的文创产业生态比较分析

基于近年来中日动漫及文创产业深入合作竞争的背景和趋势，本文运用比较研究方法，对中日两国在文创产业的代表企业——腾讯公司和角川集团进行比较分析，由此观察两大企业集团各自的媒介特色、发展方向、生态环境以及受众基础。

（一）企业的媒介特色和发展方向

虽然两家企业对两国文创产业的影响力是不相伯仲，但当回溯两家企业的发源，还是会看出巨大的不同。腾讯1998年创立之初是以一家互联网技术公司作为定位，QQ作为其后续发展的基石，是以大众化社交平台的形式在我国信息行业扎根发展，可以说腾讯公司在发展初期并没有直接涉足文创产业。相反，角川集团的起点是一家实体书店，其初始定位和所涉业务直接根植于文创产业。两家企业的初始受众群不甚相同，QQ面向的是青少年网民群体，角川书店将自身定位为面向少数知识分子的高端文化出版商。但值得一提的是，角川书店经由角川春树的改革之后也开始积极面向全年龄层受众。因而在当前看来，两家企业的目标受众是大体一致的。

两家企业所提供的媒介平台的信息交互性不甚相同。腾讯的QQ平台从诞生之初便具有信息的平等互动性，QQ空间的存在使得互联网发展初期的UGC内容有放置和展示的地方，并且以一种去中心化的方式不断传播和互动。角川书店作为实体书店的代表，其媒介的传播单向性受书本本身的媒介特性所限制，其受众的互动性在2000年后日本手机网络逐渐发展之后得到改进。

从以上分析我们可以看出，虽然两家企业目前面向的目标受众群体特性基本一致，但两者本身发源媒介平台的不同决定了其今后发展的可能方向有较大差异。腾讯以社交平台作为基点业务，其发展模式将遵循其作为一家互联网企业的特色，按照技术开源、业界引领的道路发展。而角川集团基于其文化出版根基以及对于日本轻小说市场的垄断等市场基础，其未来的发展将更多注重于 IP 的收集、交易授权以及衍生改编开发，技术开发以及版权销售将作为重要的辅助性业务助力其提升业界地位。

（二）企业的生态环境和发展逻辑

无论是自然生态理论，还是融合人文条件的组织生态学，都注重物种或生存单位所在的生态环境及其相互之间的关联和影响。提到企业的成长和发展，离不开其所在的产业环境以及社会环境，即腾讯公司和角川集团各自所处的中日两国的文创产业环境、社会文化背景以及工业经济基础。

与中国的动漫及文创产业分布有所不同，日本近八成的动漫和文创相关企业在 20 世纪七八十年代之后集中在首都东京，东京作为一个典型的产业集群所在的城市，承接着日本整个文创产业生态系统的运转。相比较而言，中国没有动漫和文创产业市场过于集中的代表性城市，各大动画制作企业和文创园区较为零散地分布在北京、上海、杭州、广州等一线大城市。由此可见，产业集中所带来的共生竞争关系的作用力在日本的文创产业中更为显著一些。日本动漫及文创产业的投资营销主要围绕几大电视网络系统，角川集团基于东京的集群环境成立动画制作委员会制作 TV 动画，联合旗下大映公司推出一系列动画剧场版，并与万代等企业合作推出一系列周边衍生产品，与产品制造业联动。

两家企业的受众基础，即背后的社会文化环境也不尽相同。在日本，"二战"期间在海军部的支持下，动画成了一个高质量宣传战争动员的媒介手段和产品，在商业上获得较大成功。20 世纪 60 年代后，随着电视机在日本家庭普及，各大广告商以动画作为一个通行的广告形式不断投入市场，日本受众养成了观看和审美习惯，并促进了文化创意类产业的迅猛发展。与此相对照，中国并没有此类的历史发展场景，中国的动漫及文创产业的发展与 20 世纪 90 年代互联网进入中国并逐渐普及密切相关。

因此，两国文创产业的发展逻辑截然不同，日本是由纸质媒介向电子媒介再向网络媒介发展，呈现从线下往线上发展的路径；而中国是由网络媒介萌发，再往电视、广播等电子媒介演化，再在报刊、书籍等纸质媒介以及剧场、品牌推广等活动中扩展，走的是一条与日本相反的发展路径。由于社会文化背景和产业发展路径不同，两国受众的信息接收习惯和审美志趣也不相同，腾讯公司和角川集团在产品定位、互动性能、制作周期、审美倾向、盈利模式、IP 衍生品开发等方面存在较大差异。

五　结论

总体而言，文创产业内部的良好生态模式决定了产业自身能够在风险和挑战之下拥有自我代谢和进化的能力或潜力，从而以生产者或传播者的角度引导社会文化市场的健康运转和互动。产业内优秀企业作为产业中的代表和集大成者，其内部生态一定程度上决定了整个行业的未来生态，因而其自身的生态位定位、演变态势和发展预测，与产业内外部其他企业的生态链的竞争共生关系直接关系整个文创产业的战略布局和未来发展。

由互联网技术公司到引领文化 IP 发展的全景式互联网企业，从高端出版商到占领全产业链的信息流文化产业集团，腾讯公司和角川集团以不同的起步平台、发展轨迹向我们展示了文创产业代表企业在文创产业发展方面的探索和成就。由于中日两国经济和社会文化发展背景不同，两家企业自身及所处的产业生态环境各异，文创产业发展战略和主营方向也各有侧重。

从企业的生态位角度来看，文创产业代表企业在文创产业界的地位以及所扮演的角色大致相同。以两国的动漫产业为例，文创产业代表企业在动漫产业中更多是以投资者和传播者的角色参与到产业链中，一般并不直接参与到 IP 生产以及相关产品制作中。而是以资源整合的方式加强原创创意作品的影响力，其结果是为此产业生态系统提供一片具有优渥条件的"土壤"。而以企业集团为整合机制的产业链条可以让资金周转和流动更加便捷，宣发渠道更为广泛，一些较小众和冷门的题材作品能够有机会得到广泛的受众关注。此外，针对一个单一的原创作品，代表企业能够提供和搭建的是一个围绕独立 IP 的小型生态系统。以生产能力强大的互联网用户个体为纽带，从产品的内容介绍、角色人设修饰宣传、衍生价值和亮点的发掘，到衍生出的其他媒介形式的改编作品，代表企业可以利用其庞大的用户基数及其强大的创造能力和足够的资金支持，在良好的循环模式中延长创意作品的生命力，扩大其潜在的影响力。

综上所述，基于文化创意产业的发展历程和近年来的强劲发展势头，以及文创产业代表企业在产业中的强大渗透力，我国文创产业未来的生态发展可以从技术革新、人才培养以及海外战略等 3 个方面进行展望。

首先，在信息技术方面，以腾讯公司为代表的我国文创企业，大多是互联网技术相关企业，在我国 5G 技术保持领先的背景下，可以以强劲的技术实力和多元的资源开发能力研发新的文创产业相关技术，打造全产业链融合发展新模式。当前，我国 CG 动画技术的水平和应用程度正在快速发展，其数量和质量都达到较高的水平，许多新产出的动画和手游都选择 CG 作为主体画风。与此有关的概念设计正尝试运用到《流浪地球》等电影制作中。在此行业发展趋势下，我国文创企业可以尝试在动漫影视及相关产业投入更多的技术研发资源，将高新科技手段与中国文化元素相结合，让中国动漫等文创产业形成具有独特民族风格和竞争实力的文创品牌。

其次，在人才培养和储备方面，发挥人才在产业生态中的第一资源作用。可以以工作室或事业部为单位进行以兴趣为导向的专业培训，再依托企业的热门产品推广平台，以创新竞赛或风险投资方式为激励手段发掘潜在的创业者。此外还可以配合各大城市的人才引进政策，结合城市创意产业园区的硬件基础，吸引创新型人才在不同城市、不同产业环节之间合理流动，以刺激产业内部人才团队的自我进化和成长。

最后，在当前媒介深度融合和信息互联互通的背景下，每一个文创企业都置身在全球化的产业生态圈里，要紧跟全球创意科技发展和时尚领域最新热点。版权推广和创意产品的业务交流拓展更是离不开全球化的市场。例如角川集团在 21 世纪初开始扩展亚洲地区业务，相继创立香港角川、台湾角川，2010 年与中南出版传媒集团合资成立广州天闻角川动漫公司，2015 年

7月又与腾讯动漫达成战略合作。2016年9月，腾讯公司从中南出版传媒集团手中收购广州天闻角川动漫公司41%的股权，成为仅次于角川集团的第二大股东，此举意在消除腾讯公司内部二次元板块的同业竞争，展开内部生态位整合。中日两家文创产业代表企业在动漫领域的合作，也是实现生态链资源利用最优化、创造竞争共生的理想生态环境的体现。近年来，日本文创产业，尤其是动漫产业海外业务产值连年增长，角川集团与腾讯公司的资源对接不仅表明文创产业国际化发展的趋势，也是一个国家文化软实力参与全球产业链竞争的重要举措。因此，文创企业跨国的强强联手所带来的IP联动、技术引进和受众互动能为社会的信息符号交流带来更多的生机和可能性，有利于产业生态格局突破地域限制，在信息平台和云技术的即时条件下产生更多的进化。

参考文献

〔美〕迈克尔·汉南、约翰·弗里曼：《组织生态学》，彭璧玉、李熙译，科学出版社，2014。

谭娜：《基于价值生态系统的创意产业价值创造能力评价研究》，东华大学博士学位论文，2012。

秦枫：《文化创意产业生态系统分析及运行机制》，《中国文化产业评论》2013年第2期。

〔美〕约瑟夫·熊彼特：《经济发展理论》，何畏、易家详等译，商务印书馆，1991。

Howkins, J. *The Creative Economy：How People Make Money From Ideas*, London：Allen Lane/Penguin Press. 2001.

〔美〕约翰·霍金斯：《创意生态》，林海译，北京联合出版公司，2011。

郑志、冯益：《文化创意产业协同创新生态系统构建对策研究》，《科技进步与对策》2014年第23期。

曹如中：《区域创意产业创新生态系统演化机理研究》，上海远东出版社，2014。

李春发、王向丽：《基于生态学的创意产业生态系统基本架构研究》，《武汉理工大学学报》（社会科学版）2015年第5期。

邢志勤：《文化产业生态化系统的实现路径》，《重庆社会科学》2015年第1期。

左雨轩：《组织生态视角下的创意产业集群演化研究》，北京交通大学博士学位论文，2012。

陈振旺、李楚斌：《深圳创意设计产业的生态系统建设》，载《2017 年中国创意设计峰会论文集》，2017。

Frosch，R.，Gallopoulos，N. *Strategies for Manufacturing*，Scientific American，Vol. 261，no. 3，1989.

B.19
南京文化产业数字化创新发展
对广州的启示

陈云　季文*

摘　要：　随着数字经济发展，文化产业数字化也成为发展趋势。本研
　　　　　究较为详细地分析了南京文化产业数字化创新发展现状，重
　　　　　点调研并剖析了南京文化产业数字化发展存在的问题与发展
　　　　　趋势，同时指出了"十四五"时期南京文化产业数字化创新
　　　　　发展方向，即"明确一个定位，打造两个中心，实施四项
　　　　　工程"。

关键词：　文化产业　文化消费　数字化

　　我国数字化经济在近十年发展迅速。当前我国数字经济增加值已由
2011 年 9.5 万亿元上升到 2019 年的 35.8 万亿元，占 GDP 比重由 20.3% 增
加到 36.2%。近年来，特别是新冠肺炎疫情背景下数字技术发展带动了新
产品、新服务、新业态、新商业模式爆炸性增长。数字化产业发展彻底改造
了传统产业发展模式，并缔造出崭新的产业生态，影响并引导大众生活习惯
与消费偏好。文化产业是数字化技术驱动并更新的最为重要的产业之一。本
研究立足于南京文化产业数字化转型，从发展现状、存在的问题入手，重点
研究未来发展的对策与举措。

---

* 陈云，江苏省天策管理咨询有限公司总经理、研究员，研究方向为文化产业经济；季文，南
京市社会科学院副院长，博士，研究员，研究方向为文化产业经济。

一 南京文化产业数字化发展的现状

近年来，数字技术突飞猛进地发展，带动了数字产业化和产业数字化并行发展、同频共振。2019 年我国数字经济增加值规模达到 35.8 万亿元，占全国 GDP 的 36.2%。名义增长 15.6%，高于 GDP 名义增长速度约 7.85 个百分点。中央政府在 21 世纪初已经洞察到数字经济发展的趋势与未来，也前瞻性地认识到随着经济转型，数字经济作为新动能将取代传统经济。数字文化产业是数字经济的重要方面。2016 年国务院出台的《"十三五"国家战略性新兴产业发展规划》中，数字创意产业首次被纳入国家战略性新兴产业发展规划。2017 年文化部发布了《关于推动数字文化产业创新发展的指导意见》。此后，地方党委政府也密集出台了一系列政策，支持文化产业数字化和数字创意产业发展。在百年未有之大变局下，文化产业数字化发展有望成为南京城市发展的再生动力。当前，南京文化产业数字化转型已经成为共识，文化产业数字化快速发展，盘点南京文化产业数字化，可以清晰总结出以下几大特征。

（一）文化产业数字化政策体系不断健全

近年来，为了推动文化产业数字化发展，适应当前互联网、大数据、人工智能、云计算、区块链等技术发展，南京市出台了《文化科技融合发展规划》《建设国家级文化和科技融合示范基地规划》《重点文化科技企业培育管理办法》《文化科技投融资体系建设计划》《建设国家级文化和科技融合示范基地实施方案》《关于促进南京文化产业跨越式发展的意见》《创意文化产业空间布局和功能区发展规划》《促进文化创意和设计服务与相关产业融合发展的实施意见》和《推进文化创意产业和设计服务与相关产业融合发展行动计划（2015～2017 年）》。这些政策立足未来发展，推进现代技术介入文化产业，促进文化科技的融合、强化文化企业培育、建设文化企业投融资平台和载体，促进文化科技型企业实现跨越式发展。

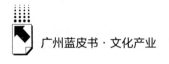

（二）文化产业数字化行业不断细分

南京作为历史文化名城，其文化产业具有较好的基础和发展条件。根据国家统计局制定的《文化及相关产业统计分类》，传统文化产业划分为三个层级九个大类80多个国民经济小类。随着数字产业逐步与文化产业融合，文化产业数字化催生了文化产业更多的细分行业，如数字博物馆、云上景点等。2020年新冠肺炎疫情催生了多种以"云"为代表的"云博物馆""云旅游""云音乐会""云端展会""云端论坛"等业态。各种旅游景点相继推出基于VR和全景视觉技术开发的线上游览平台。目前，文化产业数字化催生了更多的细分行业赛道，促使文化产业在延伸中也不断嫁接其他行业，进而拓展了文化产业链。以移动新闻App为例，传统平面新闻局限于采编、图文制作、印刷，而立体媒体增加了音乐制作、画面制作，到移动媒体阶段，不仅保留了原有的生产环节，还增加了动漫制作、音效合成、综合后期制作、信息处理与收集、语音辨识、大数据处理、云计算等细分类型，多业态融合趋势日益显现。

（三）文化产业数字化规模不断扩大

自2012年起，南京文化产业呈现出快速发展态势。2012年，南京文化产业增加值为360亿元，占全市GDP的5.1%，南京市成为江苏省第一个文化产业增加值占GDP比重超过5%的城市。2013年南京文化产业增加值为473亿元，2014年为516亿元，2018年为815亿元，2019年为912亿元（见图1）。与南京文化产业快速发展相应，文化产业数字化也呈现出迅猛发展势头。据测算，2012年南京文化产业数字化增加值占文化产业增加值比重为31.4%，到2019年上升为56.7%，即文化产业数字化增加值从2012年的113亿元上升到2019年的517亿元，8年实现了358%的增长。其中，新闻、音像制品、电子和数字出版物、多媒体、游戏动漫等行业数字化呈现出高速发展势头。

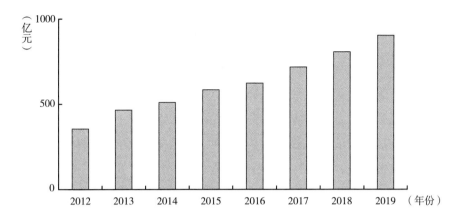

图1　2012～2019年南京市文化产业增加值

资料来源：南京市统计局。

（四）文化产业数字化发展边界不断拓展

文化产业跨界融合成为当下产业发展的重要趋势之一。作为特大型中心城市，南京在推动数字化基础设施建设方面取得了突飞猛进的发展。2019年南京市委市政府专题研究包括5G在内的新基建建设，2020年出台"四新行动计划"，全力推进新基建和新都市建设，把5G、人工智能、大数据中心、工业互联网等作为主导项目推进。这一切为南京文化产业的数字化发展以及与其他产业融合发展创造了更好的条件。一方面，现代科技逐步被广泛运用到文化产业之中。其中人工智能、大数据和云计算被广泛运用到新闻、图书出版、娱乐游戏、影像音乐等行业。出现了一批文化数字化发展的新锐企业，如龙虎网、西祠胡同、咪咕互动娱乐等。另一方面，文化产业借助数字化与旅游、体育、餐饮等服务业跨界融合发展势头加强。以南京旅游为例，南京推动南京博物馆、六朝博物馆、中山陵等历史文化景点的数字化工程，主要通过数字旅游服务平台和景观数字展示平台，推动旅游产业线上线下互动互促，极大地丰富了群众与游客体验。

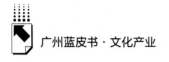

（五）文化产业数字化不断改变消费生态

南京作为历史文化名城，城市文化贯穿于市民生活之中。同时南京作为发达城市，无论是经济总量，还是人均 GDP，都在全国处于前列。发达的城市经济是数字化普及的基础，带动文化产业数字化与生活的高度融合，也改变了南京居民的消费生态。具体表现在：一是文化数字化消费日趋成为主导。南京智能手机、智能移动设备和智能穿戴设备的普及率全国领先，促进了文化消费的数字化进程，占据了消费者的碎片化时间。二是文化产业数字化促进了大众消费模式转变。传统互联网电商平台快速向互动式、游戏化、社交化转变。以拼多多为代表的电商平台更多融入文化数字化产业要素，将游戏和内容社交嵌入购物平台。文化与日常消费数字化融合改变了传统的单一型购物模式，丰富了生活业态。三是文化产业数字化催生了消费者向生产者的转变。随着抖音、快手、今日头条、B站、西瓜视频、小红书等新型数字化传媒的兴起，过去单向式消费模式发生改变，实现了消费者身份向消费者和生产者双重身份的转变。

（六）文化产业数字化正提升城市美誉度

南京作为一座拥有自然山水资源和丰富历史遗产的城市，其文化产业数字化进程就是城市形象的传播过程，也是城市价值的提升过程。随着各类移动智能手机的普及，城市居民成为鲜活城市文化产品的生产者、制作者和消费者，也是城市文化产品的链接端、传播端和宣传端。譬如，手机直播正成为主要方式，这一背景下，城市本身成为生产和消费结合体，城市的自然风光和历史名胜都成为新媒体的内容。南京的自然人文禀赋再次成为文化产业数字化生产的重要内容。仅以自然和人文资源为例，南京拥有"一山一江一河一湖一城"资源，成为城市传播中的网红。数字化快速与广泛传播，也驱动了南京城市品质改造与提升，各区在乡村振兴过程中对环境改造和山水营造，也逐步成为数字经济建设的一部分。近几年，被称为"天空之境"的石臼湖地铁和深秋宛如"七彩项链"的中山陵美龄宫的视频广为传播。

城市自然景观和设计景观交相辉映，在移动互联网的传播下，城市文化广泛传播。智能手机的广泛覆盖，为"有料的城市"逐步变为"有趣的城市"创造了条件。城市在文化产业数字化过程中好比一个不断增值的企业，而城市居民正如这个企业的生产者和消费者。随着文化产业数字化进程加速，南京城市美誉度和城市品牌效应也日益提升。

（七）文化产业数字化驱动南京迈向全球城市

全球城市是21世纪以来城市研究者提出的一个概念。"全球城市"的重要衡量标准是连接世界的能力。南京文化产业具有连接世界的七种能力。一是历史连接力。南京作为拥有2500年历史的文化名城，无数历史事件、历史人物和文人墨客为南京增添了丰厚的文化内涵。这些历史资源可以转化为文化产业资源，如旅游、文化产品的IP等。二是古都连接力。南京是六朝古都、十朝都会。中国四大古都中，南京是中国唯一一座南方古都。古都既具有历史记忆遗存，也具有实物遗存，拥有很强的传播力和生产产品转化力。三是学术研究连接力。南京拥有众多高校，其中南京大学、东南大学具有较强的国际影响力。在南京召开的国际学术会议逐年增加。海外学子在南京的数量也日益增加。学术传播力可以吸引全球学子来中国求学，南京也是各类学术研究会议的召开地。四是山水连接力。"山水城河湖"是南京日益增值的文化资源，也是南京最为持久的价值底蕴。五是文化连接力。南京是"世界文学之都"。南京文化事件众多，拥有众多的文化遗存。南京也是佛都，佛祖头顶盖骨舍利在南京被发现，南京成为全球信徒向往的圣地。六是和平连接力。南京是和平之城。南京是全球四大和平城市之一。南京大屠杀同胞纪念日成为国家公祭日，向全世界传播了和平文化。这是中国走出去的软实力象征。七是体育连接力。南京是中国的"青奥之城"。2014年南京举办了第二届青年奥林匹克运动会，赋予南京"奥运之城"的美誉。具有丰富城市内涵的南京借助文化数字化传播，具有连接全球的重要新资源。此外，南京产业发展强劲、科教资源丰富、社会治理完善，这些都将有力助推南京在城市数字化背景下迈向全球城市。

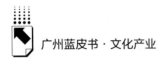
二 南京文化产业数字化存在的问题和发展趋势特征

南京文化产业数字化在取得较大发展的同时，也存在不可忽视的问题，需要认真对待、着力解决。

（一）南京文化产业数字化仍处于跟随阶段，尚未形成基于城市禀赋、凸显南京特色的发展战略

南京具有厚重的历史文化资源和优良的自然资源，潜在资源变现的基础条件良好。计划经济时期，传统文化产业占据主导地位，南京文化产业主要集中在广播、报纸杂志、图书出版、电影戏剧、社会科学研究等方面。计划经济向市场经济转型时期，南京报纸杂志、广播电视一度快速发展，南京成为全国重要的新闻传播城市。比如南京的《扬子晚报》《现代快报》发行量和影响力都居全国前列。南京电视台开发的新闻栏目成为群众喜闻乐见的新闻栏目。进入21世纪，随着互联网进入大众生活，南京文化产业却走出了一道"下行线"。曾经广受欢迎的广播电视栏目和报纸杂志走向低谷。文化产业与旅游、体育等其他产业处于相对隔离状态。移动互联网兴起后，南京文化产业开始快速融入数字化，跨界发展、文化触媒、文化融合发展成为趋势。然而，回顾南京文化产业发展历程，城市文化产业发展战略和主导方向仍然存在定位不明确、特色不鲜明的问题。这一时期，发达城市已确立文化产业发展定位。2017年底，"上海文创50条"明确提出，建设"两都两中心"，即"亚洲演艺之都、全球电竞之都、全球影视创制中心、艺术品交易中心"。2018年初，成都又发布了《建设西部文创中心行动计划（2017～2022年）》和《成都市促进西部文创中心建设若干政策》，强调文创与科技、产业融合，打造文创新经济。长沙明确建设"媒体艺术之都"。杭州在2018年发布的《关于加快建设国际文化创意中心的实施意见》中，提出"打造全球数字内容产业中心"。明确提出文化产业定位，将为一个城市数字化赋能文化产业发展提供动力和方向。未来文化产业定位的数字化研究、

产业扶持、兄弟城市的竞争角逐等都会渐次开展，形成驱动生态。相比之下，南京文化产业定位一直较为笼统模糊，没有一个明确的长期发展定位。近几年，由于发达城市特别是长三角城市在文化产业上的角逐和赶超日趋激烈，南京采取战略跟随，在单项产业上也制定了一些规划，如针对文化产业园、文化创意产业等都做了规划。但是这些单项规划不能上升到全市层面，具体实施也是在部门层面进行，不能成为全市战略重点。尤其是，强调南京特色的文化发展，往往更多落实在文化事业方面，却无法落实在文化产业上。

（二）南京文化产业数字化纵向发展较好，横向比较差距仍然较大

自2012年以来，南京文化产业发展迅速。2019年南京数字化文化产业产值约为517亿元，是2012年的四倍多。这和数字化催生产业发展高度相关。然而，与其他产业相比，文化数字化发展仍有差距。从2018年阿里研究院公布的《中国城市数字化消费报告》看，南京数字化消费排名全国第五。其中"饿了吧"订餐外卖排名全国第五，夜宵外卖消费全国第七，享受型消费如足疗按摩全国第三；相比之下，数字图书消费全国第八，移动手机电影电视消费列全国第九。从长三角地区看，南京文化产业数字化发展应保持高度忧患意识。腾讯研究院和上海文化研究中心发布的《2020年长三角数字文化消费研究报告》指出：总体来看，长三角数字文化消费处于领先优势，发展势头良好，但是区域内仍有一定分化。在文娱数字化方面，南京落后于上海、杭州，且差距较大。南京文娱上市公司数量远远落后于上海、杭州，与苏州不相上下。

（三）南京文化产业数字化缺少头部带动企业，数字型文化企业所需的热带雨林尚未形成

根据对支柱产业的现行认定标准，当一个产业总产值占到GDP 5%以上时，该产业就被认定为支柱产业。上海2015年文化产业产值达到1666亿元，占GDP 6.5%；杭州2016年文化创意产业产值（宽口径）占GDP 26%；2017年，长沙文化产业产值占GDP比重为8.84%。南京文化产业产

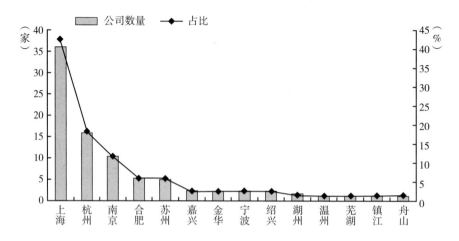

图2　长江三角洲地区主要城市数字文化公司数量及占比

资料来源：南京市统计局。

值2012年已经占GDP的5.1%，然而经过7年发展，到2019年这一比例也仅为6.5%。2018年，南京市委市政府全力推动"创新名城"建设，科技企业快速发展。其中实施的"4+4+1"主导产业体系规划中，第二个"4"所指的现代服务业包含了信息与软件服务业、金融与科技服务业、健康与文化服务业和现代物流与商贸服务业。2019年南京文化产业增加值占GDP比重已经超过6%，这也说明文化产业开始成为南京支柱产业。然而，从横向比较看，南京文化产业数字化进程仍然缓慢。一是数字文化头部企业偏少。2019年中国互联网协会、工信部网络安全产业发展中心发布了"2019年中国互联网企业100强"，其中有一半左右是文化企业或者是涉及文化企业。前10名互联网企业中，南京没有一家上榜。前20名南京只有一家——苏宁集团上榜，排名第14。而苏宁涉足文化产业并不多。二是数字文化消费偏低。2019年腾讯研究院发布的《数字中国指数报告（2019）》，综合评分主要从数字文化产业、数字文化消费等多个指标分析，我国数字文化一线城市为：北上广深。二线城市为：成都、重庆、杭州、武汉、西安、苏州。南京落在数字文化的二线城市之外。南京除了缺少数字文化头部企业外，数字文化消费也是弱项。三是数字文化新兴行业发展缓慢。无论从起步到发展实施，南京数字文化新兴产业与发达城市相比都处于滞后阶段。以电子游戏与电竞产业为例，2006 年成都就将数字娱乐产业作为地方支柱产业，2016 年其地方娱乐游戏企业达到 300 余家，从业人员有 13000 人。2018 年初，成都又发布了《建设西部文创中心行动计划（2017～2022 年）》和《成都市促进西部文创中心建设若干政策》，强调文创与科技、产业融合，打造文创新经济。其建设中国网络视听内容生产交易中心、中国动漫名城、中国软件名城等数字文化产业领域的目标也被进一步明确。目前全国电竞产业一线城市是上海，二线城市为北京、西安、成都、重庆、杭州、广州、苏州。南京目前勉强保住三线城市地位。近年来，发达城市和开放地区又纷纷布局电竞产业。海南推出海六条、投入近 50 亿资金打造国际级别电竞主题公园；杭州建设电竞数娱小镇；西安成立 20 亿产业发展基金；成都的"电竞+"24 条等；2020 年 11 月，广州市发布了关于扶持电竞游戏产业发展的"双 10 条"政策。

（四）南京文化产业规模小，整体绩效也较低

2019 年南京规模以上文化企业为 1750 家。同年，南京市文化高新技术企业实现营业收入 918.89 亿元，营业利润 75.96 亿元，利润率 8.27%。整体上看，2019 年南京有文化上市企业 15 家，高新技术企业 374 家。从全市企业比较看，2020 年南京入库科技企业为 6685 家、2019 年规上企业 11866家、上市公司 117 家。无论从规上企业，还是从高新技术企业看，南京文化类企业占比均超过 10%，但是文化产业的利润率低于 10%。

表 1   2017～2019 年南京市文化类企业主要指标发展情况

指标	文化高新技术企业		文化上市公司		规模以上文化企业		
	2018 年	2019 年	2018 年	2019 年	2017 年	2018 年	2019 年
企业单位数（家）	315	374	14	15	1636	1705	1750
营业收入（亿元）	831.61	918.89	201.02	234.00	4520.51	3209.05	3226.26
利润总额（亿元）	79.10	75.96	23.59	22.15	177.69	193.49	194
利润率（%）	9.51	8.27	11.73	9.46	3.93	6.03	6.01

资料来源：南京市统计局。

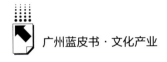

在上述文化类企业中，科技型文化企业数字化进展最快。然而，从表1看出，2018年南京文化高新技术企业利润率为9.51%，2019年则下降为8.27%。

通过调研，笔者发现南京文化企业数字化转型呈现出以下特征：第一，传统文化企业数字化转型意愿较强，但转型难度较大。通过调研14家传统文化类企业，发现70%以上的文化类企业愿意实现数字化转型。然而，文化类企业数字化转型的难度也较大。具体原因为：一是企业规模较小且实现数字化转型的投入与产出不对称。文化类企业大多规模不大，效益一般。以某家民营美术馆为例，美术馆参观免费，主要是以文化产品出售和美术会展的赞助为利润来源。显然，凭借这种单一化的经营模式和产品模式，其利润很难覆盖投入数字化改造资金。二是文化类企业数字化转型的运营模式不清晰。以江苏大众书局为例，由于当当、淘宝等网上书店的全面施压，大众书局也想进行数字化转型，然而数字化转型的先机红利期已经失去，大众书局转而混搭融合经营，实施多业态融合。比如，卖电子产品特别是学习电子产品、开设咖啡馆以及饼屋等。然而，文化产业数字化大多是在市场挤压下的跨界谋生存，其数字化运营模式并不清晰，因此其成长空间受到影响。

第二，科技企业进军文化新赛道成为趋势。2019年，南京文化类企业"金梧桐"奖评选出"南京都市圈最具投资价值的10强文化类企业"，其中有6家具有电子信息和互联网行业的背景。从南京的实例分析看，文化产业数字化发展呈现出以下两个趋势，一是传统电子信息产业出现向文化创意产业转型的趋势。南京在20世纪主要是重化工业城市。随着环境保护意识的强化和重化工业边际产出效应的下降，产业结构"由重转轻"的调整成为南京的选择。20世纪90年代后期电子信息产业快速发展，2006年电子信息产业成为南京第一大产业。2010年之后，电子信息产业传统赛道黄金期逐步衰退，产业转向新赛道成为必然。2015年前后，南京有50~70家电子信息产业公司转向文化创意领域，2018年这一数据增加到120家左右，增长100%。二是新兴互联网、大数据、云计算和区块链企业出现进军文化创意产业的热潮。以互联网、大数据、云计算和区块链为业务主体的科技公司充分利用其数据收集、数据分析和数据运用能力，获得较高的流量，收割市场上顾客的注意力。文化产业借助这种能力和数据优势，获得了传统文化产业不可比拟的优势。2017 年以后，南京科技企业纷纷进入文化产业。2020 年，科技型文化企业优势显现出来。在文博场馆关闭期间，南京法兰奇信息技术有限公司打造了"手机里的博物馆"项目，运用红外线扫描实体展厅，采集空间数据及图像，结合多媒体资料，利用大数据、人工智能、云计算技术，可以在短时间里造出一间"网上展厅"。用户可以在手机上 360 度观看展品，还可以发弹幕在"云"上互动交流，逛展厅、赏文物、长知识。在此期间，南京众多博物馆成为该公司的客户。

第三，以科技为媒介，文化与多个产业融合发展趋势日益明显。技术创新为加速器，文化产业在技术创新的助力下获得了蓬勃发展。一是科技加持，文化与多业态融合发展。2019 年 11 月南京召开了"2019 中国（南京）文化和科技融合成果展览交易会"（以下简称文化科技融交会）。这次交易会上，科技成为媒介，文化产业与商贸、旅游等行业融合项目占比很高。以秦淮特色文化产业园为例，这个江苏省唯一的国家级文化产业试验园区，利用现代技术媒介，将旅游、餐饮、商贸、研学、文化等融合混搭于一体，形成了强大的传播效应和聚集效应。曾经一度衰弱的"秦淮小吃"，在新科技和新文化加持下，成为"网红美食"，口碑爆棚、销量大增。二是科技与金融合体，助力创业型文化类企业加速兴起。2018 年南京提出"打造全球一流的创新创业名城"，连续四年发布以创新为主题的 1 号文件。这几年市委市政府、各区和各部门推出的各项优化创新创业环境的文件多达 100 多个，搭建了孵化创新企业"热带雨林"的政策框架。早在 2013 年，南京就已经出台《南京市文化与科技融合发展规划纲要》，这是国内此领域的第一份专项规划。2018 年，南京发布"4＋4＋1"主导产业体系规划，文化产业被纳入其中。同年，南京启动了以信用为支点、以金融为手段、数据驱动产业创新发展的文化金融生态创新服务体系——梧桐计划，意在为文化项目提供金融支持，壮大产业力量。2019 年，"文化科技融合"被写入市委 1 号文件。文化科技融合并不是简单的文化企业披上科技的外衣，而是会孕育出多业态发展的可能性。三是文化产业园区逐步成为创新创意创业文化企业的摇篮和培育温室。在文化产业竞争日趋白热化的今天，文化企业若是单打独斗难以生存，一方面是产品单一、顾客黏性不强。比如传统文化企业大多围绕图书、音乐、字画等开展业务，营销方式老旧，受众群体较小。受到互联网冲击，生存空间受到挤压。另一方面文化产品制造往往被认为"可编码"程度低，可复制性不强，规模化程度不够。然而，经过多年探索与研究，文化企业的培养和孵化路径与模式日益清晰。2016年为了推动文化企业发展，南京通过政策推动文化产业园建设，此后推动文化产业园区向文化产业集聚区转变、文化产业集聚区向文化产业功能区发展。文化产业功能区是将孵化、培育、加速和服务等一系列功能集中的园区，驱动文化企业发展。

三 "十四五"时期南京文化产业数字化发展形势预测

（一）"十四五"时期南京文化产业数字化发展形势分析

当前我国发展仍然处于重要战略机遇期。世界正经历百年未有之大变局，新一轮科技革命和产业变革深入发展，国际力量对比深刻调整，和平与发展仍是时代主题。"十四五"时期，现代科技与经济融合，科技驱动发展仍然是时代主题。产业数字化、数字产业化、数据价值化是不可逆转的大趋势。从全球范围看，数字经济发展呈现出蓬勃的生命力。从普华永道（PwC）根据全球上市公司2020年股票市值排名情况看，排名前10的公司有7家是互联网企业。从国内发展看，以大数据、云计算、区块链、人工智能为代表的新经济成为中国发展重要的新动能。中国企业中市值最高的为腾讯和阿里巴巴，也都是互联网企业。近几年我国成为孕育独角兽企业最多的国家，其中字节跳动、抖音等独角兽企业都是文化产业数字化升级的典范。党的十九届五中全会通过的《中共中央关于制定国民经济和社会发展第十四个五年规划和二〇三五年远景目标的建议》指出：坚持把发展经济着力点放在实体经济上，坚定不移建设制造强国、质量强国、网络强国、数字中国，推进产业基础高级化、产业链现代化，提高经济质量效益和核心竞争力。发展数字经济，推进数字产业化和产业数字化，推动数字经济和实体经济深度融合，打造具有国际竞争力的数字产业集群。显然，数字化发展将是我国"十四五"发展的重要战略方向。

（二）"十四五"时期南京文化产业数字化面临的机遇和挑战

"十四五"时期是南京开启全面建设社会主义现代化国家新征程、向第二个百年奋斗目标进军的第一个五年。"十三五"时期，南京围绕"创新名城 美丽古都"不断创新实践，推动了城市快速发展。南京文化产业也迎来了新的发展机遇。

1. 机遇

一是政策支持力度不断加大。围绕文化科技融合，南京出台了一系列政策，特别是率先在全国出台促进文化科技融合的政策意见，初步搭建了文化产业数字化发展的政策框架。南京首先于 2013 年 8 月出台了《南京市文化与科技融合发展规划纲要》。之后，根据申报国家级文化和科技融合示范基地的要求，南京又在其框架下制定了《南京市建设国家级文化和科技融合示范基地规划》。这两个规划的最大亮点就是从南京的产业基础出发，深入研究文化科技融合发展的趋势，规划了四大产业领域和 12 个产业方向（见表2）。

表2　南京市文化与科技融合发展的产业领域和重点方向

产业领域	重点方向
数字影音娱乐	原创动漫制作、应用及衍生品开发产业
	基于网络和移动终端的游戏产业
	数字多媒体影视产业
现代创意设计	服务于先进文化内容生产、传播和体验的软件设计产业
	彰显南京历史和文化特色的时尚工艺设计产业
	提升区域现代工业和服务业附加值的工业设计产业

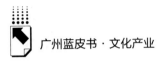

续表

产业领域	重点方向
新兴网络传媒	传统出版印刷企业的数字化转型
	基于多网和多屏融合的新媒体产业
	面向数字和网络时代的广告会展业
智慧旅游休闲	以文化为主要体验内容的智慧旅游产业
	现代科技、传媒和创意相结合的高端演艺产业
	基于现代电子商务平台的艺术品交易产业

二是居民消费的升级换代。"十四五"期间南京居民消费将迎来升级换代。其中最为显著的是,居民消费将从物质消费更多地转向文化精神消费。2020年南京人均GDP为18万元,相当于2.6万美元,居全国第三。2020年南京消费总量为6469亿元,居全国城市第8位,人均消费7.61万元,居全国城市第一。未来五年南京居民消费升级是大概率事件,居民消费将会向文化产品精神消费方向发展。

三是新基建的推进为文化产业数字化赋能。2018年中央倡导推进新基建。2020年,面对新冠肺炎疫情,南京市委市政府出台《关于印发应对新冠肺炎疫情影响新基建新消费新产业新都市"四新"行动计划的通知》,全力推动新基建。新基建主要包括5G基站、新能源汽车充电桩、城际高速铁路、城市轨道交通、大数据中心、人工智能、工业互联网等项目。新基建是支撑数字化产业的基础。这些基础建设设施的落地,可以为文化产业数字化提供基础支撑,为文化产业数字化发展提供广阔空间。

2. 挑战

面向"十四五",南京文化产业数字化充满机遇,但是我们也应该看到挑战。

一是推进南京文化产业数字化的精准政策不足。文化产业数字化不同于传统文化产业的商业逻辑。传统文化产品的公共性、地域性和差异性导致商业模式较为单一。数字化的文化产业不仅具有传统文化产业特征,更具有互联网产业特征,是传统产业和现代产业商业逻辑的综合,其商业模式较之传统产业更为复杂。因此，需要建立推进文化产业数字化的顶层政策。当前，南京市委主要在软件与信息服务、新能源汽车、新医药与生命健康、集成电路、人工智能、智能电网、轨道交通、智能制造装备等八大产业领域出台了详尽可操作的政策，特别是在八大产业链细分链条支持方面也出台了一系列政策举措，并采取了跟踪扶持的"链长制"。然而，这些政策尚没有落实在文化产业数字化发展方面。

二是文化产业数字化发展的城市定位不明确。数字化文化产业作为新兴产业，南京没有在该领域发展方面提出明确定位。这也导致目前南京文化产业数字化发展呈现出碎片化状态，没有形成主攻方向和带动力强的引领性龙头产业。例如，在文化产业数字化方面，南京列出了十多种主攻方向，聚焦度明显不足。相比之下，上海提出"打造世界电竞之城"，长沙提出"建设媒体艺术之都"，并相继出台了具有很强可操作性的针对性举措。文化产业数字化发展范围较广，如果没有城市聚焦定位，难以聚力支撑发展。

三是缺少带动性强的文化类互联网龙头企业。2019 年南京市企业家联合会、南京市企业家协会参照国际上通行做法，以营业收入为标准，公布了南京前 100 强企业，其中仅有南京金箔控股集团有限公司（排名第 23）和江苏凤凰新华书店集团有限公司（排名第 40）两家文化企业。前者是属于文化制造业，后者属于图书出版业。互联网文化类企业没有一家上榜。截至2019 年，南京地区文化产业类上市公司仅凤凰传媒一家，也没有互联网文化企业。缺少像腾讯、百度、字节跳动等之类的互联网头部企业，是南京文化产业数字化发展的重要短板。

四　进一步推动南京文化产业数字化发展的思路与举措

实施文化产业数字化战略，是党的十九届五中全会提出的具体要求，是"十四五"时期文化产业发展的一个重大任务。南京具有良好的文化产业基础，同时拥有较好的科研条件与产业转化基础。因此，推动南京文化产业数字化是增强南京城市综合竞争力、提升南京特大城市能级和城市首位度的必

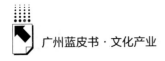

然之路。走好南京文化产业数字化之路，笔者认为要明确"一个定位"，打造"两个中心"，实施"四项工程"。

（一）明确"一个定位"

一个定位是指"高水平将南京建设成为中国文化产业数字化名城"。这个定位是根据南京已有的基础条件和发展趋势来确定的。习近平总书记在长沙马栏山视频文创产业园考察时指出：文化与科技融合，既催生了新的文化业态，延伸了文化产业链，又集聚了大量创新人才，是朝阳产业，大有前途。建设文化产业数字化高地，南京具有四大优势：一是内容生产优势。南京是历史文化名城和六朝古都、十朝都会，是中国四大古都中唯一的南方古都，具有极为丰厚的历史底蕴。这也是内容生产的源泉和载体。自古以来，南京就是文化生产的重镇。例如，南京产出了中国历史上第一部诗歌理论和文艺批评专著《诗品》、第一部文学理论和批评专著《文心雕龙》，第一部儿童启蒙读物《千字文》，此外还有《红楼梦》《本草纲目》等举世闻名的文学传世之作。二是软件与信息生产优势。南京具有良好的信息技术生产基础。1929 年南京成立了国内第一家电讯工厂，此后电子工业在南京发展起来。新中国成立以后，南京电子产业也不断发展。改革开放后，南京珠江路成为闻名全国的电子一条街，形成"北有中关村、南有珠江路"的格局。2005 年南京电子信息产业经济总量开始超过石油化工产业。2006 年南京提出建设"中国软件名城"。目前拥有各类软件人才接近 50 万人。三是人才优势。南京拥有丰富的人才资源。其中万人本科生数量全国第三、研究生数量全国第一。拥有 53 所高等院校，每年本科以上毕业生超过 20 万人。四是文化优势。南京形成了六朝文化、明文化、民国文化、古都文化、红色文化、和平文化等多种文化交织的多样化文化形态。总之，"四大优势"交织和叠加奠定了南京文化产业数字化的坚实基础。

（二）打造"两个中心"

打造"两个中心"分别是指打造"全国数字内容生产中心"和"全国数

字文化消费中心"。全面推动南京文化产业数字化发展，将南京建设成为全国高水平文化产业数字化名城，其基础支撑在于打造"两个中心"，即全国数字内容生产中心和全国数字生活消费中心。第一，南京具有打造"两个中心"的基础条件。一是南京具有其他城市所不可比拟的城市历史、人文、文化等丰富宝藏。二是南京具有强大数字内容生产能力。无论线上还是线下，文化产业的核心是内容生产。南京拥有丰富的人才资源，也具有丰富的文化宝藏，只要具有科学的政策导向，两种资源的结合能够激发强大的内容生产能力。三是南京具有较好的消费基础和消费能力。南京商业消费能力一直在全国位居前列，拥有全国第三大商圈。南京商业广场消费能力也名列前茅。比如2019 年南京德基广场年收入位居全国商业综合体第一。2020 年南京居民消费能力位居全国城市第一。这得益于南京城市经济实力的显著增强。自 2010 年起，南京文化消费连续 10 年增长，年均增速达 9% 以上。四是南京具有良好的生产消费聚散能力。南京处于南北交界之地，又是长三角一体化的重要城市，也是国家"一带一路"倡议和"长江经济带"的战略支点城市，具有城市网络圈层效应。2021 年 2 月 8 日，南京都市圈获得国家发改委原则批准，成为全国第一个城市都市圈。南京枢纽经济发达，拥有高密度高速公路线网、海港、空港、高铁港和数据港，保证了南京外向沟通交流和资源配置。因此，南京打造文化产业数字化"双中心"具有较好的优势和条件。

（三）实施"四项工程"

"四项工程"分别为：文化产品数字化改造工程、文化产品数字化消费工程、文化产业数字化融合工程、文化产业数字化支持工程。

1. 推进文化产品数字化改造工程

主要紧紧围绕南京的文化资源如博物馆资源、建筑、山水资源、文学资源、美术艺术资源以及文化衍生品等进行数字化改造。"数字活化"是文化产品商业化的一个重要方向。南京重点围绕三个层次做好"数字活化"工程。第一，历史文化资源的数字活化；第二，山水人文资源的数字活化；第三，当代文学艺术资源的数字活化。文化产品数字化改造是一项巨大工程，是南京打造独有 IP、增加城市美誉度的重要工作。这项工作可以采用政府购买服务的方式，积极推动科技企业参与到文化产品数字化改造工程之中。

2. 文化产品数字化消费工程

重点围绕居民消费习惯的移动化、网购化趋势，重点推动文化产品上云上网计划，重点推动互动性强、观赏性强、娱乐性强的文化产品线上消费。文化产品数字化消费工程主要突出四个方面：一是突出数字化融媒体产业生产链。当前传统媒体没落趋势明显，媒体转型已经成为潮流，数字化融媒体成为发展主流。建设数字化融媒体产业链，应作为南京文化产业的主攻方向，逐步形成生产完备、链条完整、营销完善的产业链机制。二是突出文化产品的细分市场占有率。自 2016 年起，我国移动数字化快速发展，自媒体、直播平台、网红代购等新模式层出不穷。这一波数字化浪潮主要集中在自媒体和购物消费市场。随着 5G 时代的到来，文化产品的移动化、数字化将进入井喷式的发展。因此，抢占文化产业细分市场更为重要。三是大力发展文化产品消费的数字化平台。平台经济是当前数字化、移动化发展的典型经济类型。在互联网经济发展过程中，南京平台经济发展相对落后。随着人民生活水平的提高，文化产品消费将进入旺盛期，发展文化产品消费的平台经济可以作为南京后发优势。四是壮大文化数字化产品生产消费主体。文化产品进入数字化时代，呈现出"生产者与消费者合一"趋势。多样化文化产品适应了多样化需求，多样化需求又催生了多样化产品。文化产品数字化时代，大众既是生产者，也是消费者。因此，壮大文化数字化产品生产消费主体，既有利于促进生产，也有利于促进消费。

3. 文化产业数字化融合工程

走向多产业融合是文化产业发展的必由之路。文化产业数字化融合工程主要包括：一是文旅产业数字化融合。南京是文化大市，也是旅游强市。文化和旅游借助数字化融合可以增强市场容量，带动产品类型多样化，形成产业竞争合力。过去南京旅游俗称"三景一口一日游"，即中山陵、总统府、夫子庙和新街口，旅游时间往往为一日游。随后旅游人群被周边地区如苏州、杭州、无锡、上海分流。随着文旅融合，加上数字化体验，文旅项目内容可以极大丰富，深化旅客体验，增加客流时间，提升南京文旅市场活跃度。二是文体产业数字化融合。从当前消费升级趋势看，体育产业既是传统产业，也是新兴产业；既有线下传统市场，也有线上新兴市场。文化与体育结合将催生更多消费增长点。以电竞游戏产业为例，这一产业近十年呈现出高速增长态势，已经成为城市新的增长点。南京是全国体育名城，发展目标是打造世界体育名城和建设亚洲体育中心城市。文体产业数字化融合，可以在竞技体育文化、群众体育文化之上缔造数字体育文化。三是文化康养数字化融合。健康养老产业是未来南京产业发展的重要定位。2018 年南京将"文化康养"作为"4 + 4 + 1"主导产业体系重点发展的现代服务业。2020年，南京"十四五"规划将"生命健康"作为先导产业。其中在江北新区和溧水进行了产业布局。"文化康养"作为新兴融合产业，目前其盈利模式尚在探索之中。借助数字化载体，推进这一产业健康发展无疑具有较好的意义和探索空间。

4. 文化产业数字化支持工程

文化产业数字化是一个浩大的工程，顺应了潮流趋势和城市产业发展方向。文化产业数字化需要政府引导，按照市场化逻辑，进行孵化与培育。一是政府政策性支持。当前政府支持文化产业的相关政策已经形成基本框架，包括支持文化产业与科技的结合政策，文化产业园区政策以及文化产业园区规划等。同时，为了支持文化产业发展，由南京市文化集团筹办的南京文化金融服务中心成为全国首家文化金融综合服务平台，构建起了包括文化银行、文化小贷公司、文交所、担保公司、保险公司、版权评估公司、天使基金、风投基金等在内的文化金融全套服务链。下一步，政府应该积极引导和将政策移植到数字化文化企业中去，鼓励各类科技公司进军文化企业。二是强化数字化文化产业引导。相比于科技型产业规划，文化产业数字化往往边界不清、部门管辖归属不明。比如数字化工程归经信部门管理，文化产业归宣传和文旅部门管理，数字化推进显然要跨越部门之间的界限。强化数字化与文化产业融合，成立跨部门的文化产业数字化领导小组尤为必要。领导架构的形成是产业发展的灵魂，南京文化产业数字化发展急需顶层设计、合力攻关。积极引导文化产业数字化发展至少要从规划、路径与举措三个方面推进。三是社会性支持网络建构。相比于其他产业，文化产业更趋向于分散、个性与不可编码，这一特征决定了文化产业发展更应该从建立社会性网络入手。文化产业数字化网络构建要以多种细分文化数字化行业为抓手，构建具有密织性网络结构特征的混同性组织。建立以产业园、产业功能园、高校、企业和社区为纽带的柔性组织，从内容生产、产品制造、IP打造、流程管理、市场营销等环节形成弹性闭环。四是市民参与性网络构建。文化产业数字化催生了新业态，即生产者和消费者合一。生产下沉与消费下沉同步趋势要求文化产业数字化聚焦市民参与度。成都成为网红城市在于市民参与度高，带来了城市曝光度提升，最终形成驱动城市文化产业发展的良性循环。

参考文献

花建：《长三角数字文化产业：一体化与新动能》，《江苏社会科学》2021年第3期。

吴丽云：《数字技术赋能文化产业高质量发展》，《中国旅游报》2020年12月17日。

江小涓：《十四五时期数字经济发展趋势与治理重点》，《上海企业》2020年第10期。

左惠：《文化产业数字化发展趋势论析》，《南开学报》（哲学社会科学版）2020年第6期。

方媛、张捷：《再娱乐——后疫情时期的大众消费趋势及对策研究》，《艺术教育与创作》2020年第5期。

蔚风：《南京文化创意产业园现状调查评估及改进路径研究》，东南大学硕士学位论文，2018。

叶南客、颜玉凡：《文化治理视域下南京文化发展的新路径》，《金陵科技学院学报》（哲学社会科学版）2017年第6期。

潘谷平：《7大走向构建南京文化产业"突围"之路》，《中国出版传媒商报》2016年6月3日。

B.20
澳门文化产业的发展现状与未来展望

张志庆 刘成昆 李敬阳*

摘　要：《粤港澳大湾区发展规划纲要》提出要把澳门打造成为以中华文化为主流、多元文化共存的交流合作基地，这为澳门文化产业的发展带来了千载难逢的机遇，指明了发展方向。当前，澳门经济"适度多元化"进入转型升级阶段，而文化产业正是澳门布局多元产业的有力抓手。在澳门政府的积极推动下，澳门的文化产业发展取得了一定成效，但同时也存在一些亟待解决的问题。本文提出应积极发展"文化＋"融合模式、开拓国内国际市场、培育发展特色文创品牌、促进文创人才融合发展等建议，以期推动澳门文化产业高质量发展。

关键词：文化产业　"文化＋"　区域合作

文化产业具有创新性、高集聚性、高融合性和可持续性等特点，在新时代解决新矛盾，特别是在满足人民日益增长的美好生活需要方面承担着重要使命。《粤港澳大湾区发展规划纲要》（以下简称《湾区规划》）从经济、社会、文化、科技、生态等方面进行全面规划，共建人文湾区是其重要组成

* 张志庆，澳门科技大学人文艺术学院院长，教授，研究方向为文化产业；刘成昆，澳门科技大学可持续发展研究所所长，教授，研究方向为文化产业；李敬阳，澳门科技大学可持续发展研究所博士生，研究方向为文化产业。

部分。《湾区规划》同时指出要充分利用广州、深圳、香港和澳门四个中心城市既有的创新产业优势，加强湾区内部以及与周边国家（或地区）的联系和合作，而这样的部署正是源自经济与创新交汇所必然产生的文化流动与融合。《国民经济和社会发展第十四个五年规划和2035年远景目标纲要》把"健全现代文化产业体系"作为单独章节，强调坚持把社会效益放在首位、社会效益和经济效益相统一，健全现代文化产业体系和市场体系。

澳门自实施经济多元化发展战略以来，逐步改变了以往博彩业"一业独大"的局面。根据澳门特区政府发布的《澳门经济适度多元化发展统计指标体系分析报告（2019）》，博彩业在产业结构中的比重已从2013年的62.9%降低至2019年的50.9%，经济多元化成效显现。澳门政府为推动文化产业发展采取了一系列重大举措，如专门设立"文化产业基金"。据《澳门文化产业基金年报（2019）》，2019年，该项基金资助了131个文化项目，总金额约为1.55亿澳门元。为鼓励文创企业、个人或团体在相关领域持续发展，开发具有潜力的文创项目和内容，该基金制定了《文化产业奖励规章》。在新的阶段，需要全面认识澳门文化及文化产业的优势和劣势，及时解决发展过程中存在的问题及潜在挑战，从而精准施策，使澳门成为推动建设文化强国的重要力量。

一 文化产业的定义及特点

（一）文化产业的定义

文化产业的概念最早由霍克海默和阿多诺在1947年出版的《启蒙辩证法》中提出，其英文名称为culture industry，可翻译为文化工业或者文化产业。文化产业是一种既包含文化内涵又包含经济内涵的产业形态，是城市文化综合实力的重要组成部分。由于文化产业的特殊性，不同国家和地区对文化产业有不同的理解和定义。按照联合国教科文组织的定义，文化产业是指按照工业标准、生产、再生产、储存以及分配文化产品和服务的一系列活动。其关键是按照工业标准，只有按照工业标准进行生产、再生产、储存和分配才是文化产业。国家统计局发布的《文化及相关产业分类（2018）》对文化及相关产业的定义是：为社会公众提供文化产品和文化相关产品的生产活动的集合。具体包括新闻信息服务、内容创作生产、创意设计服务、文化传播渠道、文化投资运营、文化娱乐休闲服务、文化辅助生产和中介服务、文化装备生产和文化消费终端生产（包括制造和销售）等九大门类。从此定义看，文化产业不但属于经济领域，而且属于文化领域。

就澳门而言，根据澳门特区政府公布的《澳门经济适度多元化发展统计指标体系分析报告（2019）》中有关"文化产业"的定义，文化产业主要包括创意设计、文化展演、艺术收藏和数码媒体四大领域。2019年"数码媒体"创造的收益（32.8亿澳门元）和增加值（18.1亿澳门元）最高，占整个文化产业的48.7%和60.9%。相比2018年，收益增幅最大的是"创意设计"，增长15.5%，增加值最高的为"艺术收藏"，提升51.8%。

（二）文化产业的特点

新阶段，文化产业的发展不但注重数量增长，更加关注质量增长，文化产业体制机制不断完善，产业转型升级态势良好，文化产业发展创新性、集聚性、融合性、可持续性等特点显著。

文化产业以创意内容为核心，具有高附加值。文化产业是知识密集型产业，其通过对知识、灵感、文物等无形和有形的文化资源产品化和市场化以实现其价值，体现出文化产业的核心是创新性。同时，文化产业作为自主创新、知识溢出的产业，处在产业价值链的高端环节，其产品和服务高于其他产业，能够带来高附加值的收益。

文化产业资源要素整合，具有高集聚性。随着文化产业和其他产业的进一步深度融合发展，文化产业结构不断调整，推动文化产业的强强联合和强弱互补，使得文化产业在管理模式、资金使用、技术开发和市场开拓方面得以重组，各行业之间的优势得以互补，经营风险得到降低，从而推动文化产

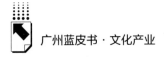
业迅速成长为集中化程度高、产业跨度大、发展速度快的产业。

文化产业包容性强，具有高融合性。文化产业不是一个独立的封闭系统，而是通过不断获得信息、人才、资源、技术、资金的支持，与本地人文历史、自然生态、经济活动等相协调并相互促进，不断获得和增强持续发展的能力。反之，文化产业的发展也进一步促进了信息、资源、技术等要素的进步。文化产业与不同要素的融合呈现出不同的产业新业态，成为经济发展的新引擎。

二 澳门文化产业发展现状及困境

（一）澳门发展文化产业的基础

1. 独特的制度优势

澳门拥有"一国两制"的制度优势，是世界自由港和独立关税区。长久以来的对外贸易发展，加上"一中心、一平台、一基地"的城市发展定位，使得澳门在国际交流方面更加便利和顺畅。"一国两制"的发展实践也为澳门带来了战略性的发展机遇，深刻影响着澳门文化和文化产业的发展方向。

2. 优越的地理位置

区域发展是资源优化整合、强强合作的良性竞争的平台，任何城市都不可能再仅仅依靠自身力量持续发展。澳门是一个自由港，地处珠江三角洲，毗邻香港、背靠内地，是国内外科技力量、香港资本力量、内地市场力量的最佳汇集地，这些优势为澳门文化产业提供了坚实基础。

3. 丰厚的历史文化底蕴

1553年，葡萄牙人开始来此居住，并于1557年从当时的明朝政府获得居住权。自16世纪中叶开埠以来，澳门凭借良好的地理区位和海港贸易优势，逐渐由一个小渔村发展成为华洋聚居的国际化城市。除了本地居民，移民以祖籍闽、粤的华人居多，葡萄牙人次之，还有其他国家和地区的居澳人群。人口结构的多元化带来了文化的多样性，包括丰富多彩的语言、建筑、街区、饮食、习俗等。汉语为载体的中原文化，构成澳门文化之根；闽粤文化的开拓、实用，使得澳门开放、包容和外向；葡萄牙为主的西方文化，以天主教传播为中心，对澳门意识形态和社会结构的形成起到举足轻重的作用。东西方文化的融合共存使澳门成为一个韵味十足的城市，拥有大量的历史文化遗产，无不彰显多元文化色彩。

（二）澳门文化产业发展现状

文化产业是一个新兴的产业，它既是消费服务业，又是生产服务业，不仅服务于大众的最终消费需求，而且服务于其他经济部门的生产性需求，并推动相关产业的发展，国内外文化产业发展的实践都已证明这一点。近年来，澳门文化产业发展态势良好，对经济社会建设也正在发挥越来越明显的促进作用。

1. 文化产业规模不断扩大

澳门文化产业立足历史文化和产业发展优势，调整产业结构，积极培育新的增长点，文化产业形成了一定规模。根据澳门统计暨普查局的数据，澳门的文化企业数量由 2014 年的 1038 家增加至 2019 年的 2454 家，增幅达136%；2019 年，澳门的文化产业服务收益为 78.5 亿澳门元，比 2018 年增加 8.7%，文化产业增加值为 29.8 亿澳门元，同比增长 13.9%，占澳门全部行业增加值的 0.7%。

2. 对文化产业发展支持的力度加大

为了发展文化产业，政府加大支持力度。2019 年，澳门文化产业发展基金通过常规申请、专项资助等方式资助了 131 个文化项目，合计资助金额约 1.55 亿澳门元。在抗击新冠肺炎疫情期间，澳门文化局与文化产业基金推出了一系列扶持措施与计划，鼓励采购文创产品及服务，支持文创企业互相帮助，共渡难关，取得了很好的成绩。

3. 文化产业结构特色鲜明

目前来看，澳门文化产业主要包括数码媒体、创意设计、文化展演及艺术收藏四大领域。2019 年这四项领域的服务收益占比分别为 48.7%、31.5%、18.4% 和 1.5%。从具体行业来看，澳门的数码媒体领域发展相对较好，包括新媒体、动漫、软件及游戏、影视等行业领域。2019 年澳门新媒体行业在内地及境外网上社交平台的总关注量突破 500 万，其中有广告片的观看人次达 100 万。项目网站推广澳门文创资讯，上传文章 1400 余篇，浏览量达 74 万人次，分别有中国内地和港澳台地区与美国、日本、秘鲁、澳洲、马来西亚及英国地区的读者，网站粉丝数量达 4 万多人。澳门特区政府出台若干政策鼓励文化产业发展，使得数码媒体文化产业发展呈现蓬勃迅猛之势。

4. 文化发展方式逐步改变

澳门文化发展差异化、多元化、现代化特征日趋明显。澳门依托自身政策优势，确定差异化发展方略，形成了一定的产业特色，培育出一批区域优势文化产业。澳门围绕博彩业大力发展配套产业，如旅游、教育、历史文化等一系列文化产业。澳门由以博彩业为主、旅游业为辅的单一文化产业发展路线向博彩业、旅游业、影视产业、文化展演、数码媒体等多元化发展演变。澳门结合既有文化资源，重点打造教育产业、文旅产业和园区产业，促进文化产业集聚发展。澳门文化和科技融合不断加深。积极响应国家文化产业发展政策，加快"澳门 + 横琴"科技文化合作的新步伐，打造高校产业园，搭建产学研服务平台和众创空间。

（三）澳门文化产业发展困境

1. 产业结构相对单一，发展韧性有待增强

一个产业的发展需要相对完善的产业生态，产业链和产业基础越扎实，产业的发展能力和竞争力就越强。分析澳门的文化产业会发现，目前澳门的文化产业的特点是文化产业市场结构单一，文化市场抗风险能力弱。比方说博彩业是澳门文化发展的支柱产业，没有其他产业的配套，就会导致文化产业相关的联动能力不足，从而缺乏发展韧性，抗风险能力较弱。澳门博彩业早在 1847 年在葡萄牙管治之下即实现合法化。回归祖国后，澳门特别行政区政府打破博彩业垄断局面，于 2002 年改为向三家公司发出博彩经营权牌照，促使澳门博彩业迅速发展。博彩业成为澳门经济的主导行业，也是澳门财政收入的主要来源。据澳门统计暨普查局公布的数据，2018 年澳门的博彩收入为 3028.46 亿澳门元，2019 年为 2923.4 亿澳门元。澳门统计暨普查局的《澳门产业结构报告》显示，2018 年博彩及博彩中介业产值占澳门GDP 50.5%，2019 年占 50.9%，其他十多个行业，包括不动产、银行保险、建筑业等，没有一个行业产值占比超过 10%。澳门财政局数据显示，2019年澳门博彩直接税收为 1130.8 亿元，同年，澳门政府总收入为 1335.06 亿元，博彩税占比近 85%。

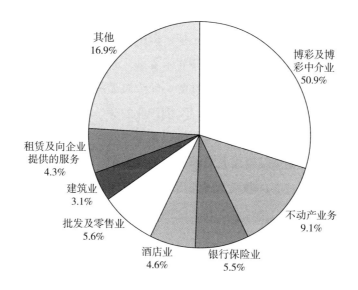

图 1　2019 年澳门经济产业结构

资料来源：澳门统计暨普查局《澳门经济适度多元化发展统计
指标体系分析报告（2019）》。

2. 经济总量规模偏小，文化消费市场空间狭窄

市场需求是产业发展的基础和支撑，不断扩大的市场需求带动产业的持续发展壮大。近年来，随着经济进步，澳门文化产品消费市场有所发展，但是由于澳门是一个小微经济体，陆地面积只有 32.9 平方公里，人口 68.31

万（2020年末），仍受限于自身市场规模。2019年澳门本地生产总值为4347亿澳门元；2020年，由于新冠肺炎疫情的影响，澳门本地生产总值降低到3458亿澳门元，而同年，深圳地区生产总值为27670亿元人民币，广州地区生产总值为25019亿元。综合经济实力的不足难以支撑澳门文化产业的发展壮大。一般来说，随着经济发展，人们收入水平提高，文化教育娱乐方面消费比重会逐渐增加。但目前澳门居民的生活消费构成中，文化产品和服务的消费占比仍然较低，究其原因可能是受到传统消费习惯与总体经济规模不大的影响。

3. 特色文创产品的品牌塑造意识不够，竞争力不强

文化是一座城市的灵魂，品牌是竞争力，也是软实力的重要标志。当前澳门特色文创产品的品牌塑造意识不强，影响了大众对其的认知。许多本土的优质特色文创产品，由于缺乏宣传尚未受到广大消费者青睐。在大数据时代，澳门没有充分发挥出新媒体的优势，缺少对品牌的塑造，外界对澳门品牌文化的认同不足，进而影响了澳门文创产业的竞争力。

4. 专业人才有大量缺口，产业发展动力不足

一个产业的持续创新发展，需要有一定规模的专业人才队伍。尤其对文化产业来说，人才是文化创意发展的灵魂。澳门不是没有人才，而是自身文化领域人才储备不足，对行业全盘了解的专业人才稀少，文化创意产业方面的管理人才也非常缺乏。长期单一的经济模式挤压了人才生存空间，外来人才又难以留下，在学人才暂时不能使用，加上没有系统的人才培养与保障措施，人才外流现象也相当严重，导致文化产业的发展缺乏人才支撑，失去持续发展的动力，文化产业竞争力也难以提高。

三 推动澳门文化产业发展的若干建议

（一）加强与优势产业合作，积极推动"文化＋"融合发展模式

澳门是世界旅游休闲中心，拥有智慧城市物联网国家重点实验室，可以

以旅游业为依托，推动澳门文化产业与旅游产业融合发展，将澳门打造为智慧旅游与新产品的研发及实验基地。既可以通过文学艺术作品等文化产品与旅游资源相结合，也可以将澳门独特的旅游节庆与文化创意相关联，或是促进影视企业、歌舞剧院、文化创意策划公司、广告公司与旅游企业合作，进行旅游项目策划开发、宣传、演出等。通过整合多行业的资源，提升旅游服务体验，进而增强旅游业与文化产业的竞争力。要加快推动文化与科技的融合。随着新一代信息技术等先进科技在文化产业中应用，并发挥着重要支撑和引擎作用，要因势利导，大力发展科技型文化产业。一方面，以文化艺术为载体，通过科技产品或者服务提高文化产业的附加值；另一方面，新的科技手段可以造就新的文化样式和新的产业形态。具体而言，澳门可以将科技元素注入文化产业之中，进而提升产品价值。同样，文化元素亦可融入科技企业，赋予产品内涵和创意，提升产业竞争力。

（二）加强区域文化创意产业合作，积极开拓国内国际市场

文化创意产业是推动澳门经济多元化发展的重要抓手，在区域合作日益密切的大环境下，可通过区域合作来发展，从而实现文化创意产业的优势资源对接，不断开拓国内国际市场。为更好推动区域文化创意产业合作，可以从以下三方面着手：一是要构建区域文化创意产业创新发展体系。制定完善促进文化产业发展的政策体系，营造有利于文化产业发展的社会氛围，构建现代文化创意产业体系。要将城市的包容性、产业间的互补性、文化资本的驱动性等融合到整个社会文化创新体系之中，使人才、技术、兼容并包三个驱动文化创意产业发展的要素发挥其应有的作用。二是探索区域文化创意产业发展新模式。发展模式本身没有优劣之分，但在文化、金融和社会等诸多条件制约下，澳门需要能够凸显区域文化创意的比较优势的模式。应将文化优势资源与文化资本转化相结合、大众文化普及与文化创新开放相结合、文化创新创意与现代科技相结合，将资源、环境、定位、市场等聚集在一起，丰富产业内涵，形成产业间协同发展的区域文化创意产业发展新模式。三是搭建文化创意产业开放合作新平台。粤港澳大湾区是一个很好的区域合作平

台，但要在这个平台上实现文化创意产业的创新发展和可持续发展，就需要进一步加强构建以全生态体系为基础的区域文化创意产业开放合作平台。该平台的建设不仅要着力于澳门文化的基因，更要融合粤港澳大湾区区域文化的特质，实现资源共享、创意独特、发力精准、借力自然的目标，使科技与人文完美结合，从而将平台的降低成本、提升效能、拓展渠道、协同创新、统筹规划等功效充分发挥。

（三）集中发展一批特色文创产品和品牌，提升澳门文化产业竞争力

文创产品是具有强烈文化属性的创意产品，现在人们对文创产品的需求越来越高，要想在激烈的市场竞争中立于不败之地，应集中发展一批具有吸引力、新鲜感和趣味感，产品附加值高，能够形成产业化、可以改变用户的使用模式，容易被大家接受且有独特的文化体验的文创产品。品牌意味着产品质量和信誉的保证。将这些优质的文创产品打造成属于各自的品牌，运用新媒体等做好营销宣传工作，并建立品牌互认机制，让澳门品牌的文创产品通过试行互认机制优先进入大湾区市场，再逐步进行推广，来提升产品的知名度和影响力，从而提升澳门的城市形象和文化产业的竞争力。

（四）做好文创产业"育才引才留才"工作，促进产业人才融合发展

人才是第一资源。澳门在加强培养本地文创人才的同时，要实施更加开放和科学的人才引进政策，加大力度培养和引进符合澳门经济适度多元化和社会发展需要的人才。澳门文创产业发展离不开人才，优化人才环境需要实现"育才、引才、留才"，三者相互影响、相互作用，共同促进产业人才融合发展。关于"育才"，政府应不断整合和协调产学研资源，做好企业、高校及各类科研机构的桥梁，不断促进人才与产业资源、科技资源等的融合、流动及转化。例如，鼓励澳门科技大学在开设的电影制作专业培养适合未来发展的高素质电影制作人才，同时要加强培养提升学生的艺术和人文素养，

使学生兼具高超的电影制作和艺术鉴赏的综合能力，成为推动澳门电影产业持续健康发展的储备人才。关于"引才"，政府要创新人才引进途径，以国际化、品牌化的全球大会为契机，聚集海内外产学研等各界精英，推动人才集聚，提升澳门乃至大湾区的国际知名度和对人才的吸引力度。此外，应以文创产业发展所需为基础，立足产业发展需要制定着眼于文创产业人才引进的相关政策。关于"留才"，要大力推进粤港澳大湾区内社保、医保、教育等方面互联互通，简化特殊人才通关手续，实现快速通关，特别注重服务人才，提升服务质量，拓展服务内容，保证引进来的人才留得住，从而促进产业人才融合发展。

四 澳门文化产业的发展前景

传统的文化产业易受澳门物理空间小、自然资源少的客观条件限制，随着科技的发展与国家、澳门特区政府政策的支持力度加大，我们应对澳门文化及文创产业的未来充满信心。

首先，随着经济发展，居民产生了更美好生活的需要，文化产品需求将进一步增加。居民从以"物质性消费"为主逐步转向以精神文化为主要内容的"非物质性消费"，消费结构逐步升级，将推动文化创意产业加快发展。近年来，政府出台了一系列促进文化创意产业发展的扶持政策，使社会力量投入文化创意产业领域的热情加大，生产提供的文化创意产品和服务也越来越丰富多样，带动了文化及相关产业的增加值不断提升。

其次，科技创新助推文化产业向好发展。农业、工业经济发展与物理空间密切相关，对近现代经济、社会发展影响巨大。但是，大数据时代，发展数字文化产业可建立在大数据支撑的虚拟空间之上，人人参与共享，信息和内容的发布者与使用者是交互的，依靠智慧、依靠创意，激发人力资源潜力和创造活力。基于数字内容拓展的文化产品，会更加灵活、多样，提升居民的体验感。

最后，国家、澳门政府和社会各界大力支持。当前，澳门在文化遗产保

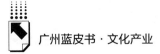

护和利用方面已经取得一定成绩，尤其是在立法、活化利用等方面。近年来澳门政府高度重视此项工作。国家持续发力支持澳门，鼓励澳门经济适度多元发展，国务院2019年2月印发《湾区规划》，启动大湾区建设。2020年9月，《澳门特别行政区城市总体规划（2020～2040）草案》向社会公开咨询，这是回归20年和申遗成功15年之际，澳门特区政府出台的首个澳门城市总体规划，亦是澳门450多年历史上首个覆盖澳门全局范围的澳门城市总体规划。2020年11月《澳门特别行政区文化产业发展政策框架（2020～2024）》发布，明确发展十二大类文化产业，并提出七项重点任务、三大支持手段。2020年11月，澳门政府《2021年财政年度施政报告》提出加强文化基地建设、文化遗产保护、打造"人文澳门"等任务和目标。政府、澳门社会各界、文化产业从业人员均做了诸多努力，并且越来越深刻地认识到，要改变澳门经济发展模式的单一格局，切实推动澳门经济发展适度多元化，文化产业是不可或缺的重要领域和发展方向。

基于上述分析，我们坚信，澳门可以逐步突破和解决城市空间狭小、自然资源匮乏以及产业结构单一、人力资源短缺等限制和问题。无论从全球范围看，还是站在澳门自身的角度，澳门都具备了这种可能性。澳门只要采取恰当的政策，并加以有效实施，澳门的文化产业发展未来可期。

B.21

后　记

　　自 2020 年起,《广州文化创意产业发展报告》更名为《广州文化产业发展报告》。之所以在名称上做出这样的变更,是出于两个方面的考虑:一是与国家、广东省和广州市的有关政策文件中的提法保持一致。从十九大报告,到广东省、广州市的有关政策文件,基本上是用"文化产业"这个提法。二是在产业统计上与国家保持一致。自 2004 年国家统计局制定《文化及相关产业分类》,以及之后的 2012 年、2018 年的两次修订完善,一直明确使用"文化产业"统计标准和规范;广州也一直是按照国家的统计标准和规范对文化产业进行统计的。因此,在更名后,《广州文化产业发展报告》在研究范围和选题方向上将更加明确。

　　《广州文化产业发展报告 (2021)》是在广州市文化体制改革和文化产业发展领导小组、中共广州市委宣传部的指导下,由广州市社会科学院牵头、广州市文化创意行业协会协助,广州市文化广电旅游局、广州市统计局等政府职能部门,各区相关部门、科研院校和重点企业积极参与和支持,历时半年多,共同完成。

　　《广州文化产业发展报告》编辑部由广州市社会科学院广州文化产业研究中心和广州市文化创意行业协会组成,负责本书的编辑出版工作。《广州文化产业发展报告 (2021)》的编撰工作从 2020 年 9 月开始,主报告由广州市社会科学院课题组完成;分报告通过发征稿函、约稿等方式向市区有关部门、协会、高校、科研机构以及国内城市专家征集文章,于 2021 年 3 月底完成本书的组稿工作。4 月底通过专家评审,5 月初提交给社会科学文献出版社编辑出版。

　　《广州文化产业发展报告》自 2008 年编辑出版以来,以翔实的数据、

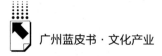

深入的调研和严谨的分析，全面总结广州市文化产业当年的发展状况，预测广州文化产业的发展走势，《广州文化产业发展报告》已成为研究广州文化产业的重要文献资料，受到了上级领导的高度评价。秉承"立足广州、交流互鉴"研究宗旨，我们将持之以恒地做好报告的编辑出版工作，并期待业界人士和广大读者对报告提出宝贵意见，以帮助我们不断改进。

　　《广州文化产业发展报告（2021）》顺利出版得益于多方力量的支持，在此对广州市文化体制改革和文化产业发展领导小组、广州市委宣传部、广州市文化广电旅游局提供的切实指导表示衷心的感谢。对本书各位作者、有关部门的大力支持，以及社会科学文献出版社编辑的辛勤工作谨表感谢！

本书编辑部
2021 年 5 月

皮 书

智库报告的主要形式
同一主题智库报告的聚合

✦ 皮书定义 ✦

皮书是对中国与世界发展状况和热点问题进行年度监测，以专业的角度、专家的视野和实证研究方法，针对某一领域或区域现状与发展态势展开分析和预测，具备前沿性、原创性、实证性、连续性、时效性等特点的公开出版物，由一系列权威研究报告组成。

✦ 皮书作者 ✦

皮书系列报告作者以国内外一流研究机构、知名高校等重点智库的研究人员为主，多为相关领域一流专家学者，他们的观点代表了当下学界对中国与世界的现实和未来最高水平的解读与分析。截至2021年，皮书研创机构有近千家，报告作者累计超过7万人。

✦ 皮书荣誉 ✦

皮书系列已成为社会科学文献出版社的著名图书品牌和中国社会科学院的知名学术品牌。2016年皮书系列正式列入"十三五"国家重点出版规划项目；2013~2021年，重点皮书列入中国社会科学院承担的国家哲学社会科学创新工程项目。

权威报告・一手数据・特色资源

皮书数据库
ANNUAL REPORT(YEARBOOK)
DATABASE

分析解读当下中国发展变迁的高端智库平台

所获荣誉

- 2019年，入围国家新闻出版署数字出版精品遴选推荐计划项目
- 2016年，入选"'十三五'国家重点电子出版物出版规划骨干工程"
- 2015年，荣获"搜索中国正能量 点赞2015""创新中国科技创新奖"
- 2013年，荣获"中国出版政府奖・网络出版物奖"提名奖
- 连续多年荣获中国数字出版博览会"数字出版・优秀品牌"奖

成为会员

通过网址www.pishu.com.cn访问皮书数据库网站或下载皮书数据库APP，进行手机号码验证或邮箱验证即可成为皮书数据库会员。

会员福利

- 已注册用户购书后可免费获赠100元皮书数据库充值卡。刮开充值卡涂层获取充值密码，登录并进入"会员中心"—"在线充值"—"充值卡充值"，充值成功即可购买和查看数据库内容。
- 会员福利最终解释权归社会科学文献出版社所有。

社会科学文献出版社 皮书系列
SOCIAL SCIENCES ACADEMIC PRESS (CHINA)
卡号：742414245474
密码：

数据库服务热线：400-008-6695
数据库服务QQ：2475522410
数据库服务邮箱：database@ssap.cn
图书销售热线：010-59367070/7028
图书服务QQ：1265056568
图书服务邮箱：duzhe@ssap.cn

中国社会发展数据库（下设 12 个子库）

　　整合国内外中国社会发展研究成果，汇聚独家统计数据、深度分析报告，涉及社会、人口、政治、教育、法律等 12 个领域，为了解中国社会发展动态、跟踪社会核心热点、分析社会发展趋势提供一站式资源搜索和数据服务。

中国经济发展数据库（下设 12 个子库）

　　围绕国内外中国经济发展主题研究报告、学术资讯、基础数据等资料构建，内容涵盖宏观经济、农业经济、工业经济、产业经济等 12 个重点经济领域，为实时掌控经济运行态势、把握经济发展规律、洞察经济形势、进行经济决策提供参考和依据。

中国行业发展数据库（下设 17 个子库）

　　以中国国民经济行业分类为依据，覆盖金融业、旅游、医疗卫生、交通运输、能源矿产等 100 多个行业，跟踪分析国民经济相关行业市场运行状况和政策导向，汇集行业发展前沿资讯，为投资、从业及各种经济决策提供理论基础和实践指导。

中国区域发展数据库（下设 6 个子库）

　　对中国特定区域内的经济、社会、文化等领域现状与发展情况进行深度分析和预测，研究层级至县及县以下行政区，涉及省份、区域经济体、城市、农村等不同维度，为地方经济社会宏观态势研究、发展经验研究、案例分析提供数据服务。

中国文化传媒数据库（下设 18 个子库）

　　汇聚文化传媒领域专家观点、热点资讯，梳理国内外中国文化发展相关学术研究成果、一手统计数据，涵盖文化产业、新闻传播、电影娱乐、文学艺术、群众文化等 18 个重点研究领域。为文化传媒研究提供相关数据、研究报告和综合分析服务。

世界经济与国际关系数据库（下设 6 个子库）

　　立足"皮书系列"世界经济、国际关系相关学术资源，整合世界经济、国际政治、世界文化与科技、全球性问题、国际组织与国际法、区域研究 6 大领域研究成果，为世界经济与国际关系研究提供全方位数据分析，为决策和形势研判提供参考。

法律声明

"皮书系列"（含蓝皮书、绿皮书、黄皮书）之品牌由社会科学文献出版社最早使用并持续至今，现已被中国图书市场所熟知。"皮书系列"的相关商标已在中华人民共和国国家工商行政管理总局商标局注册，如LOGO（▧）、皮书、Pishu、经济蓝皮书、社会蓝皮书等。"皮书系列"图书的注册商标专用权及封面设计、版式设计的著作权均为社会科学文献出版社所有。未经社会科学文献出版社书面授权许可，任何使用与"皮书系列"图书注册商标、封面设计、版式设计相同或者近似的文字、图形或其组合的行为均系侵权行为。

经作者授权，本书的专有出版权及信息网络传播权等为社会科学文献出版社享有。未经社会科学文献出版社书面授权许可，任何就本书内容的复制、发行或以数字形式进行网络传播的行为均系侵权行为。

社会科学文献出版社将通过法律途径追究上述侵权行为的法律责任，维护自身合法权益。

欢迎社会各界人士对侵犯社会科学文献出版社上述权利的侵权行为进行举报。电话：010-59367121，电子邮箱：fawubu@ssap.cn。

社会科学文献出版社